# 천수경강의

불교대학교재편찬위원회

# 머 리 말

　≪천수경≫은 삼세 제불(三世諸佛)의 말 없는 말이고, 몸 없는 몸입니다. 청정한 법계(法界)로부터 자비의 구름을 일으켜 8만 중생(八萬衆生)에게 단비를 내려주시니 그 문이 끝이 없습니다.

　그러나 그 문 가운데서도 가장 잘 닦여지고 넓혀진 길이 ≪천수경≫의 길입니다. 그러기 때문에 우리는 누구나 처음 불도에 입문하면 이 길을 걷게 되고, 이 문을 두드리게 되지만, 이 문이 너무 넓고 커서, 우리는 그 문에 들어와 있으면서도 그 문을 알지 못하고, 그 길을 걷고 있으면서도 그 길의 은혜를 미처 깨닫지 못하고 있습니다. 그래서 빈골짜기의 메아리를 잡고 못 속의 달을 잡아 그 크고 넓고 깊은 몸 아닌 몸과 말 아닌 말을 보고 듣고 각기 소원을 성취코자 합니다.

　이제 세상은 한 눈 한 손만 가지고 살기 힘들게 되어 있습니다. 천수천안(千手千眼)에 8만4천 세행(細行)을 나툴 줄 알아야 낙오자가 되지 않게 됩니다. 생존경쟁(生存競爭)의 대열에서 아니 각행원만(覺行圓滿)의 대도에서 한 발짝이라도 누락(漏落)되지 않으려면 마땅히 이 경을 읽고 쓰고 외우십시오. 그리고 널리 펴서 전하십시오. ≪천수경≫ 속에는 99억 항하사(恒河沙) 부처님의 불심(佛心)이 들어 있고, 시방법계의 모든 호법선신의 영적(靈蹟)이 들어 있으며, 시방삼세 모든 선각보살(先覺菩薩)들의 신통이 들어 있습니다.

　그래서 이 경을 읽는 사람은 누구나 이 부처님들과 보살님들의 신통한 가피력(加被力)과 성자님들의 보호를 입어서 병이 있는 자는 병이 났고, 어리석은 자는 지혜를 얻고, 가난한 자는 복장(伏藏)을 얻어 부자가 된다고 하였습니다. 의심하지 마십시오. 확신은 해탈의 첩경입니다.

옛 사람들은 이 경 하나를 가지고도 시방세계 모든 불·보살님들과 항상 즐거운 생활을 하였는데, 오늘 사람들은 일만경론(一萬經論)을 앞에 놓고도 갈 길을 잃고 방황하고 있습니다.

이것은 믿음과 실천이 부족한 탓입니다. 운명이 좋지 않다고 한탄하지 마시고, 이 경을 읽고 운명을 고치십시오. 운명은 마음의 꼭두각시에 의하여 나타난 행동이요, 습관이며 인격입니다. 그러므로 마음만 바뀌면 습관이 달라지고 인격이 바뀌어져서 저절로 운명이 바뀌어지게 됩니다.

1968년 2월 모 잡지사의 청탁으로 간단히 해설했던 것을 이번 강의를 통하여 재차 정리하였으나 그 역사성을 깊이 밝히지 못하여 서운한 감이 없지 않으나 청자(聽者)들의 소망에 의하여 녹음했던 것을 간추려 인쇄하니 강호제현(江湖諸賢)의 많은 가르침이 있기 바랍니다.

강자(講者) 활안 한정섭 씀

# 목     차

# 제3편 장엄염불(莊嚴念佛)

# 제1편 천수경(千手經)

# 제1강 천수경의 위력(威力)

## 1. 불가사의(不可思議)한 위력

≪천수경≫의 위력은 무서울 정도로 대단합니다. 삼천대천세계(三千大千世界) 가운데 암흑처(暗黑處)와 3악도(惡道) 중생들이 다 다라니(陀羅尼)를 들으면 모두 고통을 여의게 되고, 보살로서 아직 초주(初住)에도 오르지 못한 사람이 이 경을 들으면 초주는 물론 10주(住)에까지 당장 뛰어 오르게 되고[1] 얼굴이 추예(醜穢)하고 병든 사람이 이 경을 읽으면

---

1) 불교를 수행하는데는 밀교(密敎)나 선학(禪學)처럼 직지인심(直指人心) 견성성불(見性成佛)로 바로 사람의 마음을 가르침으로써 성불의 길을 연 즉각적(卽覺的)인 불교가 있는가 하면, 1만겁(一萬劫) 수행을 통하여 52단계를 오름으로써 점점 수행의 계도를 올라 가는 교학적(敎學的) 방법도 있습니다. 즉각적 방법을 돈교(頓敎), 단계적 방법을 점교(漸敎)라 하는데, 여기서 말하는 초주·10주는 52단계 중 제11단계부터 20단계 사이를 말하고 있습니다.
52단계는 10신(信)·10주(住)·10행(行)·10회향(迴向)·10지(地)·등각(等覺)·묘각(妙覺)이 그것입니다.
10신의 신(信)은 부처님의 가르침을 믿어 의심이 없는 지위입니다. 신(信)은 그것을 이해하는데서 비롯되기 때문에 해(解)라고 부르기도 합니다. 믿음과 이해의 단계에 열 가지가 있으므로 10신, 10해라 합니다. 열 가지란, ① 신심(信心)이니 무엇을 어떻게 믿을 것인가를 확실히 이해하여 믿는 단계이고, ② 염심(念心)이니 어떻게 생각할 것인가 하는 것을 아는 것이고, ③ 정진심(精進心)이니 어떻게 정진할 것인가를 아는 것이고, ④ 혜심(慧心)이니 어떻게 지혜를 닦을 것인가를 아는 것이고, ⑤ 정심(定心)이니 어떻게 산란한 마음을 안정시켜 갈 것인가를 아는 것이고, ⑥ 불퇴심(不退心)이니 어떻게 굳게 정진해 갈 것인가를 아는 것이고, ⑦ 호법심(護法心)이니 어떻게 진리를 지킬 갈 것인가를 아는 것이고, ⑧ 회향심(迴向心)이니 어떻게 실천의 방향을 잡을 것인가를 아는 것이고, ⑨ 계심(戒心)이니 어떻게 행동해야 할 것인가를 아는 것이고, ⑩ 원심(願心)이니 어떻게 소원해야 할 것인가를 아는 것입니다.
10주의 주(住)는 안주(安住)의 뜻이니 참된 세계관, 인생관에 안주하는 것입니다. ① 발심주(發心住)이니 마음을 올바르게 가지는 것이고, ② 치지주(治地住)이니 마음을 가다듬는 것이고, ③ 수행주(修行住)이니 올바르게 생활하는 것이고, ④ 생귀주(生貴住)이니 새사람이 되고자 하는 것이고, ⑤ 구족방편주(具足方便住)이니 모든 좋은 방법을 다 쓰도록 힘쓰는 것이고, ⑥ 불퇴주(不退住)이니 뒷걸음질 치지 않고자 노력하는 것이고, ⑦ 정심주(正心住)이니 바른 마음에 머물고자 노력하는 것이고, ⑧ 동진주(童眞住)

이니 어린애처럼 순수하고자 하는 것이고, ⑨ 법왕자주(法王子住)이니 진리의 상속자가 되고자 하는 것이고, ⑩ 관정주(灌頂住)이니 지혜의 물을 머리에 뿌리는 것입니다. 그러니 지금 대비주를 외우고 실천하면 초주에도 오르지 못한 사람이 10주를 넘어선다 한 것은 이제 겨우 10신위에 있어서 제일 발심주에도 이르지 못한 사람일지라도 열심히 공부하면 즉시 제10 관정주위를 넘어설 수 있다는 말입니다.

10행의 행(行)은 스스로 지혜로워진 뒤에 중생을 지혜롭게 하고자 행동한다는 말입니다. ① 환희행(歡喜行)이니 기쁨으로 산다는 것이고, ② 요익행(饒益行)이니 남에게 도움이 되도록 산다는 말이고, ③ 무진한행(無瞋恨行)이니 원한도 분노도 없이 산다는 말이고, ④ 무진행(無盡行)이니 철저하게 산다는 말이고, ⑤ 이치란행(離痴亂行)이니 어리석고 문란함이 없이 산다는 말이고, ⑥ 선현행(善現行)이니 착한 일을 하며 산다는 말이고, ⑦ 무착행(無着行)이니 집착없이 산다는 말이고, ⑧ 존중행(尊重行)이니 사람이나 물건을 존중하며 산다는 말이고, ⑨ 선법행(善法行)이니 윤리에 어긋나지 않게 산다는 말이고, ⑩ 진실행(眞實行)이니 진실되게 산다는 말입니다.

10회향(廻向)은 한층 더 자리이타(自利利他)의 실천을 힘차게 하여 온전히 깨닫고자 노력하는 지위라는 말입니다. ① 구호일체중생이중생상회향(救護一切衆生離衆生相廻向)이니 모든 중생을 구호하되 그들이 남이라는 생각없이 대한다는 말이고, ② 불괴회향(不壞廻向)이니 파괴하는 방향에서가 아니라 완성시키는 방향에서 일을 한다는 말이고, ③ 등일체제불회향(等一切諸佛廻向)이니 중생을 부처님 보듯 대한다는 말이고, ④ 지일체처회향(至一切處廻向)이니 아무 곳도 등한함이 없이 일을 한다는 말이고, ⑤ 무진공덕장회향(無盡功德藏廻向)이니 한량없는 공덕행을 한다는 말이고, ⑥ 입일체평등선근회향(入一切平等善根廻向)이니 모든 중생에 보편적인 착한 본심이 들어나도록 일한다는 말이고, ⑦ 등수순일체중생회향(等隨順一切衆生廻向)이니 모든 중생의 정도에 따라 그들과 하나가 되도록 일한다는 말이고, ⑧ 진여상회향(眞如相廻向)이니 참되고 한결같은 마음을 들어내고자 일하는 것이고, ⑨ 무박무착해탈회향(無縛無着解脫廻向)이니 속박도 장애도 없는 자유를 향해 일한다는 것이고, ⑩ 입법계무량회향(入法界無量廻向)이니 무한한 진리의 세계에 들어가고자 노력한다는 말입니다.

10지의 지(地)는 자기의 자리가 확고부동하게 결정지워지는 위치를 말합니다. ① 환희지(歡喜地)이니 깨끗한 마음이 진실로 희열에 찬 지위이고, ② 이구지(離垢地)이니 무슨 일을 하든지 무슨 생각을 하든지 잘못이 없는 깨끗한 지위이고, ③ 발광지(發光地)이니 지혜의 광명이 나타나는 지위이고, ④ 염혜지(焰慧地)이니 지혜가 더욱 치성하는 지위이고, ⑤ 난승지(難勝地)이니 지혜와 지식이 조화를 이루는 지위이고, ⑥ 현전지(現前地)이니 참 마음의 모습이 눈앞에 나타난 지위이고, ⑦ 원행지(遠行地)이니 지혜로운 방편을 가지고 멀리 가는 지위이고, ⑧ 부동지(不動地)이니 다시는 동요함이 없는 지위이고, ⑨ 선혜지(善慧地)이니 지혜의 힘으로 옳게 인도할 수 있는 지위이고, ⑩ 법운지(法雲地)이니 대자비의 구름으로 중생에게 진리의 그림자를 펼쳐줄 수 있는 지위입니다.

제1 환희지는 마음이 깨끗한 경지에서 얻어지므로 정심지(淨心地)라고도 하고, 제2 발광지로부터 제6현전지까지는 윤리적 덕성을 갖춘 경지에서 이루어지는 경지이므로 구계지(具戒地)라고도 하며, 제7 원행지는 상대에 집착함이 없이 모든 방편을 구사하는 경지에서 형성되므로 무상방편지(無相方便地)라고도 하고, 제8 부동지는 대상적인 사물로 말미암아 동요됨이 없는 경지이므로 색자재지(色自在地)라고도 부르고, 제9 선혜지는 자기 마음에 결박됨이 없는 경지이므로 심자재지(心自在地)라고도 부르며, 제10 법운지는 보살로서의 수행이 다한 여래의 경지이므로 보살진지(菩薩盡地), 여래지(如來

어진 의사와 좋은 약을 만나 묵은 병은 씻은 듯이 낫고 새 몸은 금빛처럼 찬란하여 즉시 32상(相) 80종호(種好)²⁾를 갖추게 되어 모든 사람들

---

地)라고도 합니다.

그리고 끝으로 등각의 등(等)은 같다는 뜻이고, 각(覺)은 부처님이란 뜻이니 부처의 깨달음과 같이 되는 지위이나 마지막 묘각까지는 1단계의 등급이 남아 있는 지위입니다. 마지막 묘각(妙覺)은 그 깨달음과 부처님 경지가 참으로 묘하게 중중무진(重重無盡)하기 때문에 묘각(妙覺)이라 하는 것입니다.

이 이야기를 듣고 나면 나는 지금 어느 정도의 불교적 소지(素地)에 입각해 있는가를 짐작할 수 있을 것입니다. 미진(未盡)한 분은 더욱 정진하시고, 이미 다 되셨다고 생각되는 분들은 그것을 일체에 두루 회향하여 자타가 함께 이익을 나눌 수 있도록 교화에 인색함이 없게 하십시오. 당장 깨닫고(頓覺) 천천히 깨닫는(漸修) 것이 본래 차이가 있는 것이 아니고, 성격이 날카롭고 영리하여 번거로운 것을 싫어하는 사람은 즉시 돈각적 수행을 즐겨할 것이고, 설사 그러한 경지에 있다 하더라도 어리석은 중생들에게 길잡이의 본(本)이 되고자 하는 사람은 이와 같이 여러 단계의 수행과정을 통해서 자기 인격도 완성하고 동시에 남의 인격도 개발해 주는 점수행을 하게 되는 것이니 느리다 업신여길 것도 없고 빠르다 자랑할 것도 없습니다.

2) 32상 80종호는 전륜성왕(轉輪聖王)과 부처님만이 갖출 수 있는 인격적 소양인데, 32상은 외적인 것을 표준으로 한 것이고, 80종호는 그것을 보다 세밀하게 내적으로 분석해서 표현한 것입니다.

32상은 ① 발바닥이 편평하고, ② 손바닥에 수레바퀴와 같은 무늬가 있고, ③ 손가락이 가늘어서 길고, ④ 손발이 매우 부드럽고, ⑤ 손가락 발가락 사이에 비단결 같은 무늬가 있고, ⑥ 발뒤꿈치가 원만하고, ⑦ 발등이 높고 원만하고, ⑧ 장단지가 사슴다리 같고, ⑨ 팔을 내리면 손이 무릎까지 내려가고, ⑩ 성기가 말과 같고, ⑪ 키가 한 발(두 팔을 편 길이)이나 되고, ⑫ 털 구멍마다 새까만 털이 나고, ⑬ 몸의 털이 위로 쓸려 났고, ⑭ 온 몸이 황금색이고, ⑮ 몸에서 솟는 광명이 한 길이 되고, ⑯ 살결이 부드럽고 매끄러우며, ⑰ 두 발바닥·손바닥·어깨·정수리가 모두 편평하고, ⑱ 겨드랑이가 편편하고, ⑲ 몸매가 사자와 같고, ⑳ 몸이 곧고 단정하고, ㉑ 양 어깨가 둥글고 두둑하며, ㉒ 이는 40개가 되고, ㉓ 이가 희고 크며, ㉔는 송곳니가 크고 희며, ㉕ 뺨이 사자와 같고, ㉖ 목구멍에서 단 샘이 나고, ㉗ 혀가 길고 넓으며, ㉘ 목소리가 맑고 멀리 들리고, ㉙ 눈동자가 검푸르고, ㉚ 속눈썹이 소눈썹 같고, ㉛ 눈썹 사이에 흰 털이 났고, ㉜ 정수리에 살상투가 있는 것입니다. 이것이 32상입니다.

80종호는 ① 손톱이 좁고 길고 엷고 구리빛으로 윤택하고, ② 손가락 발가락이 둥글고 길어 다른 사람보다 곱고, ③ 손 발이 제각기 같고, ④ 손 발이 원만하고 부드럽고, ⑤ 힘줄과 핏대가 잘 어울려 부드럽고, ⑥ 두 복사뼈가 살속에 숨어서 밖으로 나타나지 않고, ⑦ 걸음걸이가 곧고 반듯하여 거위와 같고, ⑧ 걷는 모양이 사자와 같고, ⑨ 걸음걸이가 편안하고, ⑩ 걸음걸이가 위엄이 있고, ⑪ 몸을 돌아보는 것이 코끼리와 같고, ⑫ 팔 다리 마디가 뛰어나고 원만하며, ⑬ 뼈마디가 쇠사슬처럼 잘 얽혀있고, ⑭ 무릎이 원만하고 굳고 아름답고, ⑮ 성기가 말과 같고, ⑯ 몸과 팔 다리가 윤택하고 미끄럽고 깨끗하고 부드럽고, ⑰ 몸매가 바르고 곧고, ⑱ 몸과 팔 다리가 견고하고, ⑲ 몸매가 반듯하고, ⑳ 몸매가 단정, 깨끗하고, ㉑ 몸에 둥근 광명이 있고, ㉒ 배가

반듯하고 가로무늬가 있고, ㉓ 배꼽이 깊고 오른쪽으로 돌아 원만하고, ㉔ 배꼽이 두텁고 묘하여 모양이 두드러지거나 오목하지 않고, ㉕ 살결이 깨끗하고 용모가 바르고, ㉖ 손바닥이 충실하고 단정하고, ㉗ 손금이 깊고 분명하고, ㉘ 입술이 붉고 윤택하여 빈바의 열매와 같고, ㉙ 면목이 원만하여 크지도 적지도 않고, ㉚ 혀가 넓고 길고 엷어서 이마까지 닿고, ㉛ 말소리가 위엄이 넘치는 것이 사자의 영각과 같고, ㉜ 목소리가 훌륭하여 온갖 소리를 다 구비하고, ㉝ 코가 높고 곧아서 콧구멍이 들어나지 않고, ㉞ 치아가 반듯하고 희며 뿌리가 깊게 박혀있고, ㉟ 송곳니가 깨끗하고 맑으며 둥글고 끝이 날카롭고, ㊱ 눈이 넓고 깨끗하며 눈동자가 검게 빛나고, ㊲ 눈이 길고 넓으며 속눈썹이 차례가 있고, ㊳ 속눈썹이 가지런하여 소의 눈썹과 같고, ㊴ 눈썹이 길고 검게 빛나고 부드러우며, ㊵ 눈썹이 아름답고 가지런하여 검붉은 유리빛이 나고, ㊶ 눈썹이 높고 명랑하여 반달과 같고, ㊷ 귀가 두텁고 길며 귀밑이 늘어져 있고, ㊸ 두 귀 모양이 아름답고 가지런하며, ㊹ 얼굴이 단정하고 아름답되 보기 싫지 않고, ㊺ 이마가 넓고 원만하여 반듯하고 훌륭하며, ㊻ 몸매가 뛰어나 위아래가 가지런하고, ㊼ 머리카락이 길고 검고 빽빽하고, ㊽ 머리카락이 깨끗하고 부드러우며 윤택하고, ㊾ 머리카락이 단단하여 부스러지지 않고, ㊿ 머리카락이 빛나고 매끄러워 때가 타지 않고, (51) 몸매가 튼튼하여 나라연천과 같고, (52) 몸이 장대하고 단정하며 곧고, (53) 몸의 일곱 구멍이 맑고 깨끗하여 때가 끼지 않고, (54) 근력이 충실하고, (55) 몸매가 엄격 정숙하며 보는 사람마다 좋아하고, (56) 얼굴이 둥글고 넓으며 깨끗한 것이 보름달과 같고, (57) 얼굴빛이 화평하여 항상 웃음을 띠우고, (58) 얼굴빛이 빛나고 때가 없고, (59) 몸과 팔 다리가 항상 장엄스럽고 깨끗하며, (60) 털구멍에서 좋은 향기가 풍기고, (61) 입에서 아름다운 향기가 나고, (62) 목이 아름답고 둥글고 평등하며, (63) 몸의 솜털이 부드럽고 검푸르고 광택이 나고, (64) 법문소리가 원만하여 듣는 사람의 성질에 따라 널리 맞게 되고, (65) 정수리가 넓고 묘하여 보이지 않고, (66) 손가락 발가락 사이에 그물 같은 엷은 막이 분명히 바로잡혀 있고, (67) 걸어다닐 때 발이 땅에 닿지 않아 자국이 나타나지 않고, (68) 신통력으로 스스로 유지하고 남의 호위를 받지 않고, (69) 위력이 멀리 떨쳐 선인은 좋아하고 악마 외도는 두려워하며, (70) 목소리가 화평하고 맑아 여러 사람의 마음을 즐겁게 하고, (71) 중생들의 근기를 알고 정도에 맞추어 법문하고, (72) 한 음성으로 법을 말하되 여러 중생들이 제각기 알아듣고, (73) 차례로 법을 말하여 제각기 알맞게 하고, (74) 중생들을 고르게 보아서 원친이 없게 하고, (75) 하는 일에 대하여 먼저 관찰하고 뒤에 실천하게 하되 제각기 마땅함을 얻게 하고, (76) 온갖 상호를 구족하여 아무리 보아도 다함이 없고, (77) 마디의 뼈가 단단하여 여러 겁을 지나더라도 부서지지 않고, (78) 용모가 기묘하여 항상 젊은 이와 같고, (79) 손 발 가슴에 상서로운 복덕상과 훌륭한 모양을 구족하고, (80) 머리카락이 고르고 가지런한 것입니다. 모두 이것은 당시 사람들이 생각한 광대원만한 인간의 최고의 이상상입니다. 그런데 이러한 상은 우연히 생기는 것이 아니라 광대원만한 마음 가운데서 형성되어 나오는 것이므로 광대원만한 마음 속에서 대비심 다라니를 외우면 저절로 그러한 상호를 형성하게 될 것입니다.

외도들은 그의 과보가 신의 조화니 사주팔자(四柱八字)니 합니다만 부처님은 그것이 누구의 힘에 의해서가 아니라 자기의 힘에 의해서 이루어지고 있다고 강조하였습니다. 말하자면 사람이 장부의 몸으로 태어나서 건강 · 미모 · 안락 · 명예 · 위력 · 자태 · 음성 · 향기 · 진미 · 접촉의 거룩한 열 가지 복덕을 얻는 것은 과거세에 몸과 말과 마음으로 선행을 닦고 보시하고 계를 지니고, 재계(齋戒)를 행하며 부모님께 효도하고 바른 종교인들을 존경하고, 어른들을 섬기며 온갖 선행을 닦은 까닭이고, 발바닥이 평편하고 천폭무늬를 갖추어 모든 사람들이 둘러싸고 수호하게 되는 것은 과거세에 많은 사람들을 안락하게 하기 위하여 모든 공포를 없애고 그들을 수호하고 방호한 공덕이며, 발뒤꿈치가 단정하고 둥글며, 손 발가락이 가늘고 길고 또 윤택하며 사지가 쪽 곧은 대인상을 갖춘 것은 과거세에 살생하는 일이 없고, 살생하는 도구를 쓰지 않고, 모든 생명을 불쌍히 여기고 이익하게 한 공덕이라 하였습니다.

또 부처님은 과거세에 풍부하고 아름답고 맛있는 음식물을 사람에게 베풀어 줌으로써 이 세상에 태어나서는 손·발·어깨·목 등 일곱 곳에 원만한 상호를 얻게 되었고, 일체에 널리 보시하고 사랑스럽게 말하고 남을 이롭게 하고 남을 위해 같이 일을 함으로써 손 발이 부드럽고 윤택하고 거기 그물 같은 가는 무늬가 얽혀 돌게 되었으며, 많은 사람들을 위하여 진리에 맞는 말을 설명하고, 이익을 준 법보시의 공덕으로 발등이 단정하고 두텁고 몸털이 위로 쓰러진 대인상을 얻게 되었다는 것입니다. 또 엉덩이가 이니록(伊泥鹿)과 같은 상은 과거세에 학문과 기술, 행업을 사람들께 가르쳐서 성취시킨 까닭이고, 피부가 윤택하며 때와 티끌이 묻지 않은 것은 과거세에 스님들을 가까이 하여 선과 불선, 죄와 복리의 모든 이치와 행업을 물어보아 모든 불선과 죄의 때를 깨끗이 씻어 버린 공덕의 과보라는 것입니다.

그리고 몸이 황금빛을 내는 것은 성내고 뽐내며 미워하고 불만족한 마음의 표정을 보이지 않고, 겸손하여 부드럽고 아름다운 의복을 베풀어준 과보이고, 음근이 마장지를 형성한 것은 오랜세월 부부간이나 모자간, 형제 자매간, 일가친척들이 서로 헤어져 헤매던 자들을 위하여 서로 만나게 해주고 또 서로 남녀의 접촉을 부정, 예악(穢惡)의 부정법임을 알려서 음란한 마음을 갖지 않게 하고 부끄럽게 여기어 깨끗한 성행을 닦아 쌓은 인연이라는 것입니다.

그리고 여러 사람의 성질과 취미, 욕구를 잘 알아서 그에 맞도록 비위를 맞추어 주며 지도하고 교화한 인연으로 말미암아 둥글고 고른 니그로다 나무와 같은 몸과 긴 팔을 갖게 되었고, 과거세에 많은 사람을 이익되게 하고 지식과 지혜와 진리의 가르침을 베풀어 주고 또한 금은보화며 노비 전택을 베풀어 준 공덕으로 사자와 같은 위엄있는 상호와 두 어깨 사이가 충실하고 쪽 고르고 둥근 대인상을 얻게 되고 손과 돌, 칼 등으로 모든 생물을 헤치지 않아 입에 최상의 미각을 얻게 되었고, 목구멍에 특수한 기관이 생겨 음식을 조절하고 소화시키는 기능을 갖추어 무병 건강한 몸을 얻게 되었으며, 게눈처럼 옆으로 보거나 곁눈질하거나 흘려보는 일이 없고, 바로 또는 넓게 보면서도 평등히 사랑하는 눈으로 사람을 둘러보는 행업을 한 인연으로 감청색의 눈빛과 암소같은 눈썹을 형성하게 되었고, 수많은 사람들 앞에서 여러 가지 선행을 실천하여 여러 사람 가운데서 뛰어나고, 보시를 행하고 계율을 지키고 재계를 닦고 효도하고 스님들을 존경하고 공양한 공덕으로 살상투의 상호를 갖추게 되었다는 것입니다.

또 거짓말을 하지 않고 참된 말로서 사람을 대하는 행업을 쌓음으로써 한 구멍에 오직 하나의 털이 나고, 눈썹 사이에 난 흰 털이 도라솜처럼 부드럽고, 이간질하지 않고 화합을 잘 시킴으로써 기쁘게 하고, 친밀하게 함으로써 40개나 된 하얀 이가 고르게 빈틈없이 났으며, 또 과거세에 추악한 말, 듣기 싫은 말을 하지 않고 기쁜 말, 사랑하고 좋아하는 유연한 말, 사람의 마음 속에 깊이 들어갈 말을 한 인연으로서 아름답고 명랑하고 청아한 가릉빈가새의 음성 같은 범음성(梵音聲)을 얻게 되었으며, 쓸데없는 말, 이치에 맞지 않는 말을 하지 않고, 때에 맞고, 사실에 맞고, 의리에 맞고, 법도에 맞는 말을 함으로써 사자의 턱과 같은 대인상을 얻게 되었다는 것입니다.

의 존경과 귀의를 받을 수 있다 하였습니다.

또 성문(聲聞)으로서 이 다라니를 한 번 들은 이나 이 다라니를 수행하고 쓰는 자로서 정직한 마음으로 법답게 지니고 펴는 자는 4사문과(沙門果)[3]를 구하지 아니하여도 저절로 얻게된다 하였습니다. 이 다라니의 위신력은 능히 3천대천세계의 산과 바다, 돌벽과 4대해(大海)의 물을 솟아오르게 하고, 수미산(須彌山)과 대철위산(大鐵圍山)도 능히 움직이게 하며, 또 티끌같이 가늘게 부실 수도 있으며, 또 그 안에 살고 있는 모든 중생들에게 모두 무상보리심(無上菩提心)[4]을 발하게 한다는 것입니다.

---

이와 같이 부처님은 인간으로서는 최고의 상호와 인격을 갖추시고 또 모든 사람들이 그리워 동경하는 임금님의 가문에 태어나서 모든 것에 부족함이 없는 생활을 하게 되었던 것이니, 이제 우리의 추악하고 조잡한 모습을 바라보면 부끄럽기 그지 없습니다. 그러나 자타(自他)가 원래는 똑같은 범부였는지라 스스로 닦고 익히는 것이 덕스럽지 못하고 복되지 못함을 한탄할지언정 비관할 필요는 없다고 봅니다.

3) 사문이란 범어 사라마나(Śramana)로서 부지런히 공덕을 닦고 나쁜 일을 하지 않는 승려의 대명사입니다. 그런데 이들이 공부를 성취해 가는 과정이 네 가지 단계가 있으므로 이것을 4사문과라 합니다.
첫째는 수다원과(須陀洹果)이니 타락없는 무루도(無漏道)에 처음 참여한 예류과(豫流果)의 승려를 말하고, 둘째는 사다함과(斯多含果)이니 욕계의 사혹(思惑)을 완전히 끊치 못하였기 때문에 적어도 한 번쯤은 이 세상에 더 태어나서 공부해야 하는 승려를 말하고, 셋째는 아나함과(阿那含果)이니 욕계에서 죽어서 색계, 무색계에 한 번씩 태어나고는 다시는 태어나지 아니하여도 될 수 있는 성자적 지위의 승려를 말하고, 넷째는 아라한과(阿羅漢果)이니 더 이상 배울 것이 없는 무학성자(無學聖者)를 말합니다. 중은 원래 출가 입산하여 삭발 염의하는 외형상의 중과 단진무명(斷盡無明)하고 염리해탈(染離解脫)한 내용상의 중 두 가지로 구분할 수 있는데, 여기 4사문과의 승려는 내용상의 승려자격을 규율한 것이고, 그의 목적을 낱낱이 성취한 것이 사문과가 되는 것입니다.

4) 보리심이란 깨닫는 마음입니다. 보리란 원래 인도말 보디(Bodhi)로서 중국에서는 도(道)·지(智)·각(覺) 등으로 번역했습니다. 불교 최고의 이상인 불타정각의 지혜 또는 불타의 정각을 성취하기 위해 닦아가는 마음을 보리심이라 하는데 여기 다섯 가지가 있습니다.
첫째는 발심보리(發心菩提)이니, 10신위의 보살이 한량없는 생사 가운데서 위없는 보리도를 위하여 큰 마음을 발하는 것이고, 둘째는 복심보리(伏心菩提)이니, 10주·10행·10회향의 보살들이 모든 번뇌를 항복받고 이타(利他)의 교화행을 실천하는 것을 말하며, 셋째는 명심보리(明心菩提)이니, 초지 이상의 보살이 3세 제법의 본말(本末)·총상(總相)·별상(別相) 등을 관하여 모든 법의 실상을 꿰뚫어 보는 것이고, 넷째는 출도보리(出道菩提)이니, 제8, 9, 10地의 보살들이 지혜를 연마함에

만약 어떤 중생이 소원이 있어 3·7일 동안 깨끗이 계율을 지키고 이 다라니를 외우면 반드시 소원을 이루며, 그의 악업중죄가 소멸된다 하였습니다.

또 어떤 선남선녀가 이 다라니를 받아 가지고 있다가 그 사람이 강이나 바다에서 목욕하여 그 목욕한 물이 그 속에 있는 모든 중생들의 몸에 닿게 되면 그들 중생의 일체 악업중죄가 모두 소멸되고 죽은 뒤에는 즉시 연화국토(蓮花國土)에 태어나서 다시는 태(胎)·난(卵)·습(濕)·화(化)의 몸을 받지 않는다 하였으니 하물며 읽고 쓰는 자야 더 말할 것 있겠습니까.

그러기 때문에 흥선대원군(興宣大院君)은 중국에 귀양 가 물 없는 곳에 유폐되어 갖은 고통을 겪는 가운데서 《천수경》을 읽고 생수를 얻어 주위 호위병들까지 살리는 기적을 얻었고, 조선조 때 낭파(浪波)스님은 거금도에 들어가서 《천수경》 십만독(十萬讀)을 하고 물위로 걸어왔던 것입니다. 서울 사간동 법륜사(法輪寺) 계윤(桂潤)화상은 《천수경》 십만독으로 뇌종양(腦種瘍)을 치료하였고, 광덕(光德)스님은 이 경의 은덕으로 중해병(重咳病)을 치료하고 그 보답으로 《천수경》 수만 권을 엮어 무상보시(無相布施)하였습니다.

그러므로 경에 "이 다라니를 받아 지닌 사람의 몸이나 옷에 스친 바람이 다른 중생들 몸에 닿으면 그 중생의 일체 중죄악업이 소멸되고 항상 부처님 곁에 태어나 법문을 듣게 된다."고 하였습니다. 왜냐하면 이 사람은 《천수경》 몸을 갈무린 몸이라 99억 항하사 부처님께서 사랑하시고 아껴주시는 까닭이고, 이 사람은 광명을 갈무린 몸이라 모든 부처님

---

있어서 온갖 수단과 방법으로 무성(無性)의 이치를 증득하고 3세를 여의어 일체지에 이르는 것이고, 다섯째는 무상보리(無上菩提)이니 보살이 등각·묘각의 지위에 이르러 깨달음의 도량에 앉아 일체의 번뇌를 멸하고 위없는 정각을 이루는 것입니다. 그러므로 여기서 말하는 무상보리심은 마지막 무상보리를 증득코자 하는 굳고 철저한 정각심(正覺心)을 말하는 것입니다.

께서 항상 큰 지혜의 빛으로 비추어 주는 까닭이고, 이 사람은 자비를 갈무린 몸이라 항상 다라니로서 일체 중생을 구제하고 보호하는 까닭이며, 이 사람은 묘한 법을 갈무리고 있기 때문에 널리 일체 다라니문을 거두는 까닭이고, 이 사람은 선정(禪定)을 감춘 몸이라 능히 백천삼매(百千三昧)가 항상 나타나는 까닭이고, 이 사람은 허공을 갈무린 몸이라 항상 선정과 지혜로서 중생을 관찰하는 까닭이고, 이 사람은 두려움이 없는 몸을 갈무리고 있는 까닭에 용과 하늘의 선신들이 항상 보호하기 때문이며, 이 사람은 묘한 말을 갖춘 사람이라 입에서 항상 다라니의 음성이 끊어지지 않는 까닭이고, 이 사람은 항상 불변(不變)의 몸을 갈무리고 있기 때문에 천마외도(天魔外道)가 그를 해치지 못하기 때문이고, 이 사람은 약왕(藥王)을 감춘 몸이라 항상 다라니로서 중생의 병을 고치는 까닭이고, 이 사람은 신통을 감춘 몸이라 모든 불국토에 자재하게 되는 까닭이라 하였습니다.

과연 그들은 아직도 무한한 광명과 신통·자비·자재·위력·묘법·선정·지혜로서 한량없는 중생들을 구제하고 있으며, 불법의 약으로서 무수한 중생들의 병을 치료하고 있습니다. 이러니 어찌 부처님의 가호를 받지 않을 수 있으며, 어찌 8부신중(八部神衆)의 옹호하는 바 되지 않겠습니까. 반드시 그들은 무상 속에서 영원을 살 것이며, 고뇌 속에서도 진상(眞常)의 법락(法樂)을 맛볼 것입니다.

그러므로 관세음보살은 부처님께 "이 주문을 지극 정성으로 외우는 사람은 이 세상에서나 저세상에서나 열다섯 가지 착한 삶의 과보와 열다섯 가지 악사(惡死)를 당하지 않는다." 하였습니다.

## 2. 한량없는 선생보(善生報)와 불악사(不惡死)의 과보

### (1) 15종의 선생보(善生報)

첫째, 나는 곳마다 어질고 착한 임금을 만나는 것이고,

둘째, 항상 좋은 나라에 태어나는 것이며,

셋째, 항상 좋은 시절을 만나게 되는 것이고,

넷째, 항상 좋은 벗을 만나게 되는 것이며,

다섯째, 몸의 모든 기관이 구족하여 건강하고,

여섯째, 도(道)에 이르는 마음이 깊고,

일곱째, 계율이 청정하고,

여덟째, 따르는 권속들이 의롭고 화순하며,

아홉째, 재물과 음식이 항상 풍족하고,

열째, 항상 남에게 공경과 대접을 받을 것이며,

열한째, 모든 재물을 남에게 빼앗기지 않고,

열두째, 구하는 일이 뜻대로 이루어지고,

열셋째, 용이나 하늘 선신이 항상 보호하며,

열넷째, 나는 곳마다 부처님을 뵙고 법문을 들으며,

열다섯째, 들은 바 정법의 깊은 뜻을 잘 깨닫는다.

이것이 열다섯 가지의 선생보입니다.

## (2) 15종의 불악사(不惡死)

열다섯 가지 나쁜 죽음을 당하지 않는다고 하는 것은,
첫째, 사람이 굶주리거나 고난에 빠져서 죽지 않는 것이고,
둘째, 죄인이 되어 결박을 당하거나 형벌로 죽지 아니하며,
셋째, 원결이 맺힌 사람에게 앙갚음을 당하여 죽지 아니하며,
넷째, 전쟁터에서 싸움으로 죽지 아니하고,
다섯째, 호랑이나 악한 짐승에게 해를 입어 죽지 아니하고,
여섯째, 독사나 지내 등 독한 벌레에 물려 죽지 아니하며,
일곱째, 물이나 불의 재앙을 입어 죽지 않고,
여덟째, 독약으로 죽지 않고,
아홉째, 뱃속에 있는 독한 충으로 인하여 죽지 않고,
열째, 미치거나 실성하여 죽지 않고,
열한째, 산이나 나무나 절벽에서 떨어져 죽지 않고,
열두째, 나쁜 사람이나 도깨비한테 홀려 죽지 않고,
열셋째, 삿된 신이나 악한 귀신에게 죽지 않고,
열넷째, 나쁜 병에 걸려서 죽지 않고,
열다섯째, 비명횡사하거나 자살하여 죽지 않는다.

이것이 열다섯 가지의 불악사입니다. 이렇게 보면 세상만사가 대비심 주로 이루지 못하는 것이 없습니다. 이 다라니의 모양이 곧 대비심(大悲心)이고 평등심(平等心)이며, 무위심(無爲心)이고, 무염착심(無染着心)이며, 공관심(空觀心)이고, 공경심이고, 비하심(卑下心)이고, 무잡란심(無雜亂心)이며, 무뇌해심(無惱害心)이고, 무견취심(無見取心)이며, 무상보리심(無上菩提心)이기 때문입니다.

세상의 모든 불상사는 대비심이 결여되고, 평등심이 결여되며, 조작된

염착심과 탐욕으로 가득 채워진 무공관심(無空觀心)과 불경(不敬) 불하 (不下)의 잡된 생각으로 남을 해롭게 하는 마음, 모든 현상을 겉으로만 보고 취하는 마음, 깨닫는 마음이 없어 인간다운 마음이 제대로 갖추어 져 있지 않는데서 발생되고 있기 때문입니다. 그러기 때문에 이와는 정 반대되는 거룩한 마음들이 차 있는 무애대비심 다라니에서는 이런 불상 사를 볼 수 없는 것입니다.

그러므로 관세음보살은 "선남자 선여인이 이 신주를 독송하려면 마땅 히 넓고 큰 보리심을 발하고, 맹세코 일체 중생을 제도할 서원을 세워야 한다."고 하신 것입니다. 서원이 없으면 희망이 없고 희망이 없으면 게 으르고, 게으르면 모든 일을 방관하여 그르치게 됩니다. 그러니 불자는 마땅히 매사에 관심을 가지고 부지런히 정진하되 원대한 희망 속에 이 상을 가지고 살아야 할 것입니다.

### (3) 불폐(不廢)의 정진

그런데 관세음보살은 대비신주를 외우는데 있어서 참기 어려운 고통 과 환경을 만나도 그것을 원망하거나 저주하지 않고, 또 어떤 피로가 쌓 여도 그것을 폐치않고 정진할 때 성취의 월계관을 쟁취할 수 있다고 하 였습니다. 그리고 대비심주를 외우는 자들에게 일어나는 여러 가지 신비 한 사건을 설명하고, 만일 그러한 일이 일어나지 않는다면 대비심주라 할 수 없다고 다짐하고 있습니다.

첫째, 대비심주를 외운 사람은 그가 임종할 때 시방의 모든 부처님이 오셔서 손을 주시며, 어느 불국토에 나고자 물으신 뒤, 그의 원에 따라 모두 왕생하게 하고,

둘째, 대비심주를 외우는 자는 절대로 3악도에 떨어지지 않고,

셋째, 대비심주를 지송하는 자는 결정코 불국토에 나게 되고,

넷째, 이 주문을 외우는 사람은 한량없는 삼매와 변재를 얻고,

다섯째, 모든 소망을 이루며,

여섯째, 남자가 되고 싶은 자는 반드시 남자의 몸을 얻게 하고,

일곱째, 5역(逆)의 무거운 중죄를 소멸해 준다고 하였습니다.

다만 착하지 못한 자와 지성으로 외우지 않은 자, 의심을 품은 자만은 제외된다고 하였습니다. 그러나 착하지 못하고 지성으로 외우지 않은 자와 의심을 품은 자도 이상에 열거한 소망을 성취하지는 못한다 할지라도 이 주력을 외운 인연으로 깨달음의 먼 인연을 짓게 된다는 것입니다.

이와 같이 ≪천수경≫은 불가사의한 힘과 공덕을 가지고 있습니다.

# 제2강 권면지송(勸勉持誦)의 방법

## 1. 도량을 청결하고 3업(業)을 깨끗이 하라

《천수경》을 지니고 외우는 사람은 다음 몇 가지 사항에 주의하여야 합니다.

관세음보살님께서 이 경을 읽는 사람은 "마땅히 몸과 입을 청결히 하고 모든 중생에게 자비심을 일으키고 위대한 서원을 발해야 된다."고 하셨기 때문입니다.

"일쇄동방결도량(一灑東方潔道場)하고 이쇄남방득청량(二灑南方得淸涼)하며, 삼쇄서방구정토(三灑西方俱淨土)하고 사쇄북방영안강(四灑北方寧安康)"하여 도량에 하예(瑕穢)가 없게 함으로써 3보와 천룡이 그 땅에 내려오셔서 우리들이 지송하고 있는 묘한 진언의 뜻을 확실히 알도록 가만히 자비를 내리시게 해야 한다는 말입니다. 3보 천룡은 "내려와 주십시오. 내려와 주십시오."하고 간절히 애원한다고 내려오는 것이 아니라 도량이 깨끗하면 저절로 내려오시기 때문입니다.

그러면 도량이란 어떤 것입니까. 시간과 공간이 접촉하는 지점입니다. 바로 이 몸이 서 있는 곳이고, 이 마음이 안주하는 곳입니다. 도량이 부정하면 파리 모기가 들끓기 때문에 3보 천룡이 내려오지 않습니다. 그렇기 때문에 이 몸을 깨끗이 하고 이 마음을 깨끗이 하여야 하는 것이며, 의복도 냄새가 나지 않게 입고 여러 가지 당번(幢幡)과 등(燈)을 달고 향과 물을 뿌리고 온갖 공양구를 장엄하여 다른 손님 맞을 준비가 되는 인연을 짓지 아니함으로써 마음을 한 곳에 집중해야 되는 것입니다.

그리고 나서 이 몸과 입과 뜻으로 지은 모든 죄업을 참회하고 구업(口業)을 더욱 깨끗이 한 뒤에 책을 펴는 것입니다.

살생중죄 금일참회(殺生重罪 今日懺悔)
투도중죄 금일참회(偸盜重罪 今日懺悔)
사음중죄 금일참회(邪淫重罪 今日懺悔)
망어중죄 금일참회(妄語重罪 今日懺悔)
기어중죄 금일참회(綺語重罪 今日懺悔)
양설중죄 금일참회(兩舌重罪 今日懺悔)
악구중죄 금일참회(惡口重罪 今日懺悔)
탐애중죄 금일참회(貪愛重罪 今日懺悔)
진에중죄 금일참회(瞋恚重罪 今日懺悔)
치암중죄 금일참회(痴暗重罪 今日懺悔)

아석소조제악업(我昔所造諸惡業)
개유무시탐진치(皆由無始貪瞋癡)
종신구의지소생(從身口意之所生)
일체아금개참회(一切我今皆懺悔)

참회진언(懺悔眞言)
"옴 살바못자 모지 사다야 사바하."

다생겁을 통하여 살생하고, 도둑질하고, 간음하고, 거짓말하고, 이간질하고, 발림말 하고, 악담 설욕하고, 또 탐내고, 성내고, 어리석어 지었던 모든 죄업을 모두 참회하고 책을 편다는 말입니다.

이렇게 할 것 같으면 관세음보살께서 해와 달의 보살과 한량없는 별, 야차 신선들을 데리고 와서 증명하고 천안(千眼)과 천수(千手)로서 보호하고 읽는 경전의 내용을 낱낱이 알게 하며 나아가서는 세간의 모든 경서와 외도의 술법 경전들도 모두 통달하게 한다고 하였습니다.

그러므로 ≪천수경≫을 읽는 이는 마땅히 도량을 깨끗이 하고 3업을 청정히 해야 할 것입니다.

## 2. 성현을 찬탄하고 서원을 세우라

이렇게 도량을 깨끗이 하고 3업을 청정히 한 다음에는 천수천안관자재보살의 위대한 성업(聖業)을 찬탄하고 이어서 자신의 서원을 발해야 합니다.

대자대비 관세음께 지성귀의 하옵나니 일체법을 하루 속히 알고 지혜의 눈 빨리 얻고 일체 중생 속히 제도하고 좋은 방편 얻어 반야선을 타고 고통바다를 건너겠습니다. 또 계·정·혜를 얻고 원적산에 올라가, 무위의 집에 태어나고 법성의 몸 얻겠습니다.

라고 말입니다. 그리고 또 서원합니다.

내가 만일 칼산지옥 들어가면 칼산지옥이 부서지고,
화탕지옥에 들어가면 화탕지옥을 말릴 것이며,
일반 지옥에 들어가면 지옥을 모두 없애겠습니다.
또 만일 아귀세계에 나아가면 아귀들을 배부르게 하고
수라세계에 나아가면 수라의 악한 마음을 가라앉히고
축생세계에 들어가면 축생들에게 큰 지혜를 얻게 하겠습니다.

하고 말입니다. 이와 같이 서원(誓願)을 발한 다음 관세음의 명호를 부르고 그의 근본 스승이신 아미타를 생각하며 하루에 3·7편 내지 7·7편을 읽으면 결정코 백천만억 겁의 무거운 죄들이 소멸된다고 하였습니다.

## 3. 결계(結界)를 지으라

그리고 ≪천수경≫을 읽는 이는 자기의 도량을 설정한 결계를 지으라고 하였습니다.

결계의 방법은 지혜의 칼[1]을 들고 이 다라니 21편을 외우고 그것으로 땅을 그어서 경계를 삼기도 하고, 혹은 깨끗한 물을 가져 21편을 외우고 사방에 뿌려 경계를 삼기도 하며, 혹은 백개자(白芥子)[2]를 가져 상하로 뿌리기도 하고, 혹은 깨끗한 재(灰)[3]를 뿌려서 경계를 삼기도 하고, 혹은 5색실을 가지고 다라니 21편을 외우고 두루 사방에 둘러 쳐서 경계를 삼기도 한다고 하였습니다.

만일 5색실로 경계를 삼을 때는 21편을 외운 뒤 만든 5색사(色絲)[4]

---

1) 불법은 지혜의 산물입니다. 어두움을 깨뜨리는 데는 햇빛을 능가할 것이 없지만, 햇빛은 겉은 비추어도 속은 비추지 못하는 장애가 있고, 위는 비추어도 아래는 비추지 못하는 장애가 있지만, 지혜는 내외(內外)·표리(表裏)·상하(上下)·좌우(左右)가 없으므로 어두운 마음을 깨뜨리는 데는 지혜의 빛보다 더 밝은 것이 없습니다. 그러므로 지혜의 칼로 암흑의 마(魔)를 벤다는 상징으로 칼을 사용하는 것입니다.

2) 개자(芥子)는 10자과(子科)에 속하는 일년생 혹은 다년생 풀입니다. 시월초순에 씨를 뿌리면 여름에 잎이 4·5척에 달하고, 잎은 유채(油菜)와 비슷합니다. 잎새에 황색의 꽃을 피우고, 가을에는 황색구원형(黃色球圓形)의 종자를 맺는데, 그 종자의 맛은 쓰고 매우 자극적입니다. 개자 속에는 지방유(脂肪油) 밖에도 미론산가리(myronals of potash) 미로신(myrosin)을 함유하고, 이 미로신가리는 미로신의 발효작용에 의하여 개자기름으로 변합니다. 개자의 기름은 무색 혹은 담황색(淡黃色)의 액체로서 시간이 경과하면 황갈색으로 변합니다. 약방에서는 주로 소화촉진제로서 사용하고 있으나 일반 의학계에서는 살균, 제독 거후비(去喉痺)의 소독제로서 사용하고 있습니다. 여기서 백개자는 아주 깨끗한 개자를 의미하며, 그것은 도량의 악취를 제거하는 좋은 소독제가 되므로 사용하는 것으로 이해됩니다.

3) 재(灰)도 마찬가지입니다. 모든 가시를 태워버린 뒤의 재에는 어떠한 균도 있을 수 없습니다. 옛날에는 그 재를 물에 걸러서 세탁의 촉진제로 썼습니다. 더럽고 찌들은 때를 벗겨내는 재는 곧 마음의 때를 세탁하는 소독제로서 연상을 자아내고 있으며, 뱀이나 독충의 침범을 제거하는 일종의 살충제로도 응용하고 있기 때문입니다.

4) 오색실은 서기(瑞氣) 방광(放光)의 무지개색을 연상하게 되고, 그것은 곧 천상과 지상을 연결하는 이상적인 사다리였습니다. 그래서 여러 가지 수행경에서는 외계의 상태를 수납(受納)하는 눈·귀·코·혀·몸의 5근이 깊고 깊은 본래의 마음과 연결되는

는 밖의 경계로 삼고 안의 경계를 만드는 5색사는 5편을 더 외우고, 줄을 만들어 24편을 외우고는 24개의 매듭을 지어 목에 걸라 하였습니다.

또 어떤 사람이 세상의 괴로움을 싫어하여 오래 살고 길이 즐거움을 구하고자 한다면 마땅히 조용한 곳에 머물면서 청정하게 결계하여 주의(呪衣)를 입고, 물을 마실 때나 음식을 먹을 때나 혹 향을 사르거나 약을 먹을 때 모두 일백여덟 번씩 다라니를 외우고 먹으면 수명이 120세에 이르도록 산다고 하였습니다.

그러므로 부처님께서 말씀하셨습니다.

"만약 한 나라에 재난이 일어나면 왕은 정법으로 국가를 다스리면서 사람들을 너그럽게 대하고 억울한 백성이 없게 하며, 모든 허물을 용서하고, 7일7야)를 신심을 기울여서 이 다라니를 외우고 정진하면 이 주

---

것을 5색실로 이해하고 있으며, 그것을 통하여 외계의 불(佛)과 내계의 불이 상통하는 교량역을 한다는 의미도 있고, 이 다섯 개의 기관을 통하여 외계의 불이 5색광명을 놓는 것에 연관을 지어 외계의 일체 사기(邪氣)가 이 빛에 의해 꺾여지는 것과도 대조되는 것입니다.

이들 모든 물건들은 신선도량을 표시하는 도구인 동시에 사마외도(邪魔外道)를 꺾는 무기이고 인간을 어둡고 침침한 병과 감정으로부터 밝고 명랑하고 건강한 자성으로 이끌어가는 약품으로 인식한데서 사용한 정심제(淨心劑)인 것만은 틀림없습니다.

5) 모든 존재는 3각의 대칭관계 혹은 7배수에 의하여 형성되어 있다는 것입니다. 인간의 머리는 두 개의 눈·귀·코와 한 개의 입, 즉 일곱 개의 별에 의하여 형성되었고, 모든 신체의 조직은 일곱 개를 한 단위로 세포가 형성되고, 또 털도 그렇게 만들어졌다는 것입니다. 유교에서 금·목·수·화·토 5행에 음·양을 합하여 7요(曜)라 하듯 인간의 생리도 1주를 7일로 계산하여 28日만에 경도가 있고, 그의 10배수인 280일만에 인간은 세상에 태어나고 있습니다. 또 사람이 죽고 나는 것도 이 7배수를 기준해서 나고 죽기 때문에 1주마다 축하나 위안을 드리는 7일재를 지내고, 3·7일이 되는 날을 유독 기리며, 또 그것이 일곱 개 겹치는 날을 특별히 기념하는 것입니다. 10은 1의 만수(滿數)로서 원만·성취·종결을 의미하는데, 그 10의 10배수인 백은 우리 인간에게 백만배의 원만·성취·종결을 고하고 있기 때문에 특별히 우리는 그 숫자를 기리고 있다고 생각할 수 있습니다. 이것은 희랍의 수리 철학자들에 의하여 많이 논의되었던 사실이고, 전세계적으로 형상화 되어 있는 숫자로 알고 있습니다. 어떻든 우리도 "삼 세 번"이란 단어를 많이 쓰고 있으며, 럭키 세븐이란 말도 그렇게 생소하지 않게 인식되고 있습니다. 불교구성의 3대요소가 불·법·승 3보이므로 삼 세 번은 가장 어울리는 예송(禮誦)의 하나라 생각할 수 있으며, 인간은 제7식(第七識)의 전도된 망상에 의하여 무명화(無明化)된 존재이므로 7각지(覺支)를 통하여 각명(覺明)을 일으

력의 위신력으로 저 국토 가운데 침입하여 백성들을 불안케 하고 대신들이 모반하며, 나쁜 병이 돌고 비바람이 고르지 못하고 해와 달이 정도를 잃고, 서리 우박으로 오곡이 손상되고 맹수들이 떼지어 다니며, 백성을 해치는 등 여러 가지 불상(不祥)한 일들이 일어나면 마땅히 천수천안관세음보살상을 조성하여 모시고 꽃과 향 보배 당번과 온갖 음식으로 공양하고 지극한 마음으로 정성껏 7일7야를 신묘장구대다라니를 외우면서 정진하면, 원적이 저절로 항복하고 나라가 바르게 다스려지며, 국가 간에 서로 화목하고 분단된 나라는 통일되고 모든 사람들이 자비심으로 돌아와서 왕자와 백관이 모두 충성하고 비빈 궁녀가 효순하며, 모든 선신이 옹호하여 비바람이 고루 내려 백성들이 안락하게 된다. 만약 가정에 큰 병이 생기고 백 가지 괴이한 일이 번갈아 일어나며, 귀신과 삿된 마군이 그 집안을 요란케 하고 악한 사람이 드나들며, 나쁜 말로 서로 해쳐 집안 사이가 화목하지 못할 때도 마땅히 그렇게 하라."

그러므로 걱정 근심이 있는 자는 괜히 앉아 근심하고 걱정하기보다 이 주문을 외우고 읽으십시오. 이 경전을 듣고 외울 수 있는 사람은 아무리 재앙이 많고 근심이 있는 사람이라 할지라도 전생에 많은 선근을 심은 사람이라는 것입니다. 만일 선근이 없다면 이 경의 이름과 모양을 전혀 볼 수 없다는 것입니다.

인생은 운명의 쇠사슬에 감겨 꼼짝 못하고 있지만 마음이 바뀌면 행

---

키는 변동제로서 7회송(回誦) 또한 의미가 있다고 봅니다. 그러나 염불은 일념이어야 됩니다. 숫자를 헤아리느라 일념이 분산 된다면 염불은 공염불로 돌아가기 쉽습니다. 그러니 여러분들은 그 숫자나 개념에 구애되지 마시고 일념(一念)이 무념(無念)이 될 때까지 깊이 노력해 주십시오.

세상에는 많은 불·보살이 계시는데 보살이 같은 점은 중생을 사랑하며 깨달음을 촉진시키고 있다는 사실이고, 다른 점은 깨닫기는 모두 깨달으신 분들이지만 보살은 깨달았으나 아직 정이 남아 있는데(覺有情) 반하여 부처는 깨달았어도 조금도 정이 남아 있지 않는데(覺無情) 차이가 있습니다. 그러므로 보살은 중생에 집착하여 생사에 유전하나 부처는 유전 중에서도 생사심이 전혀 없으므로 중생을 따르지 않는 것입니다.

동이 바뀌며, 행동이 바뀌면 습관이 바뀌고 습관이 바뀌면 인격이 바뀌고, 인격이 바뀌면 운명이 바뀌게 된다는 것은 이미 말씀드린 바 있으니 부지런히 경전을 읽어 인심(人心)을 다스려 가도록 하십시오.

힘이 없는 사람은 급할 때 지푸라기라도 의지해야 산다고 하였습니다. 역량이 부족함을 스스로 느끼는 사람은 자신의 힘이 생길 때까지 이 주문의 지푸라기를 붙들고 저 생사의 바다를 건너도록 용맹심을 잃지 마시기 바랍니다.


## 4. 자부심을 가지고 공부하라

이 경은 99억 부처님의 비밀이 간직된 경이고 관세음보살의 위대한 서원이 담긴 경전입니다.

옛날 석가모니부처님께서 보타락가산(寶陀洛迦山) 관세음궁전 보배 사자좌에 앉으셔서 총지(摠持)다라니를 연설하고자 온갖 마니(摩尼)로 장엄된 백 가지 보배 당번을 걸어놓고 계셨습니다. 그 때 그 자리에는 총지왕(摠持王)보살님을 중심으로 보왕(寶王)·약왕(藥王)·약상(藥上)·관음(觀音)·세지(勢至)·화엄(華嚴)·장엄(莊嚴)·보장(寶藏)·덕장(德藏)·금강장(金剛藏)·허공장(虛空藏)·미륵(彌勒)·보현(普賢)·문수사리(文殊舍利) 등 관정위(灌頂位)의 대법왕자들이 자리를 같이 하고 있었고, 우루빈라가섭(優樓頻螺迦葉)을 중심으로 한 아라한과(阿羅漢果)를 증득하고 10지(地)에 오른 수많은 성문승(聲聞乘)들과, 선타범마(善陀梵摩)·구바카(鳩婆迦)·제두뢰타(提頭賴吒)·범마(梵摩)·사천왕(四天王) 등이 자리를 같이 하였으며, 또 천덕용왕(天德龍王)·동목천녀(童目天女) 등 한량없는 천룡(天龍)·야차(夜叉)·건달바(乾達婆)·아수라(阿修羅)·가루라(迦樓羅)·긴나라(緊那羅)·마후라가(摩睺羅伽)·인비인(人非人) 등과,

허공·강·바다·우물·호수·약초·수풀·집·물·불·땅·바람·흙·산·돌·궁전 등을 주관하는 허공신(虛空神)·강신(江神)·해신(海神)·천원신(泉源神)·하소신(河沼神)·약초신(藥草神)·수림신(樹林神)·사택신(舍宅神)·수신(水神)·화신(火神)·지신(地神)·풍(風神)·토(土神)·산(山神)·석신(石神)·궁전신(宮殿神) 등이 모두 함께 법회에 참석하고 있었습니다.

그때 관세음보살이 가만히 신통력을 나타내어 머리에 쓴 꽃관 정수리 속으로부터 큰 광명을 놓았습니다. 그 빛은 시방세계와 3천대천세계를 두루 비쳐 모두 금색으로 만들고 천궁과 용궁의 모든 궁전들은 진동하였으며, 큰 바다와 강과 호수·철위산·수미산 등 10대 보배산을 마구 흔들어 해와 달 별들이 제 빛을 제대로 나타내지 못했습니다.

그때 총지왕보살이 부처님께 물었습니다.

"세존이시여, 어떠한 인연으로 이러한 신통변화가 생겨납니까. 저희들을 위하여 설명하여 주옵소서."

"장하다 총지보살이여, 너는 모든 중생을 위하여 묻는구나. 지금 이 빛은 옛날 옛적에 이미 대자대비를 성취하고 한량없는 다라니문을 수행한 관세음보살이 모든 중생을 안락하게 하고자 하여 이와 같은 신통력을 나타낸 것이다."

그때 관세음보살이 자리에서 일어나 부처님께 여쭈었습니다.

"세존님, 저에게 있는 대비심다라니(大悲心陁羅尼)를 설하고자 합니다. 모든 중생의 안락을 얻게 하기 위하여, 모든 중생의 병을 없애주기 우하여, 그들의 수명과 풍요를 얻게 하기 위하여, 일체 악업중죄와 모든 장난을 여의고 일체 청정한 법과 모든 공덕을 증장시키고 일체 모든 착한 일을 성취시키기 위하여, 모든 두려움을 멀리하여 구원하는 바를 만족시키기 위하여 설하고자 하니 허락하여 주옵소서."

"좋다. 속히 설하라. 여래는 물론 시방의 모든 부처님들도 기뻐하리라."

이리하여 ≪천수경≫은 처음으로 세상에 나타나게 된 것입니다.

그러나 이 경은 관세음이 처음으로 창작하신 것이 아니고 옛날 옛적 천광왕정주여래(千光王靜住如來)에게서 전수받은 것입니다. 관세음보살이 부처님께 말씀하였습니다.

"옛날 옛적 무량겁전(無量劫前)에 천광왕정주여래께서 저와 모든 중생을 불쌍히 여겨 '광대원만무애대비심다라니'를 설하시고 금색 손으로 저의 이마를 만져 주시면서 '선남자야 네가 마땅히 대비심주를 가지고 악세의 번뇌가 중한 일체 중생들을 위하여 널리 큰 이익을 짓도록 하라' 하였습니다. 그때 저는 겨우 초지(初地)보살이었는데 이 다라니를 한 번 듣고 즉시 제8지에 올랐습니다. 그때 저는 너무나도 기뻐 그 부처님 앞에서 맹서했습니다. '만약 제가 오는 세상에 일체 중생을 안락하게 하고 저들의 이익을 능히 감당할 수 있다면 저로 하여금 즉시 이 몸에 천 개의 눈을 구족하게 하여 주옵소서' 하고 원을 마치자 곧 천수천안이 몸에 구족하여졌습니다. 대지는 6종으로 진동하고 시방 제불이 모두 큰 광명을 놓아 저와 모든 세계를 비쳐주었습니다."

관세음보살은 이렇게 하여 이 대비심주를 천광왕정주여래께 받았으며, 그렇게 하여 받은 이후로도 한량없는 부처님 회상에서 거듭거듭 이 다라니를 환희심으로 수지독송하고 한 번도 폐(廢)하거나 의심하지 아니했다 합니다. 그래서 그는 이 공덕으로 무수억겁 미세생사(微細生死)를 초월하고, 태어날 때마다 항상 부처님 앞 연꽃 위에 화생(化生)하며 태(胎)의 몸을 받지 않았다 합니다.

그러나 사실 알고 보면 천광왕정주여래는 이 다라니를 설한 99억 항하사 부처님 중의 한 분이십니다. 그러므로 이 경은 이미 과거 99억 항하사 부처님 당시부터 있는 경인데, 관세음보살이 그를 인용하여 설명한 것 뿐입니다.

저 부처님들은 6바라밀을 만족하지 못한 수행인들로 하여금 속히 만족하게 하고 보리심을 내지 못한 자에게 속히 보리심을 내게 하며, 과위(果位)를 증득치 못한 성문들로 하여금 과위를 증득케 하고, 3천대천세계 안에 있는 모든 신선과 모든 중생이 아직 최상의 보리심을 내지 못하고 대승의 믿음을 일으키지 못한 자에게는 모두 최상의 보리심과 믿음을 내게 하기 위하여 이 경전을 설하게 되었다는 것입니다.

그러므로 이 경전 속에는 99억 부처님의 위신과 관세음보살의 서원이 함께 깃들어 있는 것이며, 모든 중생들이 갈망하는 경전이고 모든 선신들이 옹호하는 경전인 것입니다. 오늘 우리는 이러한 경전을 받아 가지고 읽고 외우고 쓰게 되었으니 얼마나 다행한 일입니까. 자부심을 가지고 공부하여 주시기 바랍니다.

# 제2편 본전(本典)

# 제3강 정구업진언과 오방내외안위제신진언

## 1. 정구업진언(淨口業眞言)

### (1) 업(業)의 실체(實體)

≪천수경≫의 제1구는 정구업진언 '수리수리 마하수리 수수리 사바하'입니다. 범어로는 'srisri mahāsri susri svāhā'라 쓰고, 중국어로는 '修里修里 摩訶修里 修修里 裟婆訶'로 표기하였습니다. 참으로 멋있는 글귀입니다. 우주창조의 제1성이요 여래비밀(如來秘密)의 진실어(眞實語)입니다. 하느님은 이 말씀에 의하여 우주를 창조했다고 하나 우리 부처님은 이 말씀에 의하여 그 하느님의 창조심을 정화(淨化)함으로써 세계를 불국정토화(佛國淨土化)해 가고 있는 것입니다.

세상의 모든 것은 업(業)에 의하여 창조되고 있습니다. 하나의 벽돌이 모래·자갈·시멘트와 물, 사람의 힘에 의하여 만들어지듯 인간의 모든 것은 정신과 물질이 시간과 공간 위에 어떤 보이지 않는 힘, 즉 세력에 의하여 조화를 이루어 가고 있습니다.

그런데 그 보이지 않는 힘을 불교에서는 업6)이라 하고 있습니다. 인

---

6) 중생의 모든 현상이 업에 의하여 지어진다면 선업을 닦는 사람은 잘 살아야 할 것이고, 악업을 짓는 사람은 못 살아야 할 것인데 어찌하여 세상은 악한 사람이 더 잘 살고 착한 사람이 못살게 되는가. 그건 그렇지 않습니다. 업보를 받는 시기가 다를 뿐 성현도 받는 것은 똑같습니다. 업이 업을 받는 사람에게 내가 그곳으로 가겠다고 통보하고 오는 것이 업이 아닙니다. 금생에 지어서 금생에 받는 업을 순현보(順現報)라 하고, 금생에 지어 내생에 받는 것을 순생보(順生報)라 하며, 금생에 지어 내내생에 받는 것을 순후보(順後報)라 하고, 언제 받을지 모르는 업을 부정보업(不定報業)이라 합니다. 그렇게 업의 과보가 시간적으로 차이가 나는 이유는 무엇인가 연(緣)이 나타나지 않는 까닭입니다. 종자는 언제나 구비되어 있다 할지라도 그 종자가 싹을 틔울만한 바탕이

도말로는 "카르마(karma)", 중국말로는 "업(業)"이라 쓰고 있으나 우리 말로는 "지어진 마음(作爲)", "남아 처진 힘(殘在力)", "꾸며내는 힘(構成 力)"이라 옮기고 있습니다.

가령 어떤 사람이 어떤 사람의 뺨을 내려쳤다면 그것은 내려치는 것 만으로 끝나는 것이 아니고 맞은 사람의 감정을 격화시켜 때린 사람의 뺨을 거듭 치게 하는 힘으로 바꾸어집니다.

이와 같은 현상은 사람 뿐 아니라 일반 사물계에서도 마찬가지입니다. 우리가 화살을 쏘았을 때 그 화살을 끌고 가는 힘이 소멸되면 즉시 화살 은 땅에 떨어지고 맙니다. 배 떠난 뒤에 일어난 물결, 비행기가 날아간 뒤에 나타난 자욱, 향 사룬 법당에서 퍼져나오는 향내, 이 모두가 업력 의 소산입니다.

이와 같이 사람이나 물질이 한 행위는 그 행위로서 끝나는 것이 아니 라 반드시 다른 일을 뒤따르게 하는 힘을 가지고 있습니다. 이것을 불교 에서는 업이라 하고 있는 것입니다.

업력(業力)의 구성은 대개 몸과 입과 뜻을 통하여 발산되고 있습니다. 몸으로 남의 생명을 함부로 끊고, 남의 것을 훔치며, 부정하게 이성관계 를 맺고, 입으로 거짓말 하고, 발림말 하고, 이간질 하고, 악담 욕설하고, 뜻으로 탐내고, 성내고, 어리석음을 실천하여 이루어지는 것입니다.

---

나타나지 않으면 싹이 트지 않게 되며, 설사 종자가 싹이 텄다 하더라도 열매를 지울만 한 연이 없으면 도중하차하는 경우도 많습니다.
또 성인도 업보를 받게 된다면 공부한 보람이 없지 않겠는가라고 생각하는 경우가 있는데 모르고 받는 것은 중생이고 알고 받는 것은 성인입니다. 모르고 받기 때문에 슬픔이 있고 스릴이 심하나 알고 받기 때문에 고통이 작고 스릴이 없습니다. 그러나 그 인연의 묘한 작용을 생각한다면 성인인들 어찌 무릎을 치지 않겠습니까. 단지 중생 은 절복(折伏)의 힘이 전혀 없어 지은 그대로를 백퍼센트 받게 되지만 성인은 중생의 마음을 꿰뚫어 봄으로써 그의 원심(怨心)·보심(報心)을 미리 풀어주므로 다시 원결(怨 結) 보결(報結)을 맺지 않고 목하 수족(手足)이 될 뿐입니다. 오달국사(悟達國師)의 자비수참(慈悲水懺)은 그렇게 해서 만들어졌고, 원각사의 대탑도 그렇게 해서 만들어 졌습니다. 알고 보면 인류의 모든 역사가 결국은 이 은애보결(恩愛報結)의 주고 받는 것밖에 다른 것이 없음을 알게 됩니다.

그래서 몸과 입과 뜻을 통해서 나오는 업을 3업이라 하고, 그것을 또 사업(思業)과 사기업(思己業)으로 나누기도 하며, 그의 성질을 따라 선업(善業)·악업(惡業)·무기업(無記業)과 공업(共業)·불공업(不共業), 인업(引業)과 만업(滿業)으로 구분하기도 합니다.

사업(思業)이란 뜻으로 생각하는 업이고, 사기업(思己業)이란 이미 뜻으로 생각한 업이 몸과 입을 통하여 발산하는 업이며, 선악·무기의 업은 그 발산된 업의 결과가 개인과 사회에 있어서 어떤 영향력을 끼쳤느냐에 따라서 구분한 것이니, 말하자면 자기와 남에게 함께 이익을 준 일이면 선업이 되지만 해를 준 일이면 악업이 되고, 선업도 악업도 아닌 경우에는 무기업이 된다는 것입니다. 또 그 업의 창조자가 개인이 아니고 공동에 의하여 공동적으로 짓고 공동적으로 받는 것이면 그것은 공업(共業)이 되고 그렇지 않고 개별적으로 짓고 개별적으로 받는 것이면 불공업(不共業)이 되는 것이며, 대체적인 것은 인업(引業)이 되고 구체적인 것은 만업(滿業)이 되는 것입니다. 이렇게 해서 한 번 지어진 업은 가령 백천 겁을 지나더라도 멸하지 않고 그 값을 치르기 때문에,

　　가사백천겁(假使百千劫)이라도
　　소작업불망(所作業不亡)하여
　　인연회우시(因緣會遇時)에
　　과보환자수(果報還自受)라.

하는 게송(偈頌)이 생기게 된 것입니다.

## (2) 진언(眞言)의 의미

원래 우리의 본 마음은 죄도 복도 선도 악도 없는 청정한 마음입니다. 그런데 중생들이 그것을 깨닫지 못하고 나타난 현상에만 끄달려 온갖

죄업을 짓는 가운데서도 특히 입으로 죄업을 많이 지어 사람들을 괴롭
게 하고 집을 어지럽게 하며, 세상을 시끄럽게 한 죄가 크므로 먼저 이
진언을 외우게 한 것입니다.

　그러나 여기서 특히 구업을 들어서 깨끗이 할 것을 강조한 것은 구업
은 안으로 의업(意業)과 연관이 되어 있고, 밖으로 신업(身業)과 깊은 관
계를 맺고 있으므로 하나의 업을 통해서 전체의 업을 밝히고 있는 것입
니다. 그러므로 여기서 말하는 '정구업진언'은 구업의 청정만을 뜻하고
있는 것이 아니라 3업의 청정을 내포하고 있는 것입니다.

　세상의 모든 일은 참 마음에서 우러나 참된 말로 실천될 때 거짓이
없는 세계가 창조되는 것입니다. 참 마음이란 온갖 분별과 시비를 떠난
부처님의 마음이고 부처님 마음은 곧 진리의 마음이며, 진리의 마음은
가장 근원적인 비밀 신비의 세계이므로 사실 언어가 아니지만 불가피
언어를 빌려 말씀하게 된 것입니다. 그러므로 진언은 말할 수 있는 말이
아니고 풀이할 수 있는 말이 아닙니다. 그래서 그냥 '수리수리 마하수리
수수리 사바하'라고 한 것입니다.

　언어란 인간의 의지·감정·사상의 전달수단으로 인간 특유의 능력이
지만 그것은 그 능력이 분절(分節)된 음성 또는 문자 행동에 의해서 표
현되는 것으로서 잘못 가운데서 많은 허위성을 내포할 수 있는 것입니
다. 예를 들면 이 말을 하려고 한 것이 저 말로 잘못 대치되어 나왔다든
지, 이것을 표현하려는 것이 저것으로 잘못 표현되었다든지, 아니면 그
것을 최대한으로 표현했다고 하더라도 원래의 그 본태(本態)를 모두 나
타내지 못했다든지 하는 오류를 범하기가 쉽습니다. 그래서 아리스토텔
레스는 언어의 허위성을 다섯 가지 들고 있습니다.

　첫째, 우연의 허위,
　둘째, secundum quid

셋째, 논점상의 허위,

넷째, 귀결 또는 논증부족의 허위,

다섯째, 복문(複問)의 허위,

이 가운데 특히 'secundum quid'는 근대말로서 표현할만한 적당한 말이 없기 때문에 라틴어의 일부를 그대로 표현한 것인데, 전체적으로 말하면 a dicto secundum quidad dictum simplicited로서 '어떠한 조건하에 성립하는 주장으로부터 절대적 무조건적 주장'이란 말입니다.

이렇게 보면 언어처럼 불투명한 것이 없습니다. 세상이 온통 언어 속에 존재하고 있지만 그 언어가 이처럼 불투명한 점을 생각할 때 언어윤리학이 더욱 절실히 요청되는 것이며, 그 언어에 의하여 표시된 언어의 질량적 양태, 즉 문자 또한 곡해(曲解)의 가능성이 더욱 풍부해지는 것입니다.

그래서 인도 사람들은 그 언어를 '진언'이라는 말로 표현하고 있는 것입니다.

그러므로 언어 이전의 언어로서 이미 나타난 언어를 선악간에 정화하는 말을 '수리수리 마하수리 수수리 사바하'로 표현하고 있는 것입니다.

수리(sri)란 정(淨), 깨끗이 한다는 뜻이고,

마하(mahā)는 대(大)·다(多)·승(勝)·선(善)의 뜻이 있으니,

마하수리(mahāsri는 아주 크게 깨끗하다는 뜻이 됩니다.

수수리(susri)는 선재(善裁), 좋구나의 뜻이고,

사바하(svāhā)는 성취(成就) 원만(圓滿)의 뜻입니다.

그러므로 '수리수리 마하수리 수수리 사바하'는 '깨끗하고 깨끗하고 아주 깨끗하여 좋구나 (끝까지) 원만히 성취하여 살리라'의 뜻이 됩니다.

특히 인도말 사바하는 착하다(善)는 말의 뜻이 들어 있는 sv와 참이란 뜻이 들어있는 ah의 복합어로서 속성취, 잘한다, 참말, 이루어주소서,

들어주십시오의 뜻으로 이해되고 있으나, 불교에서는 이것을 보다 구체화하여 구경(究竟)·원만(圓滿)·성취(成就)·산거(散去)·경각(警覺)·길상(吉祥)의 뜻으로 이해하고 있습니다.

구경이란 일체의 행위가 결산된 마지막 진리의 모습 그대로를 의미하고, 원만은 그의 위대한 이그러짐 없는 모습을 표현한 것이며, 성취는 그의 위대한 결과이고, 산거는 그의 위대한 작용입니다. 악신과 마귀를 흩어버리고, 마지막 귀의자를 공경 공양하며, 마침내 그 진리에 앉아 나와 남을 함께 깨닫게 하는, 나와 남을 함께 이롭게 하는 그런 공덕의 자리를 성취한 것이 사바하입니다.

그러므로 정구업진언은 구업을 청결히 하는 성취의 말씀이고, 세계를 평화롭게 하는 선밀어(宣密語)이며, 우주적 대단원의 비밀주입니다. 그것을 억지로 번역하다 보니 '깨끗하고 깨끗하다 아주 깨끗하여 좋구나 그 좋은 것을 성취하겠습니다'고 번역하였으나 완전한 번역이라고는 할 수 없습니다. 그러나 이것은 몸도 깨끗하고 마음도 깨끗하고 입도 깨끗하고 안과 밖이 모두 함께 깨끗하여, 그 깨끗한 빛이 우주에 충만해서 만민을 즐겁게 하는 만세의 소리인 것만은 틀림없습니다. 자각(自覺) 각타(覺他)해서 불국정토(佛國淨土)가 나타나는 소리, 이 세계와 저 세계가 함께 메아리쳐 지는 소리입니다. 이 소리를 듣고 누가 환희를 느끼지 않고 만세를 부르지 않겠습니까. 하루 빨리 사마외도(邪魔外道)의 편협한 마음을 물리치고 정법안장(正法眼藏) 열반묘심(涅槃妙心)의 이 소리를 높이 높이 외쳐서 3계(界)의 불꽃이 연꽃의 봉우리가 되게 하여 5방내외에 있는 모든 신들을 편안히 잠들게 하여야 할 것입니다.

## 2. 5방내외 안위제신진언(五方內外 安慰諸神眞言)

### (1) 공간(空間)의 실상(實相)

≪천수경≫의 제2구는 '5방내외 안위제신진언'입니다.

5방은 동·서·남·북·중앙이니 5방내외 하면 5방의 안과 밖, 즉 온 세계를 통틀어서 하는 말입니다.

어떤 경전에서는 이 5방을 8방 내지 시방(十方)으로 나누어 설명한 곳도 있습니다. 4방은 동·서·남·북 4방에 동북간·동남간·서북간· 서남간의 네 간방과 중앙을 상·하(上·下)로 나누어 8방에 보태서 시방이 되는 것입니다.

그러나 사실 알고 보면 이 방향처럼 애매한 것이 없습니다. 서울을 서울에서 보면 중앙이 되지만 평양에서 보면 남쪽이 되고, 부산에서 보면 북쪽이 되며, 강릉에서 보면 서쪽이 되고, 인천에서 보면 동쪽이 되기 때문입니다.

실로 공간(空間)은 시간과 함께 물질의 존재를 설명하는 필요조건입니다. 그러나 이 가운데서도 실제로 물체가 점유하고 있는 곳과 점유하고 있지 않는 빈 곳이 있으므로, 전자를 흔히 묘유의 세계(妙有世界)라 부르고, 후자를 진공의 세계(眞空世界)라 부르고 있습니다. 진공이나 묘유나 다같이 공간인 것만은 틀림없으나 인식론적(認識論的) 입장에서 보면 우리가 외계를 직관할 때의 형식, 즉 대상의 배치상태에 따라 구분한 것에 불과합니다. 이 형식에는 전후, 좌우, 상하의 독립된 요소개념이 성립됩니다. 그러므로 수학에서는 이것을 3차원의 세계라 부르고 있는 것입니다.

그러면 이 3차원의 세계의 기준을 어디에 둘 것이냐 하면 매우 애매하게 됩니다. 현재의 물리학에서는 공간 자체가 실재하는 힘, 즉 만유의 인력과 전자의 기력이 나타나는 성질의 것으로 해석하고 있으나 그의 학문적 체계는 아직 미분(未分)의 세계를 헤매고 있는 실정입니다. 이미 밝혀진 천문학적 공간은 지구·태양계·은하계·우주계 식으로 표현하고 있으며, 불교에서는 세계·대천세계·찰·종(刹·種)·법계(法界)·무진법계(無盡法界) 식으로 이해하고 있습니다.

그러나 지금 우리가 여기서 말하고 있는 공간세계는 지구일 경우 영국의 그리니치 천문대를 중심으로 기준한 것이고, 불교의 세계인 경우에는 수미산(須彌山)을 중심으로 설명한 것입니다.

이 세계는 우리의 상식과 지식으로서는 전혀 헤아릴 수 없는 작은 티끌(微塵)들로 이루어져 있습니다. 세계의 밑바닥에는 거친 바람(風輪)이 둘러 있고, 그 위에는 불 둘레(火輪)가 있고, 그 위에는 금석의 둘레(金輪)가 둘러 기초를 이루고 있다는 것입니다. 이 기초 위에는 수미산이란 높은 산이 중앙에 자리잡고 그 주위에는 일곱 개의 큰 쇠붙이산(大鐵圍山)이 생겨 외곽을 둘러싸고 있으며, 수미산과 일곱 개의 큰 쇠붙이들 사이에는 그 산과 이름이 같은 일곱 개의 큰 바다(七大香水海)가 있고, 마지막 쇠붙이산과 외곽의 큰 쇠붙이산 사이에는 큰 짠물의 바다(大鹹海)가 자리를 잡고 있다는 것입니다.

이 짠 바다 속에 4방으로 4개의 섬이 있는데, 동쪽 것을 승신주(勝身州), 서쪽 것을 우화주(牛貨州), 남쪽 것을 섬부주(贍部州), 북쪽 것을 구로주(俱盧州)라 한다는 것입니다. 우리 인류는 지금 이 4주 가운데 남쪽 섬부주에 살고 있다는 것입니다. 이 섬부주 땅 속에는 지옥이 있고 물속과 공간 육지에는 아귀와 축생이 살고 있으며, 위로는 4천왕천(四天王天)·도리천(刀利天)·야마천(夜魔天)·도솔천(兜率天)·화락천(化樂天)·타화자재천(他化自在天) 등 여섯 개의 하늘이 중첩되어 있는데 이것을 6욕천(欲天)이라 합니다.

그리고 이 6욕천 위에 범중천(梵衆天)·범보천(梵補天)·대범(大梵

天)의 하늘이 가로 나란히 있는데, 이것을 색계 초선 3천(色界 初禪 三天)이라 하고, 이 초선 이하 구조의 천 배가 되는 소광천(少光天)·무량광천(無量光天)·광음천(光音天)의 3천이 옆으로 나란히 있는데, 이것을 색계 제2선 3천(色界 第二禪 三天)이라 하며, 이 제2선천 이하 구조의 천 배가 되는 소정천(少淨天)·무량정천(無量淨天)·변정천(偏淨天) 3천이 옆으로 나란히 있는 것을 색계 제3선 3천(色界 第三禪 三天)이라 합니다.

또 제3선천 이하 구조의 천 배가 되는 무운천(無雲天)·복생천(福生天)·광과천(廣果天)·무상천(無想天) 4천이 옆으로 나란히 있고, 바로 그 위에 무열천(無熱天)·무번천(無煩天)·선견천(善見天)·색구경천(色究竟天)·선현천(善現天) 5천이 나란히 있는데 이 9개의 하늘을 합하여 색계 제4선 9천(色界 第四禪 九天)이라 합니다.

그리고 이 색계 위에 공무변처천(空無邊處天)·식무변처천(識無邊處天)·무소유천(無所有天)·비상비비상천(非想非非想天) 4천이 있는데, 이것을 무색계 4공천(無色界 四空天)이라 합니다.

이상에서 설명한 세계를 때에 따라 여러 가지로 표현하고 있는데, 그 소유의 색상과 모습에 따라 욕계(欲界)·색계(色界)·무색계(無色界)로 나누면 3계가 되고, 욕계 6천, 색계 18천, 무색계 4천을 합하면 3계 28천이 이룩되며, 초선천 이하 천 배, 제2선천 이하 천 배, 제3선천 이하 천 배를 수적으로 계산하여 천이 3개 있음을 표현하게 되면 3천대천세계(三千大天世界)라 부르게 되며, 욕계를 1지(地), 색계 4선천을 4지(地), 무색계 4천을 4지(地)로 나누면 3계 9지(三界九地)라고 하기도 합니다. 또 3계는 괴로움이 충만한 바다라 하여 삼계고해(三界苦海)라 합니다. 고해는 잘 참고 견디는 자만이 멋있게 살 수 있는 곳이라 하여 사바(娑婆) 즉 감인세계(堪忍世界)라 부르기도 하는 것입니다.

그러나 이러한 세계는 오직 하나만 있는 것이 아니라 무한한 공간에 무수히 있으므로 3천대천세계의 20배 되는 세계를 찰종(刹種)이라 표현하고, 그 찰종이 4방으로 무진하게 펼쳐져 있는 것을 찰해(刹海), 또 그 찰해들이 무진하게 펼쳐져 있는 것을 법계 혹은 무진법계라 하는 것입니다.

그러므로 5방세계는 그 중심점을 어디에다 기준을 두느냐에 따라서 세계의 광협(廣狹)이 자유대로 들어나게 되는 것이나, 하나의 작은 세계의 입장에서 보면 수미산이 중심이 되므로 수미산을 중심으로 한다는 것입니다.

## (2) 신(神)의 정체(正體)

그런데 이 세계 속에는 무수한 중생이 생활을 영위해 가고 있습니다. 중생(衆生)이란 인연화합에 의하여 생을 받아 여럿이 함께 사는 자를 통칭한 말입니다. 지옥에는 지옥중생이 있고, 아귀에는 아귀중생이 있으며, 축생에는 축생중생이 있고, 수라에는 수라, 인간에는 인, 천상에는 천의 중생들이 각각 있습니다.

그러나 이들 중생들 가운데서도 지옥·아귀·축생처럼 죄악이 많은 중생은 고통이 많으므로 3도음(途陰)을 죄고중생(罪苦衆生)이라 하고, 인간과 천상은 그래도 복락을 다소 받는 곳이므로 인천음(人天陰)을 수락중생(受樂衆生)이라 하고, 아라한처럼 생사를 받지 않는 경계에 들어가면 다시 타락하지 않게 되므로 무루음(無漏陰) 진성중생(眞聖衆生)이라 하고, 보살들은 자비로서 중생을 구제하는 것으로 본업을 삼기 때문에 자비음(慈悲陰) 보살중생(菩薩衆生)이라 하였으며, 부처님은 무수영겁의 불성(佛性)에 상주하는 중생이므로 상주음(常住陰) 존극중생(尊極衆生)이라 하는 것입니다.

이들 중생 가운데서 이상한 위의와 능력을 가지고 중생을 두렵게 하고 괴롭게 하는 것을 귀신(鬼神)[7]이라 합니다. 귀는 위력으로 중생을 두렵게 하는 것이고, 신은 능력으로서 위의를 나타내는 자라 하였습니다. 크게 힘을 쓸 때는 산을 무너뜨리고 바다를 메우는 능력을 가지고 있고, 작게 힘을 쓸 때는 티끌 속에도 들어갔다 나왔다 하여 변화를 마음대로 한다 하였습니다. ≪마하연론(摩訶衍論)≫에서는 귀와 신을 다음과 같이 구별하였습니다.

장신위귀요, 장심위신이다(障身爲鬼 障心爲神)하여 몸을 장애하는 것은 귀이고, 마음을 장애하는 것을 신이라 하였습니다. 몸을 장애하고 마음을 장애하는 신은 우주 공간에 꽉 차 있습니다. 그러나 이들 가운데서도 불법을 듣고 믿음을 일으켜 고통중생을 위해서, 호법중생을 위해서 발심 수호하는 신들이 있으니 이들을 8부신중(八部神衆)・옹호성중(擁護聖衆)・신장(神將)이라 부릅니다.

8부신중이란 천(天)・용(龍)・야차(夜叉)・건달바(乾達婆)・아수라(阿修羅)・가루라(迦樓羅)・긴나라(緊那羅)・마후라가(摩睺羅伽) 등을 말합

---

7) 세상에는 많은 신이 있다. 한 생각에 진에심(瞋恚心)을 일으키면 즉시 지옥 귀신이 되고, 한 생각에 탐욕심을 일으키면 아귀 귀신이 되고, 한 생각에 투쟁심을 일으키면 수라 귀신이 되고, 한 생각 착한 마음을 가지면 하늘 귀신이 됩니다. 일념삼천(一念三千)이라 생각생각에 유수심(幽愁心)을 가지면 누구나 슬픈 귀신이 됩니다. 우리의 뇌 가운데는 귀신의 뇌도 있고, 천신의 뇌도 있고, 아귀・축생・인・천의 뇌도 있고, 초목총림(草木叢林)・비금주수(飛禽走獸)의 뇌도 있고, 어린문맹(魚鱗蚊虻)의 뇌도 들어 있습니다. 이 뇌 가운데서 어떤 뇌를 어떻게 나타내느냐에 따라서 사람도 되고 짐승도 되고 귀신도 되고 천상락도 받고 지옥고도 받는 것이니, 밖에 있는 것은 그만 두고라도 우리 마음 속에 들어 있는 호법심을 일으키면 즉시 호법선신이 되는데, 그 가운데서도 아수라처럼 외도의 투쟁심을 철저히 꺾어주면 수라신장이 되고, 가루라처럼 아름다운 음성으로 불법을 찬양하여 호법하면 가루라신장이 되고, 긴나라처럼 춤으로서 온갖 모습을 나타내어 중생을 즐겁게 하며 불법을 호위하면 긴나라신장이 됩니다. 그러니 여기 앉아 계신 여러분이 모두 신장이요 호법선신인 것이니 이것을 연역하여 다른 것에 붙여 생각해 보시면 천하의 신들이 어딘들 없지 않다는 것을 짐작하실 수 있을 것입니다. 풀 한 포기 나무 하나도 세상을 두렵게 하면 귀신이 되고, 흙 한 줌 돌멩이 하나라도 세상을 포근히 감싸주면 호법 선신이 됩니다. 그러니 똑같은 생명을 가진 중생이라도 내가 상대를 두렵게 해주느냐 보호해주느냐에 따라 선신이 되느냐 악신이 되느냐의 차이가 납니다. 여기 나오는 모든 신들은 평상시 대부분 남의 즐거움, 남의 부, 남의 피를 빨아 살아가는 신들이지만 불법의 회상에 나타나서 한 생각 선심을 일으킴으로써 옹호성중이 된 것입니다. 어찌 이들 신장뿐이겠습니까. 사람 가운데도 흡혈귀(吸血鬼)가 있고 독사(毒蛇)가 있으니 이것은 여러분의 생각에 각기 맡길 뿐입니다.

니다. 천신을 욕계 6천선과 색계 4선천선, 무색계 4공처천을 통틀어서
하는 말이고, 용은 축생으로 수부(水部)의 왕인데 ≪법화경≫에 보면 8
대용왕이 나옵니다. 야차는 허공신이고, 건달바는 취향(臭香)의 음악신
(音樂神)이고, 아수라는 투쟁신이며, 가루라는 용을 잡아먹는 귀신 금시
조(金翅鳥)이고, 긴나라는 가무신(歌舞神)이며, 마후라가는 대맹신(大蟒
神)입니다. 이들 가운데 대장을 신장(神將)이라 하고, 이들을 따라다니는
신중들은 구도 전법의 성중들을 옹호하는 성스러운 신들이므로 성중(聖
衆)이라 하는 것입니다.

　≪천수경≫을 설할 때 문법대중(聞法大衆)으로 나온 신들은 수를 헤아
릴 수 없이 많지만 대비주에 나타나는 것을 보면 다음과 같습니다.

　밀적금강(密迹金剛)·오추(烏芻)·군다(軍茶)·앙구시(鴦俱尸)·8부역
사(部力士)·상가라(賞迦羅)·마혜나라연(摩醯那羅延)·금비라타(金毘羅
陀)·가비라(駕毘羅)·바삽파(婆馺婆)·누나(樓那)·만선(滿善)·차발(車
鉢)·진다라(眞陀羅)·살차(薩遮)·마화라(摩和羅)·구란(鳩蘭)·단타(但
陀)·반지라(半祉羅)·필바(畢婆)·가라왕(迦羅王)·응덕비다(應德毘多)·
살화라(薩和羅)·범마(梵摩)·삼발라(三鉢羅)·오정거천(五淨居天)·염마
라(焰摩羅)·제석천(帝釋天) 33천·대변공덕(大辯功德)·바달나(婆怛那)
·제두뢰타왕(提頭賴陀王)·신모녀(神母女)·대력신(大力神)·비루륵차왕
(毘樓勒叉王)·비루박차왕(毘樓搏叉王)·비사문천왕(毘沙門天王)·금색공
작왕(金色孔雀王)·십팔부(十八部)·대선(大仙)·난타(難陀)·발난타(跋難
陀)·이발라(伊鉢羅)·사가라용(沙伽羅龍)·수라(修羅)·건달바(乾達婆)·
가루라(迦樓羅)·긴나라(緊那羅)·마후라가(摩喉羅伽)·수화신(水火神)·
뢰전신(雷電神)·구반다왕(鳩槃茶王)·비사사(毘沙闍)……

　이들 모든 신들은 부처님께서 설하시는 대비신주의 회상에 모여서 천
수관음의 위대한 원력과 신통을 듣고 이 주문을 외우거나 쓰거나 강하
거나 모셔놓은 곳이면, 어느 곳 누구를 막론하고 지성으로 보호하고 구

원할 것을 서원했습니다.

설사 집이 없어 산천이나 들판에 나가 이 경을 읽고 외우더라도 물불의 어려움을 받지 않게 하고, 충수(蟲獸)의 해를 입지 않게 하여 길을 잃었을 때는 사람으로 변현하여 길을 인도하고, 도적을 만나면 보호자가 되어 그를 방호한다 하였습니다.

이들은 산을 헐고 바다를 메우는 재주를 가졌고, 우주를 날고 티끌속에 들어가는 신통을 가졌으므로, 구하는 자에게 소원은 물론이거니와 비방하고 헐뜯는 자에게 벌을 내리는 것도 서슴치 않는 답니다. 뜻이 있는 자에게 길이 있고, 길을 가는 자에게 복이 오나니, 선신의 가호를 받고자 하는 이는 먼저 3업을 청정히 하고 5방신중에 감사하여야 할 것입니다. 칭찬해서 듣기 싫어하는 이 없고, 공경받고 공경치 않는 이 없습니다. 내가 공경을 받고 내가 보호를 받고자 하면, 남을 공경하고 보호해야 하므로 5방에 있는 모든 신들을 안위하는 진언을 외우게 되는 것입니다.

그러나 이치적으로 보면 이들 호법신만 신이 아니라 제각기 자기정신을 가지고 있는 것은 모두가 신입니다. 그래서 여기 5방내외 안위제신의 신은 5방내외 있는 모든 존재를 통칭한 말이기도 합니다. 그러면 그들 모든 신들은 어떻게 하여야 편안하게 해줄 수가 있겠습니까. '나무 사만다 못다남 옴 도로도로 지미 사바하'를 염(念)하여야 한다고 했습니다.

## (3) 나무 사만다 못다남

'나무 사만다 못다남 옴 도로도로 지미 사바하'는 인도 말로는 'Nāmu Śamantam mudahānam oṁ dūrdūr jimisvāha'로 표기하고 중국어로는 '南無 三滿多 沒馱喃 奄 度魯度魯 地尾 娑婆訶'로 표기하였습니다.

나무(Nāmu)는 나무(Namo)·나마스(Namas)가 전화(轉化)된 말입니다. 중국에서는 나무(南無)·나모(南模) 등으로 표시하고 귀명(歸命)·귀경(歸敬)·귀의(歸依)·경례(敬禮)·구아(救我)·도아(度我)·일심(一

心)으로 번역하였습니다.

귀명은 생명을 바쳐서란 뜻이고, 귀경은 생명을 바쳐서 공경한다는 뜻이며, 귀의는 의지한다는 뜻이고, 경례는 공경하여 예를 올린다는 뜻이며, 구아는 진상(眞常)의 자아를 실현하신 어른께 자신의 구도(救度)를 기원한다는 의미이고, 도아는 유전생사(流轉生死)의 바다를 건너 열반상아(涅槃常我)의 진아(眞我)를 발견하신 님께 귀의하여 해탈을 희망한다는 뜻입니다. 그러니 자신의 몸과 마음을 다하여 거룩한 부처님의 품안에 들어가 의지하며, 부처님의 뜻에 따라 환귀본처(還歸本處)하여 불멸의 새생명을 탄생하되, 제 생명의 본고장으로 온전히 돌려주는 것이 귀명(歸命)이고, 그 마음에 의하여 끝까지 굽힘없이 생사를 해탈해 가는 것이 도아(度我)입니다.

사만다(Śamantam)는 원만자(圓滿者)이고,

모다남(mudahānam)은 최상자(最上者)이며,

옴(oṁ)은 발생을 뜻하는 아(a)와 유지를 뜻하는 오(u), 종국을 뜻하는 마(m)의 합성어로서 순수한 직감에 의해서 나타난 원초적 생명의 언어입니다.

도로도로(dūrdūr)는 신성(神聖), 지미(jimi는 상명(常明)의 뜻이 있습니다.

그래서 야석 박희선(也石 朴喜宣)선생님께서는 '나무 사만다 못다남 옴 도로도로 지미 사바하'를 '귀의하노니 원만하고 높은 자여(나의 온몸에 깃들어) 원컨대 신성하고 신성함을 항상 밝혀 이룰지로다'의 뜻으로 번역하였습니다.

부처님께 귀의하노니 항상 밝고 신성한 본래의 나에게로 돌아가게 하는 소원의 말씀입니다. 그러면 어떤 것을 원만자(圓滿者)라 하고 어떤 것을 최상자(最上者)라 합니까. 언제 어느 곳에서나 가장 훌륭한 일을 하고 두루 모르는 바 없이 다 알며 깨끗하게 살아가는 자, 이 자가 원만

자요 최상자입니다. 그러면 그러한 분이 이 세상 어느 곳에 있습니까.

2천 5백년 전 중인도 가비라국에 태어나셔서 설산고행으로 대각을 성취하고 모든 중생을 위해서 일생을 봉사하신 석가모니 부처님이 바로 그 분이고, 그의 법을 이어 받아 같은 깨달음을 얻고 같은 중생을 제도하신 역대 선지식들이 모두 그들입니다. 그러한 모든 3보께 귀의하여 그들이 발생한 대자대비를 유지함으로써 마침내 모든 세계에 그토록 신성하고 항상 밝은 지혜로서 우리 주위를 살펴 보호해 나가겠다고 하는 것이 바로 진언입니다. 왜냐하면 진실한 안위는 그들(佛·神·凡)과 모두 하나가 되는 것이며, 그들의 안녕을 참 마음으로 지켜나가는 것이기 때문입니다.

부처님은 ≪육방예경(六方禮經)≫에서 5방을 가장 편안하게 하는 것은 각기 제 자리를 지키고 있는 사람들이 참 마음에 의해서 제 노릇을 잘하는 것이라 하였습니다. 아버지는 아버지 노릇, 아들은 아들 노릇, 스승은 스승 노릇, 제자는 제자 노릇, 어른은 어른 노릇, 아이는 아이 노릇, 남편은 남편 노릇, 아내는 아내 노릇, 임금은 임금 노릇, 백성은 백성 노릇, 주인은 주인 노릇, 노동자는 노동자 노릇을 사심없이 잘 할 때 5방은 잘 지켜지고 '나무 사만다 못다남'이란 것이 '옴'을 통하여 '도로도로 지미 사바하' 할 수 있다고 하였습니다.

그러므로 '정구업 진언'으로부터 '오방내외 안위제신 진언'까지를 해석하면 '나는 나의 과거의 잘못된 생각과 말과 행동을 깨끗이 하여 부처님처럼 이웃과 사회, 인류를 편안하게 하겠습니다' 하는 서원이자 실천적 구도행각입니다.

# 제4강 법(法)과 관음신주(觀音神呪)

## 1. 개경게(開經偈)

### (1) 법(法)의 위대성(偉大性)

다음 글귀는,

〔원문〕 무상심심미묘법(無上甚深微妙法)
　　　　 백천만겁난조우(百千萬劫難遭遇)
　　　　 아금문견득수지(我今聞見得受持)
　　　　 원해여래진실의(願解如來眞實意)

〔역문〕 가장 높고 미묘하고 깊고 깊은 부처님 법
　　　　 백천 만겁 지나도록 만나뵙기 어려운 법
　　　　 내 이제 보고 듣고 얻어 받아 지니오니
　　　　 부처님의 진실한 뜻 알게 하여 주옵소서.

　　개법장진언(開法藏眞言)
'옴 아라남 아라다.'

　　법장을 여는 진언
'옴 아라남 아라다.'

가 됩니다. 불법이 가장 높고 미묘하고 깊다고 하는 것은 사람의 생각이나 말로는 따질 수 없고 헤아릴 수도 없기 때문입니다. 한 법 가운데 한량없는 부처님 말씀이 들어있고 한량없는 뜻이 들어 있습니다. 하염없는 지혜로서 능히 일체 무명(無明)의 번뇌업장(煩惱業障)을 부셔버리고 중생을 인도하여 생사의 바다를 건너 열반(涅槃)의 언덕에 이르게 합니다. 그러므로 ≪심지관경(心地觀經)≫에서는 법의 위대성을 열네 가지로 찬양하였습니다.

① 능파(能破)이니 마치 다이아몬드가 일체 만물을 파괴하듯 생사의 연옥을 부셔 해탈을 얻게 하는 까닭이고,

② 능조(能照)이니 마치 해가 세계를 비추듯 어리석은 중생들의 마음을 비추어 주기 때문이며,

③ 능수(能收)이니 마치 여의주가 여러 가지 보배들을 만들어 내듯 가난한 중생에게 지혜의 보고를 탄생시키는 까닭이다.

④ 희락(喜樂)이니 마치 하늘 북이 천당의 음악을 울려 퍼내듯 중생들에게 선열(禪悅)의 희락(喜樂)을 맛보게 해주는 까닭이고,

⑤ 보계(寶階)이니 마치 사닥다리가 높은 누(樓)에 오르는 길잡이가 되듯, 이 법을 들으면 곧 천당에 오르는 길잡이가 되기 때문입니다.

⑥ 대선(大船)이니 마치 크고 견고한 배가 큰 바다를 건너게 해주듯 법은 생사의 바다를 건너 열반의 언덕에 이르게 해주는 법선이 되기 때문이고,

⑦ 전륜성왕(轉輪聖王)이니 마치 세계를 통일한 전륜성왕이 외우내환의 적을 쳐부수듯 법은 3독 번뇌의 적을 쳐부수는 능력이 있기 때문이며,

⑧ 의복(衣服)이니 마치 보배로운 의복이 부끄러움을 아는 사람의 몸을 가려주듯 법은 부끄러움이 없는 모든 중생을 잘 덮어주기 때문이고,

⑨ 갑옷(甲胄)이니 마치 금강의 갑옷이 적의 화살을 막아주듯 법은 마군을 파하고 보리(菩提)를 증득하게 하기 때문이며,

⑩ 이검(利劍)이니 날샌 칼날이 온갖 물건을 절단하듯 생사를 판단(判斷)하여 번뇌 업장에 얽혀있는 중생들을 그 얽힘으로부터 끊어 해탈시켜 주기 때문입니다.

⑪ 보거(寶車)이니 마치 보배의 수레가 온갖 물건들을 실어나르듯 법은 중생을 3계의 화택에서 실어내기 때문이고,

⑫ 일체등(一切燈)이니 마치 등불이 어두운 세상을 밝히듯 3도의 어두움을 깨뜨려 주기 때문이며,

⑬ 궁전모초(弓箭矛綃)이니 마치 화살이 국계(國界)의 위험을 진압하듯 원수와 도적을 물리쳐 주는 까닭이고,

⑭ 도사(導師)이니 어진 스승이 바른 길을 인도하듯 법은 중생을 보배가 있는 곳으로 인도해 주기 때문입니다.

어찌 깊고 깊다 하지 아니할 수 있으며, 묘하고 묘하다 하지 아니할 수 있겠습니까. 그러므로 옛 사람이 '난사의(難思議) 난사의(難思議)여, 사부사의(思不思議)로다'고 한 것입니다.

## (2) 영겁부사의(永劫不思議)

겁(劫)은 범어 Kalpa로서 헤아릴 수 없는 시간의 단위입니다. 사람의 나이가 8만 4천세에서 백년마다 한 살씩 줄어져서 이렇게 열 살이 되었다가 다시 백년마다 한 살씩 늘어나 8만 4천세에 이르면 이것을 1소겁(小劫)이라 하고, 그것의 20배를 1중겁(中劫), 4중겁을 1대겁(大劫)이라 합니다.

또 둘레 사방 80리 되는 성중에 겨자씨를 가득 부어놓고 장수천인(長壽天人)이 백년마다 한 번씩 와서 한 알씩 겨자씨를 가져가 그 겨자씨가 모두 없어지는 기간을 1소겁이라 하고, 또 4방 80리 되는 큰 바위덩어리를 무게 3수(銖) 되는 옷을 입은 장수천인이 백년마다 한 번씩 와서 스쳐지나 그 바위가 완전히 달아져서 없어지는 기간을 1소겁이라고도 합니다.

먼저 것은 사람의 수명이 늘고 주는 것을 비유하여 계산한 것이므로 증감겁(增減劫)이라 하고, 다음 것은 겨자를 기준한 것이므로 겨자겁(芥子劫)이라 하며, 다음 것은 바위를 기준하여 계산한 것이므로 불석겁(拂石劫)이라 합니다.

또 하나의 태양계(太陽系·須彌山)를 중심으로 4방에 4대주(大州)가 있고, 그 바깥 주위를 대철위산(大鐵圍山)으로 둘러 싸았다고 가정할 때 그 둘러싼 하나의 세계를 1사천하(四天下)라 하고, 1사천하를 천개 합한 것을 1소천(小千)세계라 하며, 소천세계 천 개 합한 것을 1중천(中天)세계라 하고, 또 그 중천세계 천 개 합한 것을 1대천(大千)세계라 하는데, 소·중·대의 3종의 천을 한데 모아 놓은 것을 1대천 또는 3천대천세계라 한다는 것은 이미 언급한 바 있습니다.

그런데 그 1대 3천대천세계를 모두 부셔서 가루로 만들어 그 하나의 가루를 1겁으로 계산하여 전체를 환산한 겁을 미진겁(微塵劫)이라 하고, 미진겁이 우주의 공간을 깜깜하게 채워버린 것을 진묵겁(塵墨劫)이라 하며, 깜깜한 시간이 온통 끝도 한도 없는 바다를 형성할 때 그 바다의 시간을 겁해(劫海)라 합니다.

겁해가 백겁·천겁·만겁이라 하니 가히 그 숫자를 짐작할 수 있겠습니까. 이 겁해에 수억 겁 전부터 살고 있는 눈먼 거북이가 있었습니다. 3천년마다 한 번씩 바다 속에서 나와 고개를 쳐들고 하늘을 바라보며 크게 숨을 한 번 쉬고 들어갑니다. 그런데 원래 몸이 무겁고 둔하기 때문에 제 힘만으로서는 어렵고 무엇이라도 의지하여야만 숨을 쉬게 된다는 것입니다. 어쩌다가 큰 통나무가 바람결에 떠밀려 물결을 타고 가다가 마침 그 거북이에게 부딪치면 거북은 그것에 의지하여 숨을 쉬게 되나니 생각해 보십시오.

가령 백두산 영봉에서 한 방울의 물이 두 갈래로 떨어져 한 방울은 압록강을 타고 황해에 이르고, 한 방울은 두만강을 타고 태평양에 이르렀다면 언제 다시 그것이 그 자리에서 만날 기약이 있겠습니까. 강으로 가도 끝이 없고 바다로 가도 끝이 없고 하늘로 올라가도 끝이 없습니다. 이렇게 끝없이 윤회하던 것들이 어찌어찌 하다가 맹구우목식(盲龜遇木式)으로 다시 만나게 된다면 이것이야말로 백천만겁난조우(百千萬劫難遭遇)가 되는데, 만일 그렇게 되지 못하면 3천년 만에 한 번 나왔다가 그냥 들어가는 거북이와 같게 됩니다.

이 얼마만큼 어려운 일입니까. 사람이 이 세상에 사람으로 태어나기가 그처럼 어렵다는 것이고, 사람으로 태어나서도 바른 몸 받고 바른 스승 만나 불법을 깨닫기가 이처럼 어렵다고 합니다. 그래서 백천만겁난조우(百千萬劫難遭遇)라 하는 것입니다.

세상에 사람이 흔하니까 천 하기가 개똥만큼도 못하여 쓰레기통에 던져지고 있는 실정입니다만, 진실로 인간은 인간의 몸을 얻기가 이렇게 어려운 것입니다. 이렇게 어려운 가운데서 어려운 몸을 얻고, 또 그 몸 가운데서도 만나기가 어려운 법을 보고 듣고 얻어 받아 지니게 되었으니 부처님의 진실한 뜻을 알지 않고는 안될 것입니다. 그래서 "원해여래진실의(願解如來眞實意)"라고 한 것입니다.

법(法 · dharma)은 만유의 실상(實相)입니다. 마치 물이 흘러가듯 질서있게 이 우주의 만물을 관통하고 있으면서 만물로 하여금 제 독특한 성품을 가지고 나타낼 수 있도록 한 것입니다. 물이 흘러가고 불이 타오르며, 바람이 불고 꽃이 피고 잎이 지는 묘한 이치가 그 속에 들어 있습니다. 이 법이 보편적으로 어떤 사물에 들어가면 보편적인 물질로 되거니와 개별적인 사물에 들어가 어떤 작용을 일으키면 개별적인 동물이 됩니다.

이러한 이치를 갈무리고 있는 천삼라(天森羅) 지만상(地萬像)을 문자 그대로 법장(法藏)이라고 하지만, 이 법장을 일과 이치에 따라 조리있게 정돈해 놓은 것이 ≪천수경≫의 경(經)이고, 율(律)이며, 논(論)입니다. 지금 우리가 강의하고 있는 이 책은 경·율·논 3장(藏) 가운데서도 경장에 해당되는 것입니다. 경장에도 문자의 뜻을 분명히 나타낸 현교(顯教)와 그 뜻을 분별하지 않고 바로 불심(佛心)으로 엮어낸 밀교가 있는데 그 경은 후자, 즉 밀교에 해당합니다.

개법장진언 '옴 아라남 아라다'는 이 경전을 펴면서 외우는 진언입니다. 인도 말로는 'oṁ āranam ārata'라고 쓰고, 중국어로는 '唵 阿羅喃 阿羅馱'라 표기하였습니다.

'옴(oṁ)'은 앞에서 말한 바와 같고, '아라남(āranam)'은 깊다(深)는 뜻이고, '아라다(ārata)'는 이르다(到)의 뜻이니 이 깊고 깊은 묘한 진리를 결정코 통달하겠다고 다짐한 것입니다. 부처님 몸은 온 우주에 차 있습니다. 3세 여래가 똑같습니다. 그들의 넓고 큰 원은 마치 깊은 바다와 같아서 헤아릴 수 없습니다. 이 헤아릴 수 없는 법 가운데서 헤아릴 수 없는 원에 의지하여 이 세상에 나오신 분, 이 분을 이름하여 여래(如來)라고 합니다.

여(如)는 진실여상(眞實如常)의 뜻이고 래(來)는 거래생사(去來生死)의 뜻입니다. 진실여상한 생명 속에 거래생사의 이치가 들어 있어 거래생사를 통하여 진실여상의 진리가 나타납니다. 그래서 우리는 무상전변(無常轉變)의 지령(紙齡) 속에 무생의 법(無生法)을 체득하고자 이 경전을 펼치며, 그것을 결정코 실증적으로 체험한 것을 참말(眞言)로 우주 법계에 항상 계신 부처님과 보살님께 다짐하는 것입니다. 이것이 '옴 아라남 아라다'입니다.

여기까지가 현행 우리가 수지 독송하는 ≪천수경≫의 서문입니다. ≪천수경≫을 읽기 위해 구업을 맑히고 주위의 중생들을 편안케 하고 그리고 바쁜 생활 가운데서도 남이 보지 못하고 얻어 듣지 못하는 부처님의 진리를 만나게 된 것을 다행하게 생각하면서 찬탄경행(讚歎慶幸)한 시구요, 최초의 언어입니다. 이제부터 ≪천수경≫[1] 본문으로 들어가겠습니다.

## 2. 천수천안관자재보살광대원만무애대비심대다라니 (千手千眼觀自在菩薩廣大圓滿無碍大悲心大 羅尼)

### (1) 본경(本經)의 제목(題目)

다음은 이 경의 제목이 들어 있는 곳입니다. 이 경의 이름은 ≪천수천안관자재보살광대원만무애대비심대다라니≫로 읽혀지고 있지만 다른 역본(譯本)으로는 명칭이 여덟 가지나 됩니다.

≪금강정유가천수천안관자재보살수행의궤경(金剛頂瑜伽千手千眼觀自

---

1) ≪천수경≫의 전거는 ≪신수대장경≫ 제20책 밀교부 3에 있습니다. 이 책은 관자재대비성취유가연화부념송법문(觀自在大悲成就瑜伽蓮華部念誦法問)으로부터 성자문수사리발보리심원문(聖者文殊師利發菩提心願文)에 이르기까지 168경이 들어 있는데, 그 가운데서도 관세음에 관한 경전이 3분지의 1 이상을 차지하고 있습니다. ≪천수경≫에 관한 것은 이상에서 설명한 여러 가지 종류가 있으나 우리가 현재 독송하고 있는 ≪천수경≫은 불공역의 ≪천수천안관자재보살대비심다라니≫가 제일 가까운 형식을 취하고 있으며, 화천수(畵千手)도 그 다라니에 나오는 주해(註解)를 도면화한 것입니다. 그리고 그 다라니에는 다른 경전에 나오지 않는 42수(手) 진언이 나오고 있는 것도 특징입니다.
그리고 두 번째, 현재 우리가 외우고 있는 ≪천수경≫과 비슷한 내용이 나오는 것은 ≪천수천안관자재보살광대원만무애대비심다라니경≫인데 이것은 상당히 장편의 경으로 구성되어 있습니다. 나머지의 모든 경전은 대부분이 주문만을 위주로 설해 있습니다.

在菩薩修行儀軌經)≫에는 <세존성자천안천수천족천설천비관자재보리살
타단박광대원만무애대비심다라니(世尊聖者千眼千手千足千舌千臂觀自在菩
提薩埵坦縛廣大圓滿無碍大悲心大陁羅尼)≫로 나오고,

≪천안천비관세음보살다라니신주경≫에는 <천안천비관세음보살다라니
신주(千眼千臂觀世音菩薩陁羅尼神呪)>로 나오며,

≪천수천안관세음보살모다라니신경≫에는 <천수천안관세음보살모다라
니대신주(千手千眼觀世音菩薩姥陁羅尼大神呪)>로 나오고,

≪천수천안관세음보살광대원만무애대비심다라니경≫에서는 <광대원만
무애대비심대다라니신묘장구다라니(廣大圓滿無碍大悲心大陁羅尼神妙章句
陁羅尼)>로 나옵니다.

≪천수천안관자재보살광대원만무애대비심다라니주본≫에는

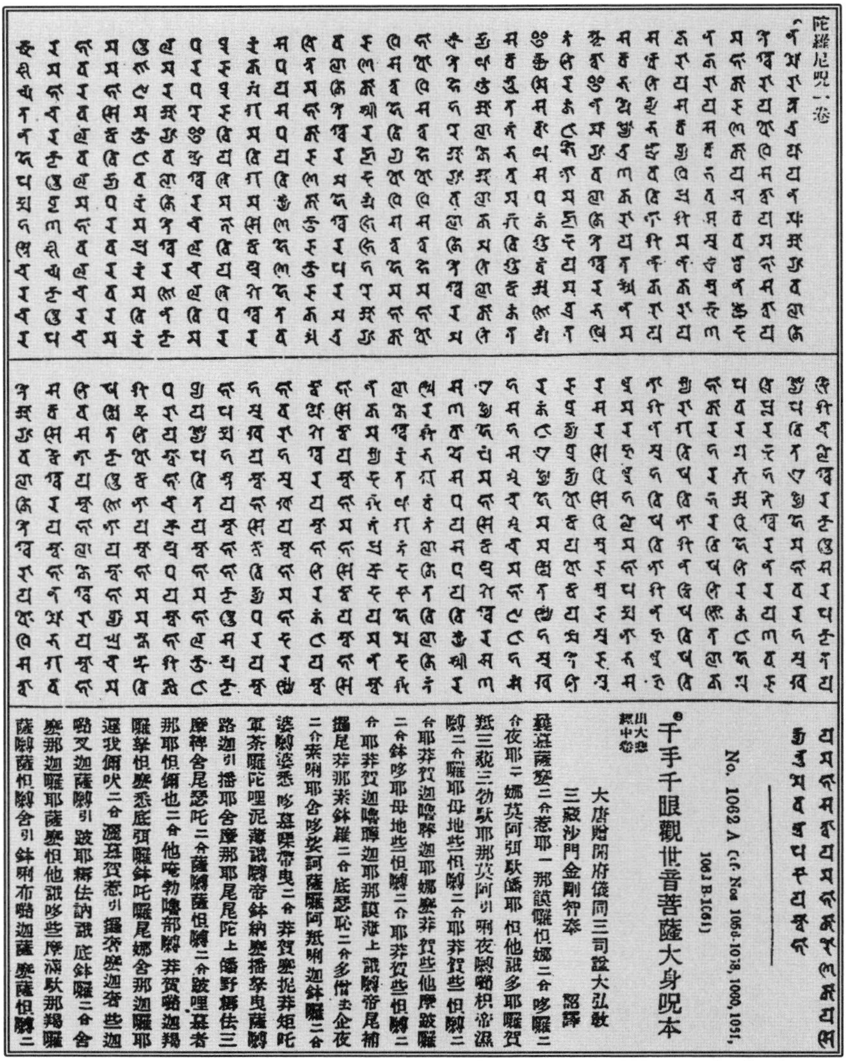

陀羅尼呪一卷

No. 1062 A (cf. Nos. 1056-1058, 1060, 1061, 1063 B-1(61))

千手千眼觀世音菩薩大身呪本

大唐贈開府儀同三司諡大弘教
三藏沙門金剛智奉　詔譯

〈금강지스님의 천수경 梵音과 漢音字 원본〉

No. 1061 (cf. No. 1056, 1058, 1060, 1062~1064)

●千手千眼觀自在菩薩廣大圓滿
無礙大悲心陀羅尼呪本一卷

大唐開府儀同三司試大弘教
大廣智不空奉　　詔譯
三藏沙門金剛智

〈금강지스님의 천수경 漢音字 원본〉

<천수천안관자재보살광대원만무애대비심다라니주(千手千眼觀自在菩薩
廣大圓滿無碍大悲心大陁羅尼神呪)>로 나오고,

대정 1 ≪신수대장경≫ 20권 114에는 ≪금강정유가경≫과 같은 이름
으로 나오며, ≪신수대장경≫ 20권 114, 115에는 <번대비신주(番大悲
神呪)>로 나오고,

≪천수천안관세음보살대비심다라니≫에서는 <광대원만무애대비심다라
니신묘장구(廣大圓滿無碍大悲心陁羅尼神妙章句)>로 나옵니다.

이와 같은 이름은 다라니가 받드는 보살의 이름이 그렇게 다르므로
따라서 그 보살의 위신력을 표시하여 다라니의 이름으로 삼았기 때문에
같은 경이 여러 가지 이름으로 나타나고 있습니다. 물론 이것은 번역자
의 견해차이도 없지 않을 것입니다.

그러나 아난이 이 경문 설하는 것을 듣고 부처님께 "이 경의 이름을
무엇이라 하오며 어떻게 받아 지니오리까" 하고 물으니, "이 경 이름은
여러 가지가 있으니 일명은 '광대원만(廣大圓滿)'이고 일명은 '무애대비
(無碍大悲)'이며, 일명은 '원만다라니(圓滿陁羅尼)'이며, 일명은 '수심자재
다라니(隨心自在陁羅尼)'이고, 일명은 '속초상지자재다라니(速超上地自在
陁羅尼)'이니 이와 같이 받아 지니라"고 하였습니다.

그러니 여기서 말하는 천수천안관자재보살광대원만무애대비심대다라
니는 모든 경의 이름을 총칭한 것이라 보아야 합니다.

천수천안관자재보살은 관세음보살의 별명이고, 광대원만무애대비심은
광대원만한 보살의 마음이며, 다라니는 진언의 다른 이름입니다. 그러므
로 광대원만무애대비심대다라니에는 구고·연수·멸악취·파업장·원만
·수심자재·속초상지자재다라니의 명칭을 총칭한 이름입니다.

구고(救苦)다라니는 고통을 구해주는 다라니란 뜻이고,

연수(延壽)다라니는 명을 길게 해주는 다라니란 뜻이며,

멸악취(滅惡趣)다라니는 악취를 멸해주는 다라니란 뜻이고,

파업장(破業障)다라니는 업장을 파해주는 다라니란 뜻이고,

원만(願滿)다라니는 소원을 원만히 성취시켜 주는 다라니란 뜻이며,

수심자재(隨心自在)다라니는 마음을 마음대로 따라 주는 다라니란 뜻이고,

속초상지자재(速超上地自在)다라니는 공부의 지위가 고속으로 뛰어올라갈 수 있는 다라니란 뜻입니다.

다라니(Dhārani·陀羅尼)는 총지(摠持)·능차(能遮)로서 한없이 좋은 법을 모두 가지고 나쁜 법은 남김없이 모두 끊어준다는 뜻입니다.

관세음의 이 같은 대원, 이 같은 수행, 이 같은 신통이면, 이 세상 어떤 선법이 거두어지지 않을 수 없을 것이고, 이 세상 어떤 악도 모두 흩어지게 될 것입니다. 관세음을 우러러보는 관자재의 눈으로 우리 모두 고통의 사바세계를 다시 한 번 들여다 보십시다. 그리고 관세음의 거룩한 신통력으로서 그들의 고통을 구해주는 큰 보살들이 되십시오.

### (2) 관세음보살(觀世音菩薩)

관세음이란 어떤 분입니까. 관세음은 범어 아바로키테스바라(Avalokite Śvara)로서 광세음(光世音)·관세음·관음·관세자재(觀世自在)·관자라 한역 하였습니다.

관세음은 사람들이 보살의 이름을 부르는 이가 있으면 부르는 음성을 듣고 관세음보살이 나타나 구제하여 주는 까닭에 불려진 이름이고, 관세자재는 사람들의 소리를 따라 구재하는 방법을 다양하게 하되 매우 자재로운 까닭에 붙여진 이름입니다. 관세음은 나타낸 형상과 자비신력에 따라 여러 가지로 이름이 달라지고 있는데, 천수관음·성광음·마두관음·준제관음·여의륜관음·불공견색관음이 그것입니다.

천수천안(千手千眼)관세음보살이란 천 개의 손과 천 개의 눈을 가지신 관세음보살이란 말입니다. 관세음도 원래는 두 손과 두 눈을 가지고 있

었는데 필요에 따라 좌우로 20개씩을 더 갖추어 40개의 손이 되었고, 거기에는 각각 1개의 눈이 달려 있으므로 40개의 눈이 됩니다. 그런데 이것은 모두 3계 25유(有) 중생을 위해 나타낸 것이므로 40×25하면 곧 1000이 되어 천수천안이 됩니다. 만일 40개에 근본 2개를 합하면 42개 가 되므로 42수(手) 관세음보살2)이라 부르는 경향도 있습니다.

---

2) 천수다라니가 총주(總呪)라 한다면 42수 진언은 별주(別呪)라 할 수 있고, 앞의 것을 총원(總願)이라 한다면, 뒤에 것을 별원(別願)이라 할 수 있으니 왜냐하면 앞의 대비주 는 총괄적으로 모든 원을 성취시켜 보리심으로 회향시켜 주는데 반하여 뒤의 42수 진언은 낱낱의 원을 따로 세워 성취시켜 주고 있기 때문입니다.
이것을 간단히 소개해 드린다면,
① 부유하게 살고 여러 가지 보배를 얻고자 하는 자는 여의주수(如意珠手)진언 '옴 바아리 바다리 훔 바탁'을,
② 여러 가지 불안으로 안락을 구하고자 하면 견색수(絹索手)진언 '옴 기리나라 모나라 훔 바탁'을,
③ 뱃속에 있는 여러 가지 병을 치료코자 하는 이는 보발수(寶鉢手)진언 '옴 기리기리 바아라 훔 바탁'을,
④ 모든 도깨비와 귀신들을 항복받고자 하면 보검수(寶劍手)진언 '옴 데세데야 도미니 도데 삿다야 훔 바탁'을,
⑤ 또 일체 천마와 귀신을 항복받고자 하면 발저라수(鉢折羅手)진언 '옴 이베이베 이야 마하 시리예 사바하'를,
⑥ 모든 원수와 적을 꺾으려 하면 금강저수(金剛杵手)진언 '옴 바아라 아니바라 닙다야 사바하'를,
⑦ 항상 공포와 불안에 떠는 사람은 시무외수(施無畏手)진언 '옴 아라나야 훔 바탁'을,
⑧ 눈이 어두운 사람이 광명을 얻고자 하면 일정마니수(日精摩尼手)진언 '옴 도비가야 도비바라 바리니 사바하'를,
⑨ 또 열병이나 독병으로 고생하는 사람은 월정마니수(月精摩尼手)진언 '옴 소싯디 아리 사바하'를,
⑩ 영화스런 높은 벼슬을 구하는 자는 보궁수(寶弓手)진언 '옴 아자미례 사바하'를,
⑪ 착하고 어진 벗을 만나고자 하면 보전수(寶箭手)진언 '옴 가마라 사바하'를,
⑫ 여러 가지 몸의 병을 없애고자 하면 양류지수(楊柳枝手)진언 '옴 소싯지 가리바리 다남타 목다에 바아라 바아라 반다 하나하나 훔 바탁'을,
⑬ 또 몸에 9횡(橫)이 있는 자는 백불수(白拂手)진언 '옴 바나미니 바아바데 모하야 아아 모하니 사바하'를,
⑭ 모든 권속들이 착하고 화목코자 하면 보병수(寶瓶手)진언 '옴 아례 삼만염 사바하'를,
⑮ 호랑이나 표범 등 악한 짐승의 난을 없애고자 하면 방패수(防牌手)진언 '옴 약삼나나 야 전나라 다노발야 바사바사 사바하'를,
⑯ 모든 때에 항상 관재(官災)를 여의려 하면 월부수(鉞斧手)진언 '옴 미라야 미라야 사바하'를,
⑰ 남녀간에 착한 심부름꾼을 얻고자 하면 옥환수(玉環手)진언 '옴 바나맘 미라야 사바하'를,

⑱ 여러 가지 공덕을 성취하고자 하면 백련화수(白蓮華手)진언 '옴 바아라 미라야 사바햐'를,
⑲ 청정 미묘한 불국토에 가서 나고자 하면 청련화수(靑蓮華手)진언 '옴 기리기리 바아라 훔반다 훔 바탁'을,
⑳ 넓고 큰 지혜를 성취하고자 하면 보경수(寶鏡手)진언 '옴 미보라 나락사 바아라 만다라 훔 바탁'을,
㉑ 시방의 모든 부처님들을 친견코자 하면 자련화수(紫蓮華手)진언 '옴 사라사라 바아라 가라 훔 바탁'을,
㉒ 땅 속의 여러 가지 보물을 얻고자 하면 보협수(寶篋手)진언 '옴 바아라 바사가리 아나맘나 훔'을,
㉓ 신선이 되고자 하면 오색운수(五色雲手)진언 '옴 바아라 가리라타 맘타'를,
㉔ 범천(梵天)에 나고자 하면 군지병수(君遲瓶手)진언 '옴 바아라 서가로타 맘타'를,
㉕ 도솔천에 나서 미륵보살(彌勒菩薩)을 친견코자 하면 홍련화수(紅蓮華手)진언 '옴 상아례 사바하'를,
㉖ 타방의 도적과 강적을 물리치고자 하면 보극수(寶戟手)진언 '옴 삼매야 기니하리 훔 바탁'을
㉗ 하늘의 신선을 부르고자 하면 보라수(寶螺手)진언 '옴 상아례 마하 삼만염 사바하'를,
㉘ 모든 귀신들을 불러 심부름 시키고자 하면 촉루장수(觸髏杖手)진언 '옴 도나 바아라 탁'을,
㉙ 또 모든 부처님께서 오셔서 손을 주시기를 구하는 자는 수주수(數珠手)진언 '나모라 다나다라야야 옴 아나바제미아예 싯디 싯달제 사바하'를,
㉚ 미묘한 범음성을 성취코자 하면 보탁수(寶鐸手)진언 '나모 바나맘 바나예 옴 아미리 담암베 시리예 시리탐리니 사바하'를,
㉛ 구변과 언사가 뛰어나고자 하면 보인수(寶印手)진언 '옴 바아라 네담 아예 사바하'를,
㉜ 하늘과 용 선신이 항상 와서 옹호해 주기를 원하면 마땅히 구시철구수(俱尸鐵鉤手)진언 '옴 아가로 다라가라 미사예 나모 사바하'를,
㉝ 자비심으로 일체 중생을 옹호하여 주려거든 석장수(錫杖手)진언 '옴 날지날지 날타 바지날제 나야바니 훔 바탁'을,
㉞ 모든 귀신과 용·뱀·호랑이와 사자, 인비인 등이 자신에게 경외심(敬畏心)을 갖게 하고자 하면 합장수(合掌手)진언 '옴 바나만 아링 하리'를,
㉟ 세세생생 나는 곳마다 항상 부처님 곁을 떠나지 않고자 하면 화불수(化佛手)진언 '옴 전나라 바맘타 이가리 나기리 나기니 훔 바탁'을,
㊱ 세세생생 항상 부처님 궁전을 여의지 않고 태(胎)로 낳은 몸을 받지 않고자 하면 화궁전수(化宮殿手)진언 '옴 미사라 미사라 훔 바탁'을,
㊲ 총명하여 많이 듣고 널리 배워 잊어버리지 않고자 하면 보경수(寶經手)진언 '옴 아하라 살바미냐 다라 바니데 사바하'를,
㊳ 이 몸으로부터 부처님을 이룰 때까지 보리심(菩提心)에서 물러나지 않고자 하면 불퇴금륜수(不退金輪手)진언 '옴 서나미자 사바하'를,
㊴ 모든 부처님들께 성불의 수기를 받고자 하면 정상화불수(頂上化佛手)진언 '옴 바아라니 바아람예 사바하'를,
㊵ 과일과 곡식이 풍년들기를 원하면 포도수(葡萄手)진언 '옴 아마라 검제이니 사바하'를,
㊶ 감로수를 얻고자 하면 감로수(甘露手)진언 '옴 소로소로 바라소로 바라소로 소로소로야 사바하'를,

성관음(聖觀音)은 대비의 총체로 다른 이름에 따라서 성관음이라 부르게 된 것입니다. 상호는 주로 머리에 아미타불을 이고 몸에는 천의(天衣)를, 목에는 염주와 같은 영락을 걸고 반나(체)로 왼손에는 연화를 들고 오른손은 그 꽃송이를 헤치려는 시무외의 인(施無畏印)을 하고 있습니다. 이 왼손은 중생계를 표하고 오른손은 불계(佛界)를 표한 것이니 부처님의 자비의 몸으로 중생들의 번뇌망상을 헤쳐주고 있는 형상을 나타내고 있기 때문입니다.

마두(馬頭)관음은 부동존여래(不動尊如來)의 상호와 같이 무섭게 분노한 상호를 하고 도끼·보검·금강저 등을 들고 있습니다.

십일면(十一面)관음은 머리에 9면이 있고 정상(頂上)에 1면 그리고 본체를 갖추고 있어 모두 11면인데, 이것은 중생의 11품 무명을 끊고 11지에 오르는 불과위(佛果位)를 표한 것입니다. 손에는 병(軍持) 염주를 가지고 있는데 병은 소원과 평화, 염주는 번뇌를 표시합니다. 이분에게는 천수다라니에 버금가는 수원즉득다라니(隨願卽得陀羅尼) '옴 마하가로니가 사바하'가 있어 유명합니다.

준제(准提)관음은 천인장부(天人丈夫)관음이라고도 하는데 마두관음이 남성적이라면 준제관음은 여성적 표현을 하고 있습니다. 3목 2비(三目二臂) 4비·6비·8비·18비·32비·82비 등 많은 팔을 가지고 있는데 3목은 3장(障·惑·業·苦)을 표하고 있습니다. 7억불의 어머니라 하여 칠구지(七俱胝)불모대준제보살이라고도 부릅니다.

여의륜(如意輪)보살은 여의륜삼매에 들어서 여의보주로 법륜을 굴려 자비심으로서 능히 중생의 고통을 구제하고 세간 출세간에 이익을 주는

---

㊷ 천수천안의 모든 소망을 한꺼번에 거두어 드리고자 하면 총섭천비수(總攝千臂手)진언 '다냐타 바로기제 새바라야 살바도따 오하야미 사바하'를 각가 외웁니다.
이것이 42수 진언입니다. 너무나 현세 이익적이고 기복적인 느낌이 있습니다만, 금강산도 식후경이라 복이 있고 건강해야만 지혜로운 생활을 실천할 수 있으므로, 가난한 사람들의 소망이 이렇게 많은 다라니를 형성하게 된 것입니다. 그러니 소망대로 병에 따라 약을 써 보십시오.

보살입니다. 6바라밀 혹은 6도 중생을 표하며 6비좌상(臂座像)을 하고 있습니다.

이상의 여섯 분을 6관음이라 하는데 천수관음은 대비(大悲)로서 지옥 중생을 교화하고, 성관음은 대자(大慈)로서 아귀중을 제도하며, 마두관음은 시자무외(施者無畏)로서 축생도를 교화하고, 11면보살은 대광보조(大光普照)로서 수라도를 제도하고, 준제보살은 천인장부(天人丈夫)로서 인간을 교화하고, 여의륜보살은 대비의 심원(大悲深願)으로서 신선들을 맡아 각각 제도하고 있습니다.

그리고 끝으로 불공견색(不空羂索)의 불공은 헛되지 않다는 뜻이고, 견색(絹索)은 그물 낚시를 의미하니 중생의 원이 헛되지 않게 대자의 그물, 대비의 동아줄로 얽어매어 생사 번뇌를 벗겨준다는 뜻입니다.

그러니 여기서 천수천안관자재보살이라 한 것은 6 내지 7관음을 통칭한 말입니다.

千手千眼觀世音菩薩廣大圓滿
無礙大悲心陀羅尼經

永樂九年六月　日

唐西天竺沙門伽梵達摩譯

如是我聞。一時釋迦牟尼佛。在補陀落迦山
觀世音宮殿寶莊嚴道場中。坐寶師子座。其
座純以無量雜摩尼寶而用莊嚴百寶幢幡周
匝懸列。爾時如來於彼座上。將欲演說總
持陀羅尼故。與無央數菩薩摩訶薩俱。其名
曰總持王菩薩寶王菩薩。藥王菩薩藥上菩
薩。觀世音菩薩大勢至菩薩。華嚴菩薩大莊
嚴菩薩。寶藏菩薩德藏菩薩。金剛藏菩薩
虛空藏菩薩。彌勒菩薩普賢菩薩文殊師利
菩薩。如是等菩薩摩訶薩。皆是灌頂大法王
子。又與無量無數大聲聞僧。皆行阿羅漢。十
地摩訶迦葉而為上首。又與無量梵摩羅天。
善吒梵摩而為上首。又與無量欲界諸天子
俱。瞿婆伽天子而為上首。又與無量護世四
王俱。提頭賴吒而為上首。又與無量天龍夜
叉乾闥婆阿修羅迦樓羅緊那羅摩睺羅伽
人非人等俱。天德大龍王而為上首。又與無量
欲界諸天女俱。童目天女而為上首。又與無
量虛空神。江海神泉源神河沼神。藥草樹
林神舍宅神。水神火神地神風神。土神山神
石神宮殿等神皆來集會。復有觀世音菩薩於
大會中密放神通。光明照曜十方刹土。及此

三千大千世界。皆作金色。天宮龍宮諸尊神宮
宮皆悉震動。江河大海鐵圍山須彌山。土山
黑山亦皆大動。日月珠火星宿之光皆悉不
現。於是總持王菩薩。見此希有之相怪未曾
有。即從座起叉手合掌。以偈問佛。如此神通
之相是誰所放。以偈問曰
誰於今日成正覺
普放如是大光明
十方刹土皆金色
三千世界亦復然
誰於今日得自在
演放希有大神力
無邊佛國皆震動
龍神宮殿悉不安
今此大衆咸有疑
不測因緣是誰力
為佛菩薩大聲聞
為梵魔天諸釋等
唯願世尊大慈悲
說此神通所由以
佛告總持王菩薩言。善男子汝等當知。今此
會中有一菩薩摩訶薩。名曰觀世音自在。從
無量劫來成就大慈大悲。善能修習無量陀
羅尼門。為欲安樂諸衆生故。密放如是大神
通力

千手千眼觀世音菩薩大悲心陀
羅尼

稽首觀音大悲主
願力洪深相好身
千臂莊嚴普護持
千眼光明遍觀照
真實語中宣密語
無為心內起悲心
速令滿足諸希求
永使滅除諸罪業
龍天衆聖同慈護
百千三昧頓熏修
受持身是光明幢
受持心是神通藏
洗滌塵勞願濟海
超證菩提方便門

大唐三藏不空譯

南無阿彌陀如來。然後即當誦此陀羅尼神
呪。一宿誦滿五遍。除滅身中百千萬億劫生
死重罪
南無阿彌陀如來。南無觀世音菩薩摩訶薩
觀世音菩薩復白佛言。世尊若諸人天。誦持
大悲章句者。臨命終時。十方諸佛皆來授手。
欲生何等佛土。隨願皆得往生。復白佛言世
尊若諸衆生。誦持大悲神呪。墮三惡道者。我
誓不成正覺。誦持大悲神呪者。若不生諸佛
國者。我誓不成正覺。誦持大悲神呪者。若不
●心不得無減三昧。辯才者。我誓不成正覺。若

我今稱誦誓歸依
所願從心悉圓滿
南無大悲觀世音
願我速知一切法
南無大悲觀世音
願我早得智慧眼
南無大悲觀世音
願我速度一切衆
南無大悲觀世音
願我早得善方便
南無大悲觀世音
願我速乘般若船
南無大悲觀世音
願我早得越苦海
南無大悲觀世音
願我速得戒定道
南無大悲觀世音
願我早登涅槃山
南無大悲觀世音
願我速會無為舍
南無大悲觀世音
願我早同法性身
我若向刀山
刀山自摧折
我若向火湯
火湯自消滅
我若向地獄
地獄自枯竭
我若向餓鬼
餓鬼自飽滿
我若向修羅
惡心自調伏
我若向畜生
自得大智慧

發是願已。至心稱念我之名字。亦應專念我
本師阿彌陀如來。

〈가범달마스님의 천수경과 불공삼장의 천수경 원본〉

# 제5강 위대한 서원(誓願)과 작용(作用)

## 1. 찬관음(讚觀音)

〔원문〕 계수관음대비주(稽首觀音大悲呪)

원력홍심상호신(願力弘深相好身)

천비장엄보호지(千臂莊嚴普護持)

천안광명변관조(天眼光明遍觀照)

진실어중선밀어(眞實語中宣密語)

무위심내기비심(無爲心內起悲心)

〔역문〕 관음보살 대비주께 머리숙여 절합니다.

원력이— 크고 넓고 상호또한 좋으신몸

일천 팔로 장엄하여 온갖중생 거두시고

일천 눈의 광명으로 온세상을 살피시며,

참된말씀 베푸시며 비밀한뜻 보이시고

하염없는 자비한 마음 끊임없이 펴십니다.

이것은 관음의 위대한 모습을 찬양한 글귀입니다. 이 글귀는 대당삼장 (大唐三藏) 불공(不空)스님께서 번역한 ≪천수천안관세음보살대비심다라 니≫에만 있는 글귀입니다. 원력이 깊고 상호가 원만하고 거룩한 방편과 지혜, 그리고 진실한 말과 하염없는 마음으로 중생을 보살피시는 관세음 을 찬탄하는 글입니다.

배고픈 사람이 배고픈 사람의 속을 알고 병든 사람이 병든 자의 속을 알 듯 고통을 겪은 자여야만 고통하는 이들의 깊은 속을 이해할 수 있습니다. 그런데 이 관세음보살은 인간으로서는 차마 겪지 못할 비참한 운명을 겪음으로써 자기의 비참을 남에게 뒤집어쓰고 그것을 또 자기에게 돌려서 넓고 큰 원을 세워 한량없는 중생을 제도하는 대보살이 된 것입니다.

≪관음본연경(觀音本緣經)≫에는 다음과 같은 설화가 나옵니다.

"옛날 남인도 마열바질에 사는 장나(長那)장자와 마나사라(摩那斯羅)와 사이에서 난 아들 조리(早離)가 있었는데, 일곱 살에 어머니를 잃고 동생 속리(速離)와 함께 외롭게 살고 있었습니다. 아버지는 3년이 지난 뒤에 비라장자의 딸을 후처로 맞아들여 단란한 살림을 꾸렸습니다.

그런데 어느 해 큰 흉년이 들어 생활이 어렵게 되자 장자는 이웃나라로 무역을 가고 어머니가 아이들을 데리고 있다가, 장애물 같은 생각이 들어 무인절도에 갔다 버리고 자기는 그 사공과 같이 정들어 도망쳤습니다. 조리와 속리는 무인절도에서 굶주림에 지쳐 울면서 서원했습니다.

'속리야 이제 우리 목숨이 다 된 것 같다. 살려고 해도 살 수 없는 우리 신세가 가련하다. 그러나 세상에는 우리와 같은 신세를 가진 자가 없지 않을 것이다. 부모 형제를 잃고 기한(飢寒)에 떠는 자, 벗이 그리워 애통하는 자, 풍랑에 휩싸여 고생하는 자, 독충 악귀에 시달려 고난이 많은 자, 부처님을 만나지 못해 해탈을 얻지 못한 자, 그런 자들을 위해서 우리는 이 산의 귀신이 되어서라도 그들에게 알맞은 몸을 나투어 구제해 주자. 즉 불신(佛身)·벽지불신(辟支佛身)·연각(緣覺)·성문(聲聞)·범왕(梵王)·제석(帝釋)·자재천(自在天)·대자재천(大自在天)·천대장군(天大將軍)·4천왕, 4천왕들의 제자·임금님·장자·거사·제관(帝官)·바라문·비구·비구니·우바새·우바이, 그들의 부녀자(왕비·마님·여선생), 동남·동녀·신선·용·야차·건달바·아수라·긴나라·마후라가, 사람 아닌 사람, 집금강신 같은 온갖 몸을 나투어서 그들을 구해주자' 하고, 그들은 손가락을 깨물어 흐르는 피로 찢어진 옷자락에 이 같은 32응신(應身)의 서원을 써 나뭇가지에 걸어놓고 죽었습니다.

그 뒤 장나장자는 단나라산에 가서 진두감과(鎭頭甘果)를 무역하여 많은 돈을 벌어 집에 돌아왔으나 애들이 없는지라 부인에게 물으니 '놀러 갔다 돌아오지 않는다'고 하여, 사방으로 탐지해 본 결과 결국 무인절도에서 그 애들의 시체를 발견하고, 또 애들이 써놓은 서원을 발견하고 정신을 잃고 까무라쳤다가 다시 깨어나 그도 같은 도심(道心)을 발해, '원컨대 나도 모든 악한 중생을 제도하고 조속히 불도를 이루어지이다'고 원했습니다.

그 뒤 조리는 인도 바라문교의 신누파(神奴派) 여신(女神)이 되어 백성들을 수호하다가 불교에 귀의하여서는 관세음보살이 되었는데, 그때 동생 속리는 대세지보살이 되고, 장자장자는 석가모니가 되었으며, 후처는 제바달다가 되었다" 합니다.

그들이 죽었던 무인절도는 보타락가산(補陀洛迦山)으로 지금은 세계적인 성지로 되어 있습니다.

≪대불정수능엄경(大佛頂首楞嚴經)≫ 관음원통장(觀音圓通章)에 관세음보살은 그 후 꾸준히 정진하여 관세음여래(觀世音如來) 밑에서 수행하고 문·사·수(聞·思·修) 3혜(慧)을 얻고 두 가지 뛰어난 법력을 성취한 것으로 나타납니다. 두 가지란 첫째는 위로 시방부처님의 본래 묘한 깨달음의 마음과 합하여 부처님과 꼭같이 사랑하는 힘(慈力)이 생기고, 둘째는 아래로 온세계 모든 중생과 합하여 그 중생들과 더불어 불쌍히 여기는 마음(悲心)이 깊어졌다는 것입니다.

그로부터 관세음은 열네 가지 무외한 힘(十四無畏力)과 네 가지 헤아릴 수 없는 공덕(四不思議德)을 갖추었습니다.

열네 가지 무외의 공덕이란,

첫째, 자기의 소리를 관하지 않고 관하는 이를 관함으로써 중생의 고통을 벗어나게 하는 것이고,

둘째, 아는 견해를 돌이켜 회복하게 함으로써 불 속의 중생을 타지 않게 하는 것이며,

셋째, 듣는 것을 돌이켜 회복 함으로써 물에 빠진 중생을 구제하는 것이고,

넷째, 허망한 생각을 끊어 살해하는 마음이 없으므로 귀신에게 들어가서도 귀신의 해를 입지 않는 것이며,

다섯째, 들음을 익혀 듣고 지혜가 뚜렷이 들어남으로써 6근이 녹아 회복되어 살해를 당하게 되어도 칼이 토막토막 부서지게 되는 것입니다.

여섯째, 들어 익힌 것이 섬세하고 밝아 법계에 두루 비추어 어두운 성품이 없게 함으로써 야차·나찰·구반다·비사사·부단나 등과 함께 있으면서도 그들이 보지 못하는 것이고,

일곱째, 성품이 스러지고 듣는 것이 되돌아 들어가 허망한 티끌을 여의었으므로 중생들로 하여금 얽는 것과 고랑·칼·오랏줄 같은 것이 몸에 닿지 못하게 하는 것이며,

여덟째, 소리를 소멸하고 듣는 성품이 원융하여 모두 자비한 힘을 내게 함으로써 중생들로 하여금 험난한 길을 지나가더라도 도적이 겁탈하지 못하게 하는 것이고,

아홉째, 듣고 익힌 것이 모든 번뇌를 여의어 색이 따라붙지 못하므로 음욕이 많은 중생에게 음욕을 여의게 하는 것이고,

열째, 소리를 듣는 것이 순일 무잡하여 근경이 온통 하나가 됨으로써 성내는 마음을 없애주는 것이며,

열한째, 번뇌가 소멸하여 법계와 신심(身心)이 유리와 같이 맑고 깨끗하게 되므로 미련한 중생으로 하여금 어리석음을 영원히 여의게 하는 것이고,

열두째, 원상을 뚜렷이 하고 듣는 성품을 회복하였으므로 도량에서 움직이지 않고 세간을 파괴없이 끌어들이며, 시방제불을 일시에 공양하고

모든 부처님의 법왕자가 되었으므로 아들 없는 사람들에게 지혜 총명한 아들을 낳게 하는 것입니다.

열셋째, 6근이 원통하고 밝게 비추는 것이 둘이 없어 온갖 세계를 포용했으며, 큰 거울 같은 지혜로 공여래장(空如來藏)을 세워 시방 미진수 부처님을 받들어 섬기고 비밀한 법문을 받아 잃어버리지 아니했으므로 딸을 원하는 중생에게 복덕이 거룩한 단정한 딸을 낳게 하는 것이고,

열넷째, 3천대천세계 백억 일월안에 있는 62억 항하사 보살들에게 법다운 수행과 규범을 보여 교화하되 중생을 수순하는 지혜와 방편을 따로따로 갖지 않고 원통(圓通)한 귀에서 온갖 묘한 작용을 일으키고 있으므로 관세음보살 한 번 부르는 것이 62억 항하사 보살의 명호를 부르는 것과 맞먹는 복덕을 가지고 있는 것입니다.

이것이 14무외력입니다. 그리고 네 가지 헤아릴 수 없는 공덕이란,

첫째, 보고 듣고 깨닫고 아는 것이 따로따로 되지 않고, 일심의 깨달음을 통해서 한꺼번에 하고 있으므로 한 개의 머리(一首)와 여러 머리(共首), 한 팔(一臂)과 많은 팔(多臂), 한 눈(一目)과 많은 눈을 자비하게 혹은 위엄있게 나타내어 중생구호하는 것을 마음대로 하는 것이고,

둘째, 듣고 생각하는 것이 마치 소리가 담을 넘는 것같이 6진(塵)을 벗어나기 묘하게 여러 가지 현상을 나타내고 여러 가지 주문을 말하여 그로 하여금 모든 중생들을 두려움에서 구제하는 것이며,

셋째, 근본이 깨끗함을 닦아 원통하고 미묘하므로 가는 곳마다 중생들로 하여금 몸과 재물을 희사하는 영광을 얻는 것이고,

넷째, 부처님의 마음에 계합하여 끝까지 증득하고 여러 보배로 모든 세계 부처님께 공양하였으며, 곁으로 모든 법계의 6도 중생들에게 베풀었으므로 아내나 자식, 삼매 등 온갖 구하는 것을 마음대로 베풀어 줄 수 있는 힘을 가지고 있는 것입니다.

이것이 네 가지 헤아릴 수 없는 덕입니다. 관세음보살은 이와 같이 이근원통(耳根圓通)1)을 통하여 삼매를 얻고 깨달음을 증득하였으므로 마

침내 관세음불(觀世音佛)의 수기를 받고 지금은 극락세계에서 대세지보
살과 함께 아미타불을 시봉하면서 사바중생을 구제하고 있다고 합니다.
　이것이 관세음보살의 크고 넓은 원력이고 위대한 상호입니다. 관세음

---

1) 관세음보살의 이근원통(耳根圓通)이란 하늘에 달은 하나이지만 물이 있는 곳에 달이
비추지 않는 곳이 없고, 하늘에 해는 하나이지만 만물이 다 그의 은혜 속에 성·주·괴
·공(成·住·壞·空) 하고 있습니다. 마찬가지로 관음의 진신(眞身)은 언제 어느 곳에
서나 변재(遍在)해 있지만 느끼지 못하는 것은 검은 구름이 가로막고 있기 때문입니다.
물은 사람을 빠뜨리지 못합니다. 사람이 스스로 빠집니다. 불은 사람을 태우지 못합니다.
사람이 스스로 타고 있습니다. 만일 물이 물이 아니요, 불이 불이 아닌 도리를 안다면
물에 들어가도 빠지지 않고, 불에 들어가도 타지 않을 것입니다. 티베트의 에밀성자는
지금 1천 세를 넘어 살고 있으면서도 50청춘의 비결을 보존하고 허공·지상·물위를
마음대로 유행하고 있으며, 중국의 청엄(淸嚴)스님은 죽은 뒤 2천 도 이상의 불꽃에
태웠어도 그 몸이 타지 않아 지금 육신성불(肉身成佛)의 대도인으로 모시고 예배 공양하
고 있습니다. 사람이 죽고 사는 것은 죽고 산다고 하는 망상적 분별심 때문입니다. 죽음
은 나를 죽이지 못하고 삶 또한 나를 살리지 못합니다. 인간은 인과 연이 물질과 정신의
이합집산(離合集散)하므로 나고 죽고 성하고 망하고 모이고 흩어진다고 말하고 있지만,
결국 그 세계를 자세히 들여다보면 나는 것도 없고 멸하는 것도 없고 흥하는 것도 없고
망하는 것도 없습니다. 그러기 때문에 염불심(念佛心)이 지극하여 본래 불생불멸의 경지
인 관음진신에 명합하면 하나의 티끌이 태산을 형성하듯 하나의 원행이 만인을 구하는
묘한 힘을 일으키게 됩니다. 1센티미터의 1억조분지의 1인 광자(光子)는 초속 30만
키로미터를 달리면서 지구와 같은 세계를 20개 30개씩을 장애없이 뚫고 달아나고 있으
며, 그의 원소인 미립자(微粒子)들은 그 이상의 힘을 가지고 이 세계에 존재하고 있는
것입니다. 인체의 뇌는 아무리 발달되어 있지 않는 것이라도 6백억 개 이상의 세포로
형성되어 있고, 그 하나의 세포 속에는 천백억 개의 생명체가 존재하고 있습니다. 우리
인간이 한 번 숨을 내쉬고 들어 쉬는 동안에도 우주적 생명체를 한 아름씩 마셨다가
내뱉고 있는 실정인데, 만일 이들 생명체를 무분별상태에서 응용자재하여 세상에 화신
을 나툰다면 천수천안이 아니라 천백억화신도 어렵지 않는 것입니다. 사람이 보고 느끼
는 세계는 매우 극소수에 국한되어 있는 것입니다. 달팽이 뿔에서 세계를 건설해 놓고
승부를 다투는 이런 어리석은 세계를 벗어나야만 관음의 이근원통 세계를 맛볼 수 있습
니다. 신라 때 영조(靈照)·영희(靈熙)는 중으로서 가솔을 거느리지 아니한 존재이지만
생명의 실상을 개발하지 못한데 반하여, 부설거사(浮雪居士)는 일념돈탕제(一念頓湯除)
하여 병 속에 물을 그대로 공중에 응결(凝結)시키는 신통을 보였습니다. 그러니 여러분
은 그러한 상태를 그리워하고 의심하기에 앞서서 마음 속에서 일어나는 분별시비를
놓아버리고 자타공유(自他共有)의 불성을 개발하여 만인이 함께 밝은 광명 속에서 걸림
없이 생활할 수 있는 길을 열어 주시기 바랍니다. 이름은 몰라도 모든 것이 다 한 관음(一
觀音)이고 모양은 천차(千差)이지만 알고 보면 모두 미타(皆彌陀)입니다.
　오호애재(嗚呼哀哉)라. 기다리는 사람의 마음이 불에 타고 걸어가는 사람의 마음이 물에
빠졌으니 어찌 도둑이 빈 곳간에서 이 도리를 알겠는가. 그러므로 고인이 '탕탕하여 걸림
없는 빈 배와 같아 바람에 맡겨 동서와 또한 남북을 너도 없고 나도 없는 가운데 무서운
것이 없이 돌아다닐 때 관음의 태양을 보고 자비의 달을 볼 수 있다'고 한 것입니다.

의 상호는 겉으로 장엄한 32상 80종호도 상호이지만 안으로 갈무린 32
응신 14무외력 4부사의덕의 상호가 그의 진짜 상호가 됩니다. 그 상호
에 의하여 천비를 갖추어 널리 중생을 보호하고 천안으로 광명을 놓아
일체를 비추어 보기 때문입니다. 언제나 따뜻하고 다정한 어머니의 말씀
처럼 참된 말씀으로 말 속에 들어 있는 깊고 깊은 뜻을 보이시는 것을
선밀어(宣密語)라 하고, 상대적 인연에 의하여 이리 익히고 저리 익히고
이렇게 짓고 저렇게 조작된 그런 마음이 아니라 아주 상대가 끊어진, 저
야 어떻게 생각하든 말든 상관없이 진리의 세계에 도달한 마음으로 중
생을 살피고 불쌍히 여기는 마음이 무위심(無爲心)이고 기비심(起悲心)
입니다. 달은 언제나 그렇습니다. 그러니 물결을 재우십시오. 눈을 감으
면 참으로 진실한 모습을 볼 수 있습니다. 눈을 감고 눈을 뜨십시오. 근
경(根境)에 사무친 그 눈 말고 맑고 밝은 지혜의 눈 말입니다.

## 2. 원심(願心)을 원만히

〔원문〕 속령만족제희구(速令滿足諸希求)
영사멸제제죄업(永使滅除諸罪業)
천룡중성동자호(天龍衆聖同慈護)
백천삼매돈훈수(百千三昧頓熏修)
수지심시광명당(受持心是光明幢)
수지심시신통장(受持心是神通藏)
세척진로원제해(洗滌塵勞願濟海)
초증보리방편문(超證菩提方便門)
아금칭송서귀의(我今稱誦誓歸依)
소원종심실원만(所願從心悉圓滿)

〔역문〕 저희들의 온갖소원 하루속히 이루옵고
모든죄업 남김없이 깨끗하게 씻어이다.
하늘용과 모든성현 모두함께 보살피사
백천가지 온갖삼매 한꺼번에 깨치이다.
법을모신 이내몸은 큰광명의 깃발이요
법을지닌 이내마음 신통력의 곳집이라.
세상티끌 씻어내고 고통바다 어서건너
깨달음의 방편문을 뛰어넘게 하옵소서.
내가이제 귀의하여 대비주를 칭송하니
원하는일 마음대로 모두다ㅡ 이뤄지다.

이 글은 스스로 대비주를 읽는 자가 자신의 서원을 내세워 관음의 서
원과 같이 되기를 희망하는 노래입니다.

서원을 만족히 하고자 하는 자는 먼저 때 낀 그릇을 깨끗이 씻어 비
워야 합니다. 그렇지 않으면 채울 수 없기 때문입니다. 이 세상에 어떤
사람은 '나는 죄가 없다' 하지만 따지고 보면 다생에 죄업을 짓지 아니한
자는 없습니다. 어떻게 보면 '없다'고 하는 그 마음이 오히려 죄업이 될
수도 있습니다.

세상의 모든 것은 상대적 원리에서 생기는 것이라 없는 것은 있는 데
서, 깨끗한 것은 더러운 데서, 예쁜 것은 미운 데서, 선한 것은 악한 데
서 나왔기 때문입니다. 그러므로 여기서 그릇을 깨끗이 씻어 비운다는
것은 있고·없고, 좋고·나쁘고, 선하고·악한 것이 아니라 두 가지를
한꺼번에 씻어 청소해 버리는 것입니다. 물이 맑으면 달빛이 저절로 비
치고 숲이 우거지면 새들이 모여 우짖듯, 죄업이 소멸되고 업장의 물이
맑아지면 관음의 신성이 저절로 비쳐오고 공덕의 숲이 어우러지면 천룡

성중이 다투어 와서 보호합니다.

천(天)은 하늘의 신선들이고, 용(龍)은 주수(走獸)의 대장들입니다. 이들 모두는 부처님의 설법을 듣고 호법선신이 된 신장님들이기 때문에 맑고 깨끗한 마음으로 법을 구하는 자가 있으면 그들을 보호하며 그들의 그 깨끗한 마음 속에서 불법을 배워갑니다. ≪화엄경≫에서는 이들 신장이 104위(位)나 나오지만 여기서는 주로 8부신장의 성중을 말합니다. 8부는 천·용·야차·아수라·가루라·건달바·긴나라·마후라가임을 밝힌 바 있습니다. 여기서 천과 용을 제외한 6부만을 설명하면

① 야차(夜叉·Yaksa)는 첩질귀(捷疾鬼)·식인귀(食人鬼)로서 폭악무도한 귀신입니다. 날아다니는 것을 허공야차(虛空夜叉)·천야차(天夜叉)라 하고, 땅에 사는 것을 지야차(地夜叉)라 합니다.

② 아수라(阿修羅·Asura)는 줄여서 수라(修羅)라고도 하고, 비천(非天)·비류(非類)·비단정(非端正)이라 번역합니다. 과보는 천(天)에 흡사하나 천은 아니고, 항상 투쟁을 좋아하는 투쟁신입니다. 리그베다(Rg-Veda)에서는 성령(性靈)으로 신앙했으며, 중고(中古) 이후에 전쟁신으로 탈바꿈했습니다. ≪대승장엄보왕경(大乘莊嚴寶王經)≫에는 "남섬부주(南贍部洲) 금강굴에 많은 아수라가 있는데 관세음보살은 이 아수라 또는 야차의 몸을 나투어 ≪대승장엄보왕경≫을 설하고 사자국(師子國)에서는 나찰녀(羅刹女)들을 위하여 8정도(正道)와 4성제(聖諦)를 설한다."고 하였습니다.

③ 가루라(迦樓羅·Garuda)는 소발자니(蘇鉢剌尼·Suparnin·suparna)라고도 합니다. 항영(項癭)·식토비고성(食吐悲苦聲)·금시조(金翅鳥)·묘시조(妙翅鳥)라 번역합니다. 용을 잡아먹는 조류(鳥類)의 왕으로 독수리처럼 생긴 사나운 새입니다. 금색 날개를 펴면 3백리나 난다는 신화적 동물이지만 인도인들은 새의 괴수로

상상했으며, 대승경전에서는 8부신중의 하나로 보았습니다. 밀교에서는 이 새를 대범천, 대자재천 혹은 문수보살의 화현으로 보고 태장(胎藏)만다라 외금강부(外金剛部)에 안치하였습니다.

④ 건달바(乾達婆·Gandharva)는 심향행(尋香行)·식행(食行)이라 번역합니다. 제석(帝釋)의 음악신으로 지상의 보산 중(寶山中)에 있으며, 술과 고기를 먹지 않고 향기만 맡고 살기 때문에 이같이 이름을 지었습니다. 또 인도에서는 음악을 직업으로 하는 사람을 말하는데 이들은 주로 음식의 향기만을 찾아 문전에서 춤추고 노래하며 음식을 얻어 먹고 살아가므로 이같이 이름한 것입니다. 혹 중음신(中陰神)을 이르기도 하는데 이는 중음신이 심향(尋香)·식향(食香)으로 살아가면서 다음에 태어날 곳의 냄새를 맡고 찾아다니는 까닭입니다.

⑤ 긴나라(緊那羅·Kimnara)는 의인(擬人)·의신(擬神)·인비인(人非人)·가신(歌神)·가락신(歌樂神)·음악신(音樂神)이라 번역합니다. 사람인지 짐승인지 새인지 일정하지 않고, 사람 머리에 새의 몸을 하기도 하고, 말머리에 사람의 몸을 하기도 하며, 그 형상이 일정치 않으나 항상 노래하고 춤추며 다니기 때문에 그렇게 부르게 된 것입니다.

⑥ 마후라가(摩睺羅伽·Mahoraga)는 대맹신(大蟒神)·대복행(大腹行), 큰 뱀을 가르킵니다. 용(龍)의 무리에 딸린 악신(樂神)·묘신(廟神), 밀교 태장만다라에서는 외금강원(外金剛院) 북쪽에 안치하였습니다.

원래 이들 8부 신들은 천을 빼놓고는 모두가 험악한 상호를 가지고 있으며, 그들의 행위 또한 무지막지한 점이 없지 않으나 불법을 옹호할 때만은 자비심이 충만하므로 동자호(同慈護)라 한 것입니다.

삼매는 정(定)입니다. 산란한 마음 망녕된 생각을 없애고 부동의 결정심을 내어 마음을 한 곳에 집중시킴으로써, 번뇌망상을 다스리는 수행인데 여기 백천 가지 종류가 있습니다. 예를 들면 해인(海印)삼매·법화(法華)삼매·능엄(楞嚴)삼매·일광(日光)삼매·월광(月光)삼매 등 백천삼매가 있습니다. 그러나 그것은 모두 이름은 달라도 한 가지 마음을 가라앉히는 방법이므로 일즉다통(一卽多通)이라 하나만 정통하게 되면 다른 것은 저절로 다 통하게 됩니다. 그러니 백천삼매를 한꺼번에 깨닫겠다고 한 것입니다.

'몸은 광명의 깃대가 되고, 마음은 신통의 곳집이라' 하였는데 참으로 장한 이야기입니다. 이 몸이 영원하다는 상견(常見)에 빠진 사람이 갑자기 무상(無常)을 알게 되면, 이 몸을 업신여기고 천대하여 고행 아니면 향락 두 사이에 빠지게 되는데, 관음의 도리를 아는 사람은 비록 이것이 무상하기는 하지만, 무한한 생명의 실상으로서 나타난 현상임을 자각할 때, 곧 그는 이 몸으로 어두운 길을 밝히는 광명의 등대(幢)가 되는 것입니다.

또 마음에 대해서도 인연소집체(因緣所集體)이므로 허깨비와 같다 생각하고, 또 때에 따라서는 무상전변의 씨앗을 받는 창고에 불과하다고 생각하는 경우도 있으나, 한 생각이 뒤집혀서 부처님 마음이 나타나면 사량·계교로 경계를 집착 분별하던 마음들이, 거울처럼 둥글고 깨끗한 마음을 배경으로 평등하게 묘하게 관찰하는 지혜를 일으켜, 보고 싶은 것, 하고 싶은 일을 마음대로 보고 하게 되는데, 이 지혜 속에서 형성된 자재로운 마음이 곧 신통입니다.

신통에는 천안통(天眼通)·천이통(天耳通)·타심통(他心通)·숙명통(宿命通)·신족통(神足通)·누진통(漏盡通) 여섯 가지가 있습니다. 천안통은 육안을 통하지 않고 마음의 눈으로 모든 것을 관찰하는 것이고, 천이통은 마음의 귀로 온갖 소리를 다 듣는 것이며, 타심통은 남의 마음을 훤히 뚫어보는 것이고, 숙명통은 지난 세상의 생사거래를 알아보는 것입니다.

그리고 또 신족통은 헤아릴 수 없는 경계를 마음대로 나타내 보이는 것이고, 누진통은 번뇌를 마음대로 끊는 것입니다.

사람들은 이 같은 신통을 원하고 있으면서도 그것을 자재하지 못하는 것은, 마음에 광명이 몸 위에 나타나지 못하고 있기 때문에 이 몸은 광명당이 되고, 이 마음은 신통장이 되게 하겠다고 서원한 것입니다.

생사는 바다와 같습니다. 모든 물이 마지막 흘러내리는 바다는 마치 온갖 것이 마지막 생사의 노두(路頭)에서 죽음의 고통을 일미(一味)하는 것과 같기 때문입니다. 바닷물이 수증기·구름·비·내·바다로 이렇게 계속해서 윤회하듯, 중생도 지옥·아귀·축생·수라·인간·천상으로 윤회하여 끝이 없습니다. 이것은 진로(塵勞)의 업력이 원인이 되어 윤회하는 것이기 때문에, 진로를 씻어내고 생사의 바다를 건너가기 원한다고 한 것입니다.

방편이란 알맞은 수단입니다. 방은 중생의 방역(方域)이고 편은 교화의 편법(便法)입니다. 그러므로 이 수단 방편의 길은 참으로 많고 복잡합니다. 8만 4천 법문이 모두 방편의 약방문이고 염불·참선·진언이 모두 거기에 알맞은 방편입니다. 그러나 이것은 모두 마음을 깨닫는 수단이라, 그 복잡다단한 방편의 몸을 거치지 않고 직접 뛰어넘어 바로 깨달을 것을 서원한 것입니다. 그래서 행자는 자기가 가는 길이 혹시라도 관음의 본래 뜻과 어긋남이 있을까 두려워 대비주를 칭송하며, 원하는 일들이 마음대로 모두 이루어지기를 관세음께 기원한 것입니다.

# 3. 열 가지 위대한 원(願)

〔원문〕　나무대비관세음(南無大悲觀世音)
　　　　　원아속지일체법(願我速知一切法)
　　　　　나무대비관세음(南無大悲觀世音)
　　　　　원아조득지혜안(願我早得智慧眼)
　　　　　나무대비관세음(南無大悲觀世音)
　　　　　원아속도일체중(願我速度一切衆)
　　　　　나무대비관세음(南無大悲觀世音)
　　　　　원아조득선방편(願我早得善方便)
　　　　　나무대비관세음(南無大悲觀世音)
　　　　　원아속승반야선(願我速乘般若船)
　　　　　나무대비관세음(南無大悲觀世音)
　　　　　원아조득월고해(願我早得越苦海)
　　　　　나무대비관세음(南無大悲觀世音)
　　　　　원아속득계정도(願我速得戒定道)
　　　　　나무대비관세음(南無大悲觀世音)
　　　　　원아조등원적산(願我早登圓寂山)
　　　　　나무대비관세음(南無大悲觀世音)
　　　　　원아속회무위사(願我速會無爲舍)
　　　　　나무대비관세음(南無大悲觀世音)
　　　　　원아조동법성신(願我早同法性身)

〔역문〕　대자대비 관세음께 지성귀의 하옵나니
　　　　　이세상의 온갖진리 빨리알게 하옵소서
　　　　　대자대비 관세음께 지성귀의 하옵나니

부처님의 지혜의눈 빨리얻게 하옵소서
대자대비 관세음께 지성귀의 하옵나니
한량없는 모든중생 빨리제도 하옵소서
대자대비 관세음께 지성귀의 하옵나니
온갖착한 방편의길 빨리얻게 하옵소서
대자대비 관세음께 지성귀의 하옵나니
반야선의 거룩한배 빨리타게 하옵소서
대자대비 관세음께 지성귀의 하옵나니
생로병사 고통바다 빨리넘게 하옵소서
대자대비 관세음께 지성귀의 하옵나니
계와선정 훌륭한길 빨리얻게 하옵소서
대자대비 관세음께 지성귀의 하옵나니
상락아정 원적산에 빨리서게 하옵소서
대자대비 관세음께 지성귀의 하옵나니
하염없는 무위의집 빨리알게 하옵소서
대자대비 관세음께 지성귀의 하옵나니
절대평등 법성의몸 이뤄지게 하옵소서

이 글은 관세음보살님께서 천광왕정주여래 앞에서 서원한 발원문입니다. 관세음보살은 자기가 이 서원에 의하여 관음의 무변행(無邊行)을 성취하겠다 생각하고, "만약 비구·비구니나 우바새·우바이, 동남·동녀가 이 다라니를 수지하고자 하면 마땅히 모든 중생에게 자비심을 일으키고 먼저 저의 이름을 부르고 이와 같이 원을 발하라"고 하였습니다.

일체법(一切法)이란 세상의 온갖 진리, 즉 물질·정신·유위법(有爲法)·무위법(無爲法)·선법·악법·고법·낙법을 총칭한 진리를 말하고, 지혜의 눈은 그것을 바로 볼 수 있는 눈을 말합니다.

　중생(衆生)이란 여러 가지 인연에 의하여 생겨나 여러 생을 경과하면서 여럿이 함께 사는 생명이 있는 것들을 총칭한 말임은 이미 설명한 바 있습니다. 그러므로 이 가운데는 밑으로 3도 고통중생으로부터 위로는 제불 성현까지 모두 들어가는 것입니다.

　지옥·아귀·축생의 3도 중생은 죄고중생(罪苦衆生)이고, 인·천은 수락중생(受樂衆生)이며, 무루음(無漏陰)은 보살중생이고, 상주음(常住陰)은 부처중생이라 밝힌 바 있습니다. 그런데 여기서 중생을 빨리 제도하겠다고 한 서원은 곧 무루자비, 상주위에 있는 중생들이 고락에 얽매여 있는 중생을 구제한다는 말입니다. 그러나 불교에서는 구제한다는 말보다는 깨닫는다는 말을 더 정확한 것으로 쓰고 있습니다.

　왜냐하면 중생과 부처 사이에는 차별될 만한 어떤 건더기가 있는 것이 아닌데, 다만 깨닫고 깨닫지 못한데 차이가 있을 뿐이기 때문입니다. 그러므로 먼저 깨달은 사람이 나중 깨달을 사람을 개도(開導)하는 것, 이것을 제도한다 구제한다고 말하고 있을 뿐입니다.

　방편의 길에는 여러 가지 길이 있습니다. 착한 방편과 악한 방편, 바로 가는 방편과 돌아가는 방편 등 여러 가지가 있습니다. 그런데 여기서는 되도록 착한 방편을 얻도록 했으니 착한 방편이란 나도 이롭고 남도 이로운 그런 방편이고, 그 뒤에 나쁜 결과를 초래할 수 있는 방편이 아니고 반드시 선의 결과로 낙을 얻을 수 있는 방편이고, 또 되도록이면 빨리 갈 수 있는 방편을 말합니다.

　반야의 거룩한 배란 생사의 바다를 건널 수 있는 지혜의 배를 말합니다. 관세음보살은 생사의 바다를 "5온이 공한 이치를 깨닫고 건넜다"고 말하고 있습니다. 즉 인연의 도리를 깨닫고 해탈을 얻었다는 것입니다. 인연의 도리를 모르면 고통의 바다를 건너갈 길을 알지 못하기 때문에 살면서도 어떻게 살까, 늙으면서도 어떻게 늙을까, 병들어서도 어떻게 받을까, 죽으면서도 어떻게 죽을까 하여 죽고 사는데 고통이 더욱 많아집니다.

그러나 이런 도리를 똑바로 아는 사람은 생은 생이어서 좋고, 늙음은 늙어서 좋고, 병은 병대로 좋고, 죽음은 죽는대로 좋으니 죽음을 통해서 영생을 배우고, 병을 통해서 건강을 배우고, 늙음을 통해서 젊음을 배우며, 생을 통해서 무생(無生)을 배우기 때문입니다. 그러기에 ≪보왕삼매론(寶王三昧論)≫에서는 장애 가운데서 깨달음을 얻는 궁즉통(窮卽通)의 진리를 가르키고 있으니 소개하면 다음과 같습니다.

첫째, 몸에 병 없기를 바라지 말라. 몸에 병이 없으면 탐욕이 생기기 쉽기 때문입니다.

둘째, 세상살이에 곤란이 없기를 바라지 말라. 세상살이에 곤란이 없으면 업신여기는 마음과 사치한 마음이 생기기 쉽기 때문입니다.

셋째, 공부하는데 장애가 없기를 바라지 말라. 공부하는데 장애가 없으면 경솔해지기 쉽기 때문입니다.

넷째, 수행하는데 마가 없기를 바라지 말라. 수행하는데 마가 없으면 서원이 굳건해지지 못한다. 그래서 성인이 말씀하시기를, '모든 마군으로서 수행을 도와주는 벗을 삼으라'고 한 것이다.

다섯째, 일을 꾀하되 쉽게 되기를 바라지 말라. 일이 쉽게 되면 뜻을 경솔한데 두기 쉽기 때문입니다.

여섯째, 친구를 사귀되 내가 이롭기를 바라지 말라. 내가 이롭고자 하면 의리를 상하게 되기 때문입니다.

일곱째, 남이 내 뜻대로 순종해 주기를 바라지 말라. 남이 내 뜻대로 순종해 주면 마음이 교만해지기 때문입니다.

여덟째, 덕을 베풀면서 과보를 바라지 말라. 과보를 바라면 도모하는 뜻을 가지게 되기 때문이고,

아홉째, 이익을 분에 넘치게 바라지 말라. 이익이 분에 넘치면 어리석은 마음이 생기기 때문이며,

열째, 억울함을 당해서 밝히려고 하지 말라. 억울함을 밝히면 원망하

는 마음을 갖게 되기 때문입니다.

이것이 ≪보왕삼매론≫의 열 가지 통론(通論)입니다. 통치 못하면 고통이 생깁니다. 나는 자가 늙음에 걸리고, 늙는 자는 병고에 걸리며, 병든 자는 죽음에 걸리고, 죽는 자는 생에 걸립니다. 그래서 생·노·병·사(生·老·病·死) 모두 고통이라고 하는 것입니다. 어디 그것 뿐입니까. 만나는 자는 이별이 있어서 고통이고, 구하는 자는 얻지 못해서 고통이고, 마른 이는 살이 안쪄서 걱정이고, 살찐 자는 마르지 않아서 걱정이고, 눈·귀·코·혀·몸·뜻은 제각기 좋을대로만 하려 하는데 그것이 잘 되지 않으니 걱정이라 일체 세간만사가 모두 고통 아닌 것이 없습니다. 그래서 속히 고통의 바다를 건너겠다고 서원한 것입니다.

고통의 바다를 건너가는 데는 계(戒)의 밥을 먹고 선정의 옷을 입어야만 멀미하지 않고 튼튼하게 잘 건너갈 수 있습니다. 그래서 속히 계행을 구족하고 원적산에 오르겠다고 한 것입니다.

계는 방비지악(防非止惡)이라 그릇된 것을 막고 악한 것을 쉬어 여러 가지 선행을 일으키는 것입니다. 출가자에게는 사미(沙彌) 5계와 10계가 있고, 예비 비구니에게는 6계, 비구에게는 250계와 비구니에게는 348계가 있으며, 재가자에게는 8관재계와 10선계, 보살계는 10중대계와 48경계가 있습니다. 그러나 모든 계의 근본이 되는 것은 살·도·음·망(殺·盜·婬·妄)의 4계가 되고, 여기에 불음주(不飮酒)를 더하면 5계가 됩니다.

불살(不殺)의 계업(戒業)으로 방생의 문호를 개방하여 단명(斷命)·횡사(橫死)·다병(多病)·허약(虛弱)을 예방하고, 불투도(不偸盜)로 보시(布施)의 문을 열어 복덕, 부유의 자량을 얻음으로써 빈천의 과보를 예방하고, 불음(不婬)의 청정으로서 가정의 평화를 형성하고, 불망(不妄)으로서 진실의 문호를 개방하여 신용을 얻어야만 몸과 마음이 편안해집니다.

몸이 편안해지면 마음에 파도가 잠잠하게 되어 선정의 원적산(圓寂山)에 오르게 됩니다. 성적등지(惺寂等持)의 마음은 조작된 마음이 아니라

무위(無爲)의 하염없는 마음이므로, 비로소 그 마음에 의하여 열반의 법성신을 증득할 수 있기 때문에, 속히 무위의 집을 깨달아 법성의 몸을 증득하신 부처님과 같게 하겠다고 한 것입니다. 법(法)은 만유의 근본이고 성(性)은 그만이 가지고 있는 독특한 성품이며, 신(身)은 이 두 개가 연기의 법칙에 따라 나타난 진리의 현상입니다.

관세음보살은 이렇게 하여 일체법을 깨닫고 훌륭한 선방편으로 무위의 법성신을 증득하고, 일체 중생을 제도하는 거룩한 성자가 된 것입니다.

## 4. 여섯 가지 위대한 서(誓)

〔원문〕 아약향도산(我若向刀山)　도산자최절(刀山自催折)
　　　　아약향화탕(我若向火湯)　화탕자소멸(火湯自消滅)
　　　　아약향지옥(我若向地獄)　지옥자고갈(地獄自枯竭)
　　　　아약향아귀(我若向餓鬼)　아귀자포만(餓鬼自飽滿)
　　　　아약향수라(我若向修羅)　악심자조복(惡心自調伏)
　　　　아약향축생(我若向畜生)　자득대지혜(自得大智慧)

〔역문〕 칼산지옥 내가가면 칼산절로 무너지고
　　　　화탕지옥 내가가면 화탕절로 말라지고
　　　　지옥세계 내가가면 지옥절로 없어지고
　　　　아귀세계 내가가면 아귀절로 배부르고
　　　　수라세계 내가가면 악심절로 없어지고
　　　　축생세계 내가가면 지혜절로 생겨지다

이것이 관세음보살의 여섯 가지 서원입니다. 원(願)이란 인생의 목표를 멀리 바라보면서 천천히 하나하나 실천해 가는 것이고, 서(誓)는 당장 손가락을 끊는 한이 있더라도 이것만은 꼭 달성해야겠다는 급박성을 가지는 것입니다.

이 세상의 모든 일이 급하지 아니한 것이 없지만 3악도의 길만큼 무서운 것이 없습니다. 하나가 물이 들면 열 사람 백 사람이 고통을 겪게 되기 때문입니다.

도산(刀山)은 칼산지옥을 말합니다. 은산의 벽처럼 번쩍번쩍 빛나는 칼날로 형성되었는데, 손만 대면 당장 천 조각 만 조각이 납니다. 그래서 무서워 다시는 들어가지 않으려 하나 사자가 부채를 가지고 한 번 부치면 곧 되살아납니다. 그러면 부채 자루로 살짝 밀면 또 천 조각 만 조각이 납니다. 이렇게 일일일야 만사만생(一日一夜 萬死萬生)이라 하룻저녁 하루 낮 사이에 만 번을 죽였다 만 번을 살립니다. 세상에 태어나 한 번 죽기도 겁난다 하는데 하룻저녁 사이에 만 번을 죽었다 살린다 하니 어떻게 살 수 있겠습니까. 그렇기 때문에 관세음보살은 이들을 구하기 위하여 도산지옥을 없애겠다고 맹세하신 것입니다.

그러면 어떻게 도산지옥을 없앱니까. 그건 간단합니다. 도산지옥의 원인을 제거하면 되니까요. 도산지옥의 원인은 칼날 같은 마음입니다. 조금만 괴로우면 속상해 죽겠어 칼로 찔러 죽어야지, 칼로 찔러 죽여야지 이런 생각을 가진 사람은, 이 세상에서부터 그런 마음을 가지고 살았기 때문에, 죽은 뒤에도 당연히 그런 세계에 가서 태어날 수밖에 없습니다. 그렇기 때문에 관세음보살은 그와 같은 마음을 가지고 고민하고 있는 사람들 앞에 나타나, 칼날 같은 마음을 없애줌으로써 도산지옥의 종자를 없애주는 것입니다.

지금 내가 화가 잔뜩 나서 죽어야 되겠다, 죽여야 되겠다고 생각하고 있을 때, 내가 다니는 절의 주지스님이나 관세음보살과 같은 보살이 나타난다 생각하여 보십시오. 그대로 죽겠습니까. 아닙니다. 저절로 마음이 풀리고 자신의 잘못을 크게 뉘우칠 것입니다. 그렇다면 도산지옥은 저절로 부서질 것입니다. 이것이 내가 만일 칼산지옥에 가면 칼날을 저절로 무너뜨리겠다고 하신 서원입니다.

다음은 화탕지옥입니다. 화탕지옥은 끓는 물지옥입니다. 부글부글 끓이기 좋아하는 사람들의 마음을 큰 가마에 넣고, 8만 4천도로 열을 올려 끓이는 지옥입니다. 100도면 물이 끓고 천도면 쇠가 녹는데 8만 4천도면 어떻게 되겠습니까. 요즘 화장터에서 사용하는 열이 7천도입니다. 40분 내지 한 시간이면 모두 녹아 없어지고 한 주먹 재가 되어 나옵니다. 그런데 8만 4천도면 어떻게 되겠습니까. 머리카락 하나만 잡고 있어도 그만 녹아 연기가 되어 올라간다 합니다.

어떤 사람이 이런 지옥에 들어갑니까. 끓이기를 잘하는 사람들이 들어가게 된답니다. 물이나 붓고 끓였으면 좋겠는데 물도 붓지 않고 바가지만 긁는 사람, 이런 사람이 들어가는 지옥이 화탕지옥입니다.

그럼 어떻게 이 지옥을 소멸한다고 말합니까. 끓이기를 잘하는 사람들의 마음을 없애주면 곧 화탕지옥이 없어지게 되는 것입니다.

다음은 일반 지옥입니다. 지옥은 땅밑에 덮여있어 문이 없습니다. 사람은 누구나 여섯 개의 문을 가지고 삽니다. 눈·귀·코·혀·몸·뜻의 여섯 개의 문을 활짝 열고 살면 누구나 왕래하는데 큰 장애를 느끼지 아니할 것인데, 자기도 드나들기 어려운 정도로 문을 닫고 살면서 조그만 일만 보아도 화를 내게 되니, 장차 이는 지옥 종자가 되고 맙니다. 그래서 관세음보살은 6근문을 활짝 열어 지옥의 종자들을 소멸하고 다니는 것입니다.

원문에 보면 화탕지옥을 소멸한다 하여 '아약향화탕 화탕자소멸'로 되고 '아약향지옥 지옥자고갈'로 되어 있으나 끓는 물 지옥은 마르고 일반 지옥은 없어진다 라고 생각되므로 저는 이 글을 바꿔서 '아약향화탕 화탕자고갈, 아약향지옥 지옥자소멸'로 읽고 있습니다. 한 번 생각해 보시고 그것이 맞겠다 생각되시면 그렇게 읽으십시오.

다음은 아귀입니다. 아귀란 배고픈 귀신입니다. 내 목구멍만 알고 선영박대하고 형제가 우애하지 않다가 죽은 자가 귀신이 되어 태어나는 문입니다. 그러므로 항상 그들은 배가 고파 헐떡거리고 있습니다. 뭐든지 보면 내 밥 내 밥하고 눈에 불을 켜고 덤벙거리기 때문에, 좋은 음식도 아귀가 보기만 하면 불로 변합니다. 그런데 관세음보살은 이를 보는 아귀를 저절로 배부르게 만들어 주겠다고 서원하신 것입니다. 참으로 장하신 분입니다. 박수 한 번 보내 주세요.

다음은 아수라 깡패입니다. 인도 말로 아(阿)는 없다는 말이고 수라(修羅)는 술입니다. 그러니까 아수라하면 술을 마시지 않는 분들이고, 또 그 세계에서는 술을 쓰지 않는 곳입니다. 사람이 술도 한 잔씩 하면서 대화를 나누면 맺혔던 일도 풀어지게 되어 있는데, 술 한 모금 하지 않고 꽁한 마음으로 남의 잘못만을 밝히면서, 자기 고집만 부리고 있으면 죽은 뒤에 아수라가 된답니다. 아수라의 종류는 하늘수라(天修羅)·허공수라(空修羅)·땅수라(地修羅)·바다수라(海修羅)의 4종이 있는데, 이 세상에서는 제일 아름다운 여인을 왕으로 모시고 산답니다.

그런데 하늘에서는 제석천왕이 3천 궁녀를 데리고 살고 있으면서도 늘 만족치 못한 마음으로 생활합니다. 그래서 대보름날 무도회에 나왔던 제석천왕이 술이 취해 '야 이 세상에 여인이 저들 뿐이냐'고 하면 시위하는 군대들이 '아수라의 여왕이 있습니다'고 하면 '즉시 가서 데려오라'고 한답니다. 그러면 술이 취해 춤추고 놀이하던 제석천왕의 군대들이 7보의 무기를 가지고 지상에 내려옵니다. 이때 아수라들은 술을 마시지 않았기 때문에 청정한 모습으로 천수라는 하늘에서, 허공수라는 허공에서, 지수라는 땅에서, 해수라는 바다에서 각각 인해전술을 써서 제석천왕의 군대들을 모두 몰아내 버립니다. 그때 떨어진 파편이 지상에 떨어져 금·은·유리·자거·마노·진주 등 7보가 되었다고 합니다.

그래서 이것들을 보면 귀물이라 탐을 내기도 하지만 많이 가지고 있으면, 꼭 아수라 깡패 도적들이 뒤를 따라 다니며 시기 질투하여, 싸움이 일어나게 된다는 것입니다. 관세음보살은 이렇게 술을 마시지 않고 철두철미 악심으로 모든 것을 정복하는 아수라들의 악한 마음을 모두 조복 받겠다고 서원하신 것입니다.

끝으로 축생은 어리석은 중생을 말합니다. 아침부터 저녁까지 일만하고 돈만 버는 것으로 재미를 삼는 사람들, 자기 주관은 털끗만큼도 없고 오직 남이 시키는 대로만 일을 하는 어리석은 사람, 이런 사람이 죽으면 축생이 된다는 것입니다. 보십시오. 한문글자로 축(畜)자는 가물현(玄)자 밑에 밭전(田)을 하지 않았습니까. 가물가물한 밭을 아침부터 저녁까지 간 뒤 주인이 '이랴' 하면 이리 가고 '저랴' 하면 저리 가되, 온몸을 쟁기로 얽어매고 혼자 가는 법이 없습니다. 저녁 때가 되면 그만 멍에를 풀어 집으로 데리고 와 죽 한 숟갈 먹이고 재웁니다. 또 이튿날이 되면 잠을 깨워 들로 몰고 나갑니다. 이렇게 일생을 지내는 것이 축생입니다.

그러면 소만 축생노릇을 하고 있습니까. 직장에 다니는 사람도 아침에 잠을 깨서 밥을 먹여 보내면 가방 하나 들고 나갔다가 저녁 때가 되면 돌아옵니다. 직장에 나가면 상사들이 시키는대로 일을 하다가 그만 돌아오지요. 자기주관이라는 것은 거의 없습니다. 일생을 이렇게 왔다 갔다 하다보면 자기도 모른 사이에 인간축생이 되어 버리고 맙니다. 무엇 때문에 일을 하는지 아니 왔다 갔다 해야 하는 것인지를 알면 곧 지혜인이 될텐데, 그래서 관세음보살은 모든 중생들에게 삶의 보람과 영광을 안겨 주기 위해서 지혜를 개발해 주겠다고 맹세하신 것입니다. 이와 같이 관세음보살은 10개 서원을 가지고 보살행을 하고 있는 것입니다.

다음에는 관세음의 명호를 알아보기로 하겠습니다.

〈일본 경도국립박물관 소장 아미타여래상(阿彌陀如來像)〉

# 5. 십대이명(十大異名)과 일대사존(一大師尊)

## (1) 십대이명(十大異名)

〔원문〕 나무관세음보살마하살(南無觀世音菩薩摩訶薩)
　　　　나무대세지보살마하살(南無大勢至菩薩摩訶薩)
　　　　나무천수보살마하살(南無千手菩薩摩訶薩)
　　　　나무여의륜보살마하살(南無如意輪菩薩摩訶薩)
　　　　나무대륜보살마하살(南無大輪菩薩摩訶薩)
　　　　나무관자재보살마하살(南無觀自在菩薩摩訶薩)
　　　　나무정취보살마하살(南無正趣菩薩摩訶薩)
　　　　나무만월보살마하살(南無滿月菩薩摩訶薩)
　　　　나무수월보살마하살(南無水月菩薩摩訶薩)
　　　　나무군다리보살마하살(南無軍茶利菩薩摩訶薩)
　　　　나무십일면보살마하살(南無十一面菩薩摩訶薩)
　　　　나무제대보살마하살(南無諸大菩薩摩訶薩)
　　　　나무본사아미타불(南無本師阿彌陀佛)

〔역문〕 관세음보살 큰 보살님께 귀의합니다.
　　　　대세지보살 큰 보살님께 귀의합니다.
　　　　천수보살 큰 보살님께 귀의합니다.
　　　　여의륜보살 큰 보살님께 귀의합니다.
　　　　대륜보살 큰 보살님께 귀의합니다.
　　　　관자재보살 큰 보살님께 귀의합니다.
　　　　정취보살 큰 보살님께 귀의합니다.
　　　　만월보살 큰 보살님께 귀의합니다.

수월보살 큰 보살님께 귀의합니다.
군다리보살 큰 보살님께 귀의합니다.
십일면보살 큰 보살님께 귀의합니다.
모든 보살 큰 보살님께 귀의합니다.
본사 아미타 부처님께 귀의합니다.


  이곳은 관세음보살의 열 가지 다른 이름과 근본 스승이신 아미타부처
님께 귀의한 곳입니다.
  관세음보살의 명호는 여러 가지가 있습니다.
  ① 천수천안(千手千眼) ② 성(聖) ③ 마두(馬頭) ④ 십일면(十一面) ⑤
준제(准提) ⑥ 여의륜(如意輪) ⑦ 연화(蓮華) ⑧ 용현(龍現) ⑨ 시약(施
藥) ⑩ 어람(魚籃) ⑪ 덕왕(德王) ⑫ 수월(水月) ⑬ 일엽(一葉) ⑭ 청경
(靑頸) ⑮ 위덕(威德) ⑯ 연명(延命) ⑰ 중보(衆寶) ⑱ 암호(岩戶) ⑲ 능
정(能淨) ⑳ 아뇩(阿耨) ㉑ 아마제(阿摩提) ㉒ 엽의(葉衣) ㉓ 유리(瑠璃)
㉔ 다라존(多羅尊) ㉕ 합리(蛤蜊) ㉖ 육시(六時) ㉗ 보자(普慈) ㉘ 마랑
부(馬郞婦) ㉙ 합장(合掌) ㉚ 일여(一如) ㉛ 불이(不二) ㉜ 지련(持蓮)
㉝ 쇄수(灑水) 등 33관음도 있습니다.
  앞의 것을 6관음(먼저 여섯 분) 또는 7관음(그 다음 한 분을 합쳐)이
라 하고, 뒤에 것을 33관음이라 합니다. 6 내지 7관음은 교화의 경계에
따라 구분한 이름이고, 33관음은 상호의 특징에 따라 지어진 이름입니
다. 말하자면 먼저 6·7관음은 모두 10계(界) 중생 가운데 미계(迷界)의
6계 중생, 즉 지옥·아귀·축생·수라·인·천 중생을 제도하는 관세음
보살입니다.
  ① 천수천안관세음보살은 천 개의 손과 천 개의 눈을 가지고 지옥중
    생을 구제하시는 관세음보살입니다. 사실 이 관음은 천하 일체의
    모든 중생을 제도하는 만능력(萬能力)을 가지고 있으나, 특히 지옥

중생의 교화에 치우치고 있으므로 대비(大悲)보살이란 별명을 가지고 있고, 중앙의 두 손은 합장의 계인(契印)을 하고 있는 것이 특징입니다.

② 성관음은 아귀도의 중생을 제도하는 관세음보살입니다. 성관음은 대비의 총체로서 근본적으로 움직이지 않는 관음이나 다른 관음에 비교하여 붙여진 이름입니다. 상호는 머리 위에 아미타불을 모시고, 몸에는 천의(天衣)를 입고 목에는 염주와 같은 영락을 걸고 반나(半裸)의 상으로서, 왼손에는 연꽃 봉우리를 들고, 오른손은 그 연봉을 헤치려는 시무외인(施無畏印)을 하고 있습니다. 왼손은 중생계를 표현하고 오른손은 불계(佛界)를 표한 것이니, 곧 부처님의 자비한 몸으로 중생의 번뇌망상을 헤쳐주는 것을 표현한 것입니다.

③ 마두관음은 축생도를 담당한 관음보살입니다. 이 관음은 부동존(不動尊)여래와 같이 무섭게 분노의 상호를 하고 머리 위에는 흰 말머리(白頭馬)를 이고 앉아 있는 것이 특징이며, 삼면육비(三面六臂)도 있는데, 각 손에는 도끼(斧鉞)·보검(寶劍)·금강저(金剛杵) 등을 가지고 있는 것이 특징입니다. 이 관음은 전륜성왕(轉輪聖王)이 말을 타고 질풍같이 달려 중생의 마장(魔障)을 굴복시키는 동시에 큰 자비를 베푸는 것을 표하고 있습니다. 보검은 귀신의 난을, 금강저는 원적을, 도끼는 관청의 난을 끊어 없애주는 것을 상징하고 있습니다.

④ 11면관음은 수라도를 담당한 관세음보살입니다. 이 관음은 머리 위에 9면이 있고, 그 정상에 1면이 있어 본면과 합해서 모두 11면이 됩니다. 이것은 중생의 11품 무명(無明)을 끊고 11지(地)의 불과위(佛果位)를 얻는 것을 상징하고 있습니다. 이 보살님의 상호는 손에 병(軍持)과 수주(數珠)를 가지고 있는데, 병은 소원성취와 평화를, 수주는 중생의 번뇌 끊는 것을 상징하고 있습니다. 이 보

살에게는 특별히 소원을 성취하는 수원즉다라니(隨願卽陁羅尼)가 있으니 '옴 마하 가로니가 사바하'가 그것입니다. 이 진언을 외우면 천수다라니를 외우는 공덕과 같다고 합니다.

⑤ 준제관음도 인도, 즉 인류를 구제하는 관음보살입니다. 밀교에서는 7억(俱胝) 부처님의 어머니, 즉 마야라 부르고 있으며, 3목 2비(三目二臂) 혹은 4비·6비·10비·18비·32비·82비 등 많은 팔을 갖추고 있습니다. 3목은 중생의 3장(障), 즉 혹(惑)·업(業)·고(苦)를 제멸하며 중생의 심성을 맑고 깨끗하게 하는 것을 특징으로 하는데 마두관음이 남성적임에 대하여 이 관음은 여성적으로 많이 표현하고 있습니다.

⑥ 여의륜관음은 천상에 있는 천도중생들을 교화하는 관음입니다. 여의보주(如意寶珠)삼매에 들어서 여의보주로 법륜을 굴려 자비심으로서 능히 중생의 고통을 구제하고, 세·출세간에 똑같이 이익을 주는 보살입니다. 형상은 6비좌상(臂坐像)을 하고 있는 것이 보통인데 6도 중생을 6바라밀로 구제하는 것을 상징하고 있다고 합니다.

⑦ 불공견색관음은 통칭 생사윤회중생을 구제하는 보살입니다. 불공(不空)이란 마음으로 원하는 바가 공하여 헛되지 않는다는 뜻이고, 견색(絹索)의 견(絹)은 새나 짐승을 잡는 그물을 뜻하고, 색(索)은 고기를 낚는 낚싯줄을 뜻하니 던져서 고해중생을 낚아낸다는 뜻입니다. 이 보살은 보시(布施)·애어(愛語)·이행(利行)·동사(同事)의 4섭법(攝法)으로서 고해중생을 제도하는데 1면 2비·3면 4비·3면 8비의 형상을 가지고 있습니다.

그리고 33관음은 중국의 문인묵객(文人墨客)들이 광대무변한 관세음의 묘지력(妙智力)을 찬탄한 문장 가운데 나타낸 관음이며, 혹 회화나 조각 가운데 나타난 관음의 응화신(應化身)을 이에 배대하여 설명한 것입니다.

① 양유관음은 봄바람 버들가지 아래 앉아 계신 관음, 혹은 오른손에 버들가지를 들고 왼손을 젖가슴 위에 올려 대자비의 모습을 갖추고 있는 관음,

② 용두관음은 구름속에서 용을 타고 있는 모습을 하고 있는 관음,

③ 지경관음은 성문의 형상으로 바위 위에 앉아서 경책을 가지고 있다는 관음,

④ 원광관음은 몸 뒤에 둥근 배광(背光)이 있는 관음,

⑤ 유희관음은 구름을 타고 왼손을 한쪽 무릎에 놓고 법계를 마음대로 유희하는 관음,

⑥ 백의관음은 항상 흰 옷을 입고 선정의 인(定印)을 맺고 흰 연잎 위에 앉아 있는 관음,

⑦ 연화관음은 하얀 연잎 위에 앉아 있는 관음,

⑧ 용현관음은 폭포를 보면서 바위에 기대고 있는 관음,

⑨ 시약관음은 약병을 들고 중생을 살피고 있는 관음,

⑩ 어람관음은 물고기가 든 바구니를 들고 있는 관음,

⑪ 덕왕관음은 가부좌를 맺고 왼손을 무릎 위에 놓고 오른손에는 버들가지를 들고 바위 위에 앉아 있는 관음,

⑫ 수월관음은 달이 비친 바다 위에 한 잎의 연꽃을 타고 물 속의 달을 보며 왼손에는 연봉을 들고 오른손에는 시무외의 인을 하고 있는 관음,

⑬ 일엽관음은 물에 뜬 한 잎 연꽃에 앉아 있는 관음,

⑭ 청경관음은 버들가지가 꽂혀있는 병을 옆에 놓고 바위에 기대어 앉아 있는 관음,

⑮ 위덕관음은 왼손에는 금강저를 가지고 있고 오른손에는 연꽃을 가지고 있는 관음,

⑯ 연명관음은 물 가운데 있는 바위에 기대고 있는 관음,

⑰ 중보관음은 약간 왼쪽을 바라보면서 편히 앉은 장자신(長者身)의 관음,

⑱ 암호관음은 암굴 속에 있는 관음,

⑲ 능정관음은 바위에 기대고 바다를 향해 고요히 앉아 있는 관음,

⑳ 아뇩관음은 바위에 앉아 바다를 내려다 보고 있는 관음,

㉑ 아마제관음은 무애의 선비처럼 바위에 앉아 있는 관음,

㉒ 엽의관음은 풀을 깔고 바위에 앉아 있는 관음,

㉓ 유리관음은 한 송이 연꽃을 타고 물위에 편히 두 손으로 향로를 받들고 있는 관음,

㉔ 다라존관음은 구름 위에서 손에 푸른 연을 가지고 있는 관음,

㉕ 합리관음은 조개껍질 가운데 선 관음,

㉖ 6시관음은 패다라 나뭇잎에 써진 경본을 가지고 있는 관음,

㉗ 보좌관음은 옷이 바람에 휘날리고 있는 자태의 관음,

㉘ 마랑부관음은 부녀의 모습을 하고 있는 관음,

㉙ 합장관음은 합장하고 서 있는 관음,

㉚ 일여관음은 구름 속을 날아가는 관음,

㉛ 불이관음은 두 손을 포개고 연잎을 타고 물위에 떠있는 관음,

㉜ 지련관음은 연봉위에 서서 한 줄기의 연꽃을 쥐고 있는 관음,

㉝ 새수관음은 왼손엔 발우를 들고 오른손에는 버들가지를 쥐고 땅위에 서 있는 관음.

이 외에도 밀교에서는 25관음·28관음·40관음을 설하고 있습니다. 그런데 여기 ≪천수경≫에 나타나는 10대 관음은 이들 모든 관음을 대표한 관음이니 첫 번째, 관세음은 관세음의 총칭이고, 두 번째, 천수관음은 천수천안관세음보살을 약칭한 것이며, 세 번째, 여의륜은 7관음 중 여의륜보살을 말하고, 네 번째, 대륜은 법륜을 크게 굴리는 보살을 말합니다. 그리고 다섯 번째, 관자재는 자재신통의 관음을 말하고, 정취관음은 중생을 바른 길로 나아가게 하는 관음이고, 만월관음은 그 상호가 둥근 달과 같아 어두운 길을 밝혀주는 관음이며, 수월관음은 33관음 중 제12번째의 관음이고, 군다리관음은 약병든 관세음을 말하고, 11면관음은 11면 관세음을 말합니다. 그리고 제대보살은 모든 보살들을 총칭한 것입니다.

보살(菩薩)이란 범어 Bodhi-Sattva입니다. 보리(Bodhi)는 깨달음이고 살타(Sattva)는 중생입니다. 그래서 보살은 미완성의 대명사로 볼 때는 깨달을 중생, 완성의 대명사로 쓸 때는 깨달은 중생이라 합니다. 따라서 위로는 불도를 구하고 아래로는 중생을 건지는 교사적(敎師的) 입장에서 해설하기도 합니다. 그리고 여기에 마하살(摩訶薩)은 큰 보살이므로 위대한 스승, 마음을 크게 쓰는 중생(大心衆生), 박사님이란 뜻이 됩니다.

관세음보살은 이와 같이 큰 마음을 내어서 한량없는 중생들을 제도하는 박사님이 되어 있으므로 보살마하살이라 부르는 것입니다. 이 외에도 ≪성관자재보살일백팔명경≫에는 관세음보살마하살의 다른 이름이 일백여덟 분이나 나옵니다.

## (2) 일대사존(一大師尊)

아미타 부처님은 관세음보살의 근본 스승이십니다. 현재 극락세계에서 그의 시종을 들고 있는 분이 관세음이기 때문입니다.

아미타불은 극락세계의 주불(主佛)이십니다. 옛날 세자재왕(世自在王) 부처님께서 이 세상에 나오셨을 때, 그는 한 임금으로 있었는데 발심 출가하여 법장(法藏)비구가 된 뒤에, 마흔여덟 가지 원을 세워 그것을 성취하여 아미타불이 되어 극락세계의 주인이 되신 것입니다. 극락세계는 밤과 낮이 없고 의·식·주에 대한 걱정이 없으며, 무량한 지혜와 복덕으로 조성되어 근심 걱정이 없으므로 극락이라 부르게 된 것입니다.

아미타(Amitābha)라는 말은 무량수(無量壽)·무량광(無量光)이란 말인데 수명이 한량없어 무량수라 하고 지혜가 한량이 없어 무량광이라고도 합니다. 건강과 지혜, 이것은 인간의 공통된 발원인데 그는 이 무량한 법성(法性)을 증득 함으로써 무량한 보신국토(報身國土)를 마련하여 한량없는 중생들을 이끌어 주고 있습니다. 그러므로 그 거룩한 부처님께 귀의한다 하여 나무본사아미타불이라고 한 것입니다.

그런데 <천수천안관세음보살대비심다라니>에서는 10대 3향의 원향(願向)을 마음속 깊이 다짐하고 있어서 관세음보살의 근본 스승이신 아미타불께 거듭거듭 귀의한 다음에 주문을 외우라고 하였습니다.

# 제6강 다라니(□羅尼) 본문

## 1. 여러 가지 경본(經本)의 차이점

천수다라니가 들어있는 여러 가지 경전을 보면 다라니의 명칭만 다를 뿐 아니라 경의 체제 내용까지도 다른 것이 많습니다. 범문(梵文) 다라니는 그만 두고라도 한문으로 음역된 장구(章句)의 장단을 비교하여 보면 짧은 것은 말귀(語句)가 40구로부터 긴 것은 113구까지 되는 것이 있습니다.

첫째, 당나라 불공(唐, 不空) 삼장이 번역한 ≪천수천안관세음보살대비심다라니경≫은 84구로 되어 있고,

둘째, 당나라 가범달마(唐, 伽梵達摩)스님께서 번역하신 ≪천수천안관세음보살광대원만무애대비심다라니경≫에는 82구로 나오고,

셋째, 당나라 보리유지(唐, 菩提流支)스님께서 번역한 ≪천수천안관세음보살모다라니신주경≫에는 94구로 나오고,

넷째, 당나라 금강지(唐, 金剛智)스님께서 번역하신 ≪천수천안관세음보살대선주본≫과 ≪천수천안관자재보살과대원만무애대비심다라니주본≫에 의해서 보면 113구나 되며,

다섯째, 당나라 지통(唐, 智通)스님께서 번역하신 ≪천수천비관세음보살다라니신주경≫에 의하면 94구가 되고,

世尊聖者千眼千首千足千舌千
臂觀自在菩提埵怛嚩廣大圓
滿無礙大悲心陀羅尼

番大悲神呪

〈번역자를 알 수 없는 두 가지 천수경 원본〉

여섯째, 당나라 불공스님께서 ≪금강정유가천수천안관자재보살수행의 궤경≫에 보면 40구가 나오고,

일곱째, 역자 미상(未詳)의 ≪번대비신주(番大悲神呪)≫와 ≪세존성자 천안천수천설천비관자재보리살타달박광대원만무애대비심다라니≫에 도 각각 어구가 달리 나옵니다.

이 가운데서도 첫 번째 불공스님께서 번역한 것과 두 번째 가범달마 스님께서 번역한 두 가지 종류만 장구와 내용이 같을 뿐 다른 것은 모두 장구는 물론 내용까지도 다릅니다. 특히 오늘날 우리가 받아 읽고 있는 천수대비주와 일치하는 것은 더구나 찾아볼 수 없습니다. 아마 이것은 오랫동안 전승되어 오는 사이에 많은 변화를 가져온 데 원인이 있지 않 나 생각됩니다.

그러니 종교란 그 내용도 내용이지만 실천이 더욱 중요한 문제이므로 신앙을 본위로 한 현금 우리들이 읽고 있는 천수주문을 중심으로 해서 그 글귀가 내포하는 의미를 약간 더듬어 보기로 하겠습니다.


## 2. 다라니의 본제(本題)

이 다라니의 근본 제목은 신묘장구(神妙章句)입니다. 신묘장구란 신통 묘용을 일으키는 글귀라는 뜻입니다. 신통묘용의 글귀란 이 글귀를 외우 므로 신통의 묘한 작용을 불러 일으켜서 인생의 참된 삶을 실천할 수 있 기 때문입니다. ≪천수경≫에는 부처님의 한량없는 자비(慈悲)·광명(光 明)·해탈(解脫)·약왕(藥王)·신통(神通)의 종자가 들어 있습니다. 부처 님은 "이 경전을 읽는 이는 이같은 종자를 싹틔워 백·천·만 배의 복덕 을 수확할 수 있다"고 말씀하시고 계십니다. 왜냐하면 이 다라니는 여래 의 평등심(平等心)이고, 무위심(無爲心)이며, 무염착심(無染着心)이고, 공

관심(空觀心)이며, 무상보리심(無上菩提心)으로서 백천삼매(百千三昧)가 그 속에 다 들어 있고, 대비신력(大悲神力)이 이 가운데 갖추어져 있어 어떠한 장애도 액난도 미치지 못하기 때문이라는 것입니다.

사람이 어디 가서나 큰 사람 노릇을 못하는 것은 크고, 넓고, 원만하고, 걸림없는 대비의 마음을 쓰지 못하는 까닭입니다. 원만한 마음은 하염없는 마음과 염착이 없는 마음, 텅 빈 마음, 깨닫는 마음 속에서만 나옵니다.

그런데 ≪천수경≫ 속에는 이와 같은 온갖 공덕을 다 갖추어, 무애자재한 인간생활을 창조적으로 실천할 수 있는 힘을 갖추고 있다는 것입니다. 그러니 여러분은 열심히 독송하십시오. 그리고 실천하십시오.

마음이 컴컴하여 답답한 사람, 마음이 소잡하여 늘 화를 잘 내는 사람, 보이지 않는 창살 속에 올가미 생활을 면치 못하는 사람, 병고에 시달리면서도 어진 의사와 약을 얻지 못한 사람, 신통을 부려서 하늘을 날고 물위를 마음대로 걷고 싶은 사람은, 마땅히 ≪천수경≫을 읽으십시오.

한 번 읽으면 마음이 서머서먹 해지고, 두 번 읽으면 마음이 덤덤해지며, 세 번 읽으면 약간 조급심이 나고, 다섯 번 읽으면 오히려 답답한 기가 생기다가, 열 번 읽으면 서먹한 마음이 가시고, 백 번 읽으면 덤덤한 마음이 가시고, 천 번 읽으면 조급심이 가시고, 만 번 읽으면 답답한 마음이 아주 싹 가시고 환희심이 생깁니다.

또 십만독을 하면 마음에 자비 광명이 솟아나 멀었던 눈이 트이고, 백만독을 하면 해탈 신통을 얻어 보는 것이 모두 극락 아님이 없으며, 천만독을 하면 약왕이 되어 모든 병자를 마음대로 치료하고, 억만독을 하면 하염없는 마음 가운데 일체의 염착심이 끊어지고 텅 빈 마음을 얻어서, 무상보리심을 깨달아 부처님이 된다고 하였습니다.

세상에 어떤 공덕이 이보다 더 큰 것이 있으며, 세상에 어떤 복덕이 이보다 더 큰 복덕이 있겠습니까.

대승불교도를 자칭하는 사람들 가운데는 ≪천수경≫은 소승들이나 외우는 글이라 하고, 참선하는 사람은 경전이란 쓸데없는 분별심을 조작하는 것이므로, 문자를 의지할 필요가 없다고 말하고 있지만, 일구일자(一句一字)가 모두 부처님의 하염없는 마음 가운데서 나온 것이므로 부처님 마음 아닌 것이 없고 대승심 아닌 것이 없습니다. 한 글자를 의지하지 않아도 마음에 분별심이 있는 자는 참선을 하는 사람이 못되고, 대승을 실천한다고 말로는 하면서도 소승을 업신여기는 자는 대승이 아닙니다. 왜냐하면 대승은 크고 큰 마음으로 일체 중생을 공경 존중하며 업신여기지 않는 것이고, 참선은 그렇게 공경 존중하고 업신여기지 아니하면서도 공경 존중하고, 업신여기지 아니한다는 마음도 갖지 않는 것이기 때문입니다.

집집의 문이 각각 생김새는 달라도 모두가 장안(長安)으로 트인 것은 틀림이 없습니다. 문을 보고 크고 작은 것을 논하지 말고 장안만 보고 나아가면, 부처님의 신통이 그 안에서 나타나서 장안의 온갖 보물을 마음대로 수용하게 될 것입니다. 그러니 일체의 분별과 사량을 놓아버리고 오직 ≪천수경≫을 읽으십시오. 일즉일체(一卽一切)요 일체즉일(一切卽一)입니다. 하나를 통하면 전체에 통하는 진리가 불법입니다.

관세음보살이 말씀하셨습니다. "이 경전은 중생으로 하여금 안락을 얻게 하기 위해 설하고, 일체 병을 없애기 위해 설하고, 수명을 얻게 하기 위하여 설하고, 풍요를 얻게 하기 위하여 설하고, 악업중죄를 멸해 주기 위하여 설하고, 모든 장난(障難)을 없애주기 위하여 설하고, 일체 청정한 법과 모든 공덕을 증장시켜주기 위하여 설하고, 일체 착한 일을 성취시켜주기 위하여 설하고, 모든 소원을 만족시켜주기 위하여 설한다"고 말입니다. 관세음보살이 어찌 거짓말을 하시겠습니까.

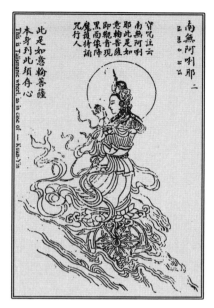

　그러므로 마음이 불안한 자가 이 경을 읽으면 마땅히 안락을 얻을 것이고, 병고에 시달리는 자가 이 경을 읽으면 마땅히 병을 여의고 수명을 증장할 것입니다. 가난에 쪼들리는 자, 악업중죄에 시달리는 자, 사업에 장애가 많은 자, 모든 공덕과 선업 소원을 성취하고자 원하는 자는 마땅히 의심없이 이경을 읽으십시오. 하룻 저녁에 3·7편(21번) 내지 7·7편(49번)만 읽으면 백천만억겁 동안에 지은 생사중죄가 모두 소멸된다고 하였습니다. 의심하지 마십시오. 신앙은 믿음입니다. 인간은 확신을 얻을 때 본래의 마음을 깨달을 수 있는 것입니다. 무서운 암환자가 이 경을 읽고 산 사람이 있고, 십년동안 눈이 어두워 고통을 당하다가 이 경을 읽고 눈을 뜬 사람도 있습니다. 한탄 근심은 병을 더하게 하고 명랑한 마음으로 경전을 읽는 자는 즐거움이 많아질 것입니다.

## 3. 다라니 해설

### (1) 제1구 나모라다나다라야야

그럼 우리 다함께 먼저 큰 소리로 신묘장구를 독송해 봅시다.

이렇게 재미있게 근엄한 마음으로 잘 읽으면 저절로 신명이 납니다.

이 다라니의 맨 첫 글귀는 '나모라 다나 다라야야'입니다.

'나모라 다나 다라야야'는 인도말 'namo ratna trayāya'를 중국사람들이 '南無 喝囉怛那 娜哆囉夜哪'로 음역한 것을 우리말로 음사(音寫)하여 놓은 것입니다. 이 진언은 관세음보살님의 마음 쓰는 것을 보이신 진언이므로, 그림으로 ≪천수경≫을 그린 화천수(畵千手)에서는 물 속에서 안개가 일어나듯 '나지막한 목소리로 근엄 정중하게 읽어야 한다'고 하였습니다.

'나모(namo)'는 앞의 5방내외 안위제신진언에서 설명한 바와 같이 귀의(歸依) 귀명(歸命)의 뜻이며,

'라다나(ratna)'는 베다(吠陀)에서는 증물(贈物)・재산・부(富)의 뜻으로 이해하고 있고, 중국사람들은 그것을 재보(財寶)・보석・진주 등으로 번역하였습니다. 그러니 글을 뜻으로 취해 보면 부와 재물은 인간의 생활을 가장 훌륭하게 만드는 도구가 되므로 '가장 훌륭한(最勝)' '가장 거룩한(最上)' 뜻으로 이해 하였습니다.

그리고 '다라야야(trayāya)'는 보호자, 또는 보호한다는 뜻이 들어 있습니다.

그러므로 '나모라 다나 다라야야'는 '가장 거룩한 보호자님께 귀의합니다'의 뜻이 되지만, 정태혁교수님께서는 '귀의하옵나이다'라고 그냥 번역하셨습니다.

그러면 귀의의 대상인 거룩한 이란 누구입니까. 그야 물어볼 것도 없이 관세음보살의 본사, 즉 대자대비한 마음인 관세음부처입니다.

## (2) 제2구 나막알약 바로기제—

다음 제2구는 '나막알약 바로기제새바라라야 모지사다바야 마하사다바야 마하가로니가야'까지입니다.

범어로는 'namah āryāvalokiteśvarāya bodhisattvāya mahāsattvāya mahākārunikāya'인데 중국사람들은 '南無 阿唎耶波盧羯帝 爍鉢囉耶 菩提薩埵婆耶 摩訶薩埵婆耶 摩訶迦盧尼迦耶'로 표기하였습니다.

나막(namah)은 나무(namo)와 같은 뜻이고,

알약바로기제새바라야(āryāvalokiteśvarāya)는 관세음의 본명이며,

모지사다바야(bodhisattvāya)는 보살의 원음이고,

마하사다바야(mahāsattvāya)는 큰 보살님이란 뜻이며,

마하가로니가야(mahākārunikāya)는 크게 불쌍히 여기시는 이(悲), 크게 사랑하는 이(慈), 어여삐 생각하는 이(矜恤) 등 여러 가지로 해석합니다.

그러므로 '나막알약 바로기제새바라라야 모지사다바야 마하사다바야 마하가로니가야'는, '거룩하신 관자재보살님, 크게 불쌍히 여기고 사랑하는 어른님께 귀의 하옵나이다'의 뜻이니, 쉽게 번역하면 '대자대비 관세음보살님께 귀의합니다'의 뜻입니다.

화천수(畵千手)에서는 '나막 알약·바로기제새바라야와 모지사다바야·마하사다바야·마하가로니가야'를 각각 떼어 그림을 그리고 설명을 달리하였습니다.

즉 '나막 알약'은 여의륜(如意輪)보살의 본신을 가르킨 진언이니 '정성스러운 마음으로 읽으라'고 하고, 그렇게 하면 사리나 영골이 나온다고 하였으며, '바로기제새바라야'는 발우를 가지고 계신 관세음보살님, 즉 사리를 거두어 발우 속에 넣고 있는 관세음보살님이라 하고, 이 글을 외우면 중생의 수명이 길어진다고 하였습니다.

'모지사다바야'는 불공견색보살이 천병(天兵)을 거느리고 있는 모습을

그리고, 불공(不空)의 낚싯줄에 불법의 연꽃을 미끼로 하여 중생을 낚아 해탈시키는 것이라고 설명하였습니다.

그리고 '마하사다바야'에는 관음보살이 스스로 주문을 외우는 모습을 그리고, 보살의 근본 마음자리를 나타낸 것이므로 이 글을 외우면 널리 중생들이 보리심을 발한다고 하였고, '마하가로니가야'는 관음의 전신이 마두관음으로 나타나 일체 병고를 모두 소멸해주는 모습을 그려놓고 이 진언은 '마두관음의 본신을 나타낸 진언'이라고 하였습니다.

이러한 그림들이 어떻게 나왔는지는 알 수 없으나, 본래 이 진언의 근본 어미(語味)와는 별로 상관이 없는 것같이 느껴집니다. 그러나 이 그림을 통하여 천수의 본원을 성취시키고자 시도한 화천수의 저작자를 나무랄 수는 없습니다. 관음의 자재한 모습은 그 뜻이 불공(不空)이기 때문에 어느 곳에 갖다 두어도 맞지 않는 것이 없습니다.

## (3) 제3구 옴 살바바예수―

다음 제3구는 '옴 살바바예수 다라나가라야 다사명 나막까리다바 이맘 알야바로기제 새바라다바"까지입니다.

범어로는 "oṁ sarvabhayeṣu trāna-karāya tasmai mamas kṛtvā imam āryāvalokite śvaratva"로 쓰고,

한음(漢音)으로는 '唵 薩皤囉罰曳數 怛囉那迦囉耶 斁思每 南無悉 吉利埵伊蒙 阿喇喠 婆盧吉帝室佛囉㘄馱婆'로 표기하였습니다.

'옴(oṁ)'은 아·오·마, 즉 생명의 소리로서 시작과 유지, 종국의 뜻임을 이미 말씀드린 바 있습니다. 그러나 여기서는 모든 귀신들이 합장하고 외우는 송주를 듣는 모습을 그리고, 여래께서 여러 해 동안 수행하였으나 깨달음을 얻지 못하자, 이 주문을 관하고 즉시 바른 개달음을 얻었기 때문에 이 옴자에는 한량없는 법문이 들어있다고 하였습니다.

살바바예수 할 때 '살바(sarva)'는 전체 일체의 뜻이고, '바예수(bhayeṣu)'

는 장애·공포·두려움의 뜻이 있으므로 '살바바예수'는 일체의 두려움이 됩니다. 화천수에서는 관세음보살이 4천왕의 몸을 나투어 마군들을 항복받는 것으로 그려지고 있습니다.

'다라나(trāna)'는 보호·방호·피난처의 뜻입니다. 화천수에서는 4대천왕에 소속된 귀신의 이름으로 이해하고 있으며, 이 주문을 외우면 첫째는 질서가 잡히고, 둘째는 나쁜 마음이 착해지며, 셋째는 가난한 사람이 부자가 되는 업보를 받는다고 하였습니다.

'가라야(karāya)'는 고난, '다사명(tasmai)'은 구한다 건진다의 뜻이 있습니다.

화천수에서 이것은 용수의 분신으로, 이 주문을 외우면 성질이 누구러져 처자와 부귀를 함께 갖출 수 있다고 하였습니다.

그러므로 '옴 살바바예수 다라나가라야 다사명'을 번역하면, '옴, 일체의 두려움 속에서 구해주시는~' 뜻이 됩니다. 왜 그렇게 되느냐 하면, 화천수에서 밝힌 바와 같이 일체 언어의 근본이 되는 원리를 깨달음으로써, 모든 귀신을 항복받고 4천왕과 그 부하들의 보호를 받아 급한 성미가 이미 없어졌기 때문입니다.

'나막(mamas)'은 나모와 같은 뜻으로 귀의한다 귀의하면의 뜻이 있고,

'까리다바(krtvā)'는 위엄있는 힘이 있는 뜻이고,

'이맘(imam)'은 거룩한 이, 즉 성인의 뜻이 있습니다.

그리고 '알약바로기제새바라다바(āryāvalokiteśvaratva)'는 관자재를 의미합니다.

화천수에서는 원만보신노사나불로 이해하고 이 주문을 외우면, 가는 곳마다 자유를 얻고 그 이름이 시방세계에 두루 퍼진다고 하였습니다.

그러므로 '나막까리다바 이맘알약바로기제 새바라다바'는 '귀의하면 여기에 성관자재의 위력이'의 뜻이 됩니다.

그래서 제3구를 전체적인 뜻으로 번역하면, '옴, 일체의 두려움 속에

서 구해주시는 거룩한 이께 귀의하면, 여기에 성관자재의 위력이 나타납니다'라는 뜻이 됩니다.

### (4) 제4구 니라간타

제4구는 '니라간타'입니다. 범어로 'nila-kantha'로 쓰고 한문으로는 '那囉謹墀'로 표기합니다.

'니라간타'의 '니라(nila)'는 청색·청포빛·감청색을 의미하고,

'칸타(kantha)'는 머리(首)를 의미하니 니라칸타라 하면 푸른 머리를 가진 관세음보살이 됩니다.

원래 베다에서는 쉬바(siva)로 이해했으나 뒤에 불교에 전화(轉化)해서 청경존(靑頸尊)·청신천(靑身天) 등으로 이해되었습니다. 다른 경전에는 니라칸타 앞에 'namo'란 귀의어(歸依語)가 더 있으므로, '나무 니라칸타'는 독립된 언어로서 '청경존에게 귀의하옵니다' 또는 '청경존이시여, 귀의하옵니다' 뜻이 됩니다. 푸른 머리는 건강의 상징이고, 또 사랑의 표적입니다.

화천수에서는 청정법신 비로자나불의 용심(用心)으로 이해하고 이 법신이 보·화의 몸(報化身)을 일으켜 중생을 제도함으로서 금강불괴의 몸을 얻게 한다고 해설하고 있습니다.

### (5) 제5구 나막하리나야—

제5구는 '나막하리나야 마발타이사미'까지입니다. 범어로는 'nams hrdaya māvartayisyāmi'로 쓰고, 한문으로는 '南無 紇哩娜野 摩訶皤哆沙咩'입니다.

나막(nams)은 귀의한다·도달한다·이르러 간다의 뜻이 있음을 이미 말한 바 있습니다. 그러면 '까리나야 마발타이사미'는 무슨 뜻입니까.

'까리나야(hrdaya)'는 마음에 부딪치다(心觸), 능히 들어가다(能入), 통철(通徹)의 뜻이고,

'마발타이사미(māvartayisyāmi)'는 회전(回轉)·회복(回復)·선반(旋返)의 뜻이니 '나막까리나야 마발다이사미'는 돌이켜 심수(心隨)에 도달하겠습니다' '깨우쳐 돌아 들어가겠습니다'라는 뜻입니다.

화천수에서는 양두신왕보살(羊頭身王菩薩)의 본신을 그리고, 모든 하늘나라의 마귀들을 권속으로 삼아 교화하여 본자리로 돌아가게 하고 있다고 설명하고, 이 주문을 외우면 관세음보살이 능히 고통을 덜어주고 즐거움을 준다고 하였으며, 또 먼길 가는 사람이 호랑이나 독한 짐승의 피해를 받지 않게 되어 있으니 정성껏 외우라고 하였습니다.

摩訶迦盧尼迦耶 六

寶咒註云
摩訶迦盧
尼迦耶能
音現馬鳴
菩薩能除
一切病苦
盡皆消滅

This is Horse-master Bodhisattva.

此是馬鳴菩薩本身手鈸折羅即是

摩訶薩埵婆耶 五

寶咒註云
摩訶薩埵
婆耶觀音
現不空羂
索菩薩普
度眾生得
菩提心

This is Bodhisattva souls.

此是菩薩種子自誦咒之本身也

薩婆囉罰曳 八

寶咒註云
薩婆囉罰
曳觀音現
天王身降
伏庵魔怨

This is The four heavens of the four deva-kings.

此四大天王之本身降魔

唵 七

寶咒註云
唵如來閉
謂多年修
行不得菩
提復習此
觀於初夜
分便自覺
悟喚字之
具合無量
法門之一
切真言之
母一切如
來皆因觀想此字而得成佛也

This is All divine to bring the Ten fingers on two palm together to hear to invoke spell.

此唵是諸鬼神合掌聽誦咒也

## (6) 제6구 살발타 사다남—

제6구는 '살발타 사다남 수반아예염 살바보다남 바바마라 미수다감 다
냐타'까지입니다.

범어로는 'sarvārtha sādhanam śubham ajeyam sarvabhūtānām
bhava-mārga-viśuddhakam tad-yathā'로 쓰고, 한문으로는 '薩婆阿他
竺馱南 輸明阿逝孕 薩摩部跢南 摩罰末誐 尾戌馱劒 怛姪他'로 표기합니다.
  '살발타(sarvārtha)'는 모든 사물을 이롭게 하다, 나와 남이 함께 이
롭다는 뜻이고,
  '사다남(sādhanam)'은 목표로 인도하다, 바르게 인도하다, ~을 확보
하다, ~을 표현하다, 밝혀 보이다로 이해하고 있는데, 중국에서는
성취·정복·수행·완성·이행·달성의 뜻으로 번역하였습니다.

‘수반(śubham)’은 아름답다·유쾌하다·즐겁다·길상·행운·순수 등
의 뜻으로 생각하고 있으나, 중국에서는 정(淨)·정처(淨處)·정묘(淨妙)
·정업(淨業)·청정(淸淨)·백정(白淨)·백정법(白淨法)·선(善)·진실(眞
實)·결(潔)·단정(端正)·단엄(端嚴) 등의 뜻으로 해석하였습니다.

‘아예염(ajeyam)’은 누구도 따라올 수 없는 최고의 무능승(無能勝)의
뜻이고,

‘살바보다남(sarvabhūtānām)’은 모든 존재, 일체 생물의 뜻이며,

‘바바(bhava)’는 탄생·생기·기원·본원·존재·세계·삶·안녕·번
영의 뜻이므로 모든 존재(諸命), 생명이 있는 자(生有)로

번역하였고,

‘마라(mārga)’는 길(道)·진로·통로·수단·방책·방법·습관 등의 뜻
이 있으므로 중국에서는 정도(正道)·성도(聖道)·경로(經路) 등으로 번역
하였습니다.

'비수다감(viśuddhakam)'은 청정한 공덕·진실한 공덕의 뜻이고, '다야타(tad-yathā)'는 타격(打擊)·추적(推跡)의 뜻이 있습니다.

그러므로 '살발타 사다남 수반아예염 살바보다남 바바마라 미수다감 다냐타'는, '일체의 이익을 성취하고 깨끗이 하여 더할 수 없는 최고의 경지에 이르러서 일체 중생의 세간도를 맑고 깨끗하게 순화해 가겠습니다' 라는 뜻입니다.

화천수에서는 '살발다 사다남'은 관세음보살의 권속인 감로왕(甘露王)보살이, 6도 4생을 이익되게 하기 위하여 마음을 자유자재로 쓰는 것이라 하고, '수반아예염'은 관세음보살이 4왕천의 권속인 비등야차(飛藤夜叉)로 화현하여, 사방을 다니면서 선악을 살피는 것으로 이해하였습니다.

'살바보다남'은 표범가죽의 갑옷에 검고 장쾌한 모습을 하고, 철퇴를 들고 정법을 방해하는 마귀를 부수는 가바제신왕(伽婆帝神王)을 의미한다고 하고, '바바말아 미수다감 다냐타'는 쇠바퀴와 겹쇠줄로 악귀를 항

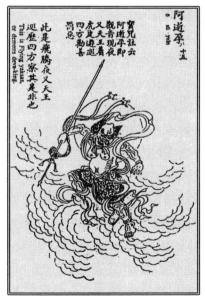

복받는 군다리보살을 의미한다고 하였습니다.

### (7) 제7구 옴 아로게 아로가—

제7구는 '옴 아로게 아로가 마지로가 지가란제 헤헤하례'까지입니다.

범어로는 'oṁ aloke aloka-mati lokātikrānte hehehare'로 쓰고, 중국말로는 '唵 阿盧醯 阿로迦 莽底路迦羅帝 夷埵醯利'로 표기하였습니다.

'옴'은 아·오·미의 원초적 음성임을 말씀드린 바와 같고

'아로게(aloke)'는 보는 자(觀)·살피는 자(察)를 의미하고,

'아로가(aloka)'는 관찰자이고,

'마지(mati)'는 원래는 기도·숭배의 뜻이었으나 베다에서는 찬송으로 이해하였고, 나중에는 생각·의도·욕망·이해·관념·의식·존경·존중 의 뜻으로 생각하게 되었으며, 중국에서는 뜻(意)·지혜(智慧)·능지(能知)·각혜(覺慧)로 번역하였습니다.

'로가(loka)'는 원래 자유·공간·여지·장소의 의미로 썼으나 베다에 서는 지방·지대·나라·세계 등으로 썼고, 단체·중간·일상생활·관례·세사 등으로 이해하기도 하였으나, 중국에서는 세간·세계·중생·국민 등으로 번역하였습니다.

'지가란제(tikrānte)'는 벗어난(解脫) 뛰어 넘은(超越)의 뜻입니다.

'헤헤(hehe)'는 호칭 앞에 붙여쓰는 전치사로 우리말의 아, 예와 같습니다. 인도에서는 헤헤라 그대로 읽고 중국에서는 유유(唯唯)로 음역 하였으나 여기서는 어서어서로 번역해 봅니다.

'하례(hare)'는 오른다 타다의 뜻이며,

'옴 아로게 아로가 마지로가 지가란제 헤헤하례'를 모두 해석하면, '옴, 관찰하시는 자여, 지혜로서 관찰하시는 성자이시여, 관찰을 초월한 성자이시여, 어서어서 태워주옵소서'의 뜻입니다. 사바의 고뇌중생을 깊이깊이 살펴보시고 이 고뇌로부터 해탈케 하여 주옵소서 하는 발원문과 같다 해야겠습니다.

화천수에서는 '옴 아로게 아로가 마지로가'까지를, 관음보살이 대범천왕의 몸을 나투어 중생들을 도탈시키고 있는 모습이라 하였고, '지가란제'는 장대하고 검은 빛깔의 천신으로, 부처님의 정법을 옹호하는 호법신장을 상징 하였으며, '혜혜하레'는 욕계 6천의 제2천인 33천의 마혜수라천신이 천병(天兵)을 거느린 모습이라 하였습니다. 매우 신앙적인 마음이 돋아나는 것 같습니다.

### (8) 제8구 마하모지사다바—

제8구는 '마하모지사다바 사마라 사마라 하리나야'까지입니다. 범어로는 'mahā-bodhisattvā smara smara hrdayam'으로 쓰고, 한문으로는 '摩訶菩提薩埵婆 娑摩羅娑摩羅 醯唎馱孕'로 씁니다.

'마하모지사다바(mahā-bodhisattvā)'는 큰 보살님이란 앞의 제2구에서 설명한 바 있습니다.

'사마라(smara)'는 상기하다·기억하다·사랑하다의 뜻이 있으므로 중국에서는 사념(思念)·억념(憶念)·기억(記憶) 등으로 번역하였습니다.

'하리나야(hrdayam)'도 제5구에서 설명한 '까리나야'와 같이 능입·통철의 뜻이니,

'마하모지사다바 사마라 사마라 하리나야'는 '큰 보살님이시여, 깊이(속히) 기억에 주옵소서. 항상 생각해 주옵소서'라는 뜻입니다.

화천수에서는 '마하모지 사다바'에다 잡란심이 없는 진실한 보살상을 그리고 중생으로 굳고 건실한 마음으로 참 마음을 다하는 이들을 따라 준다 하였으며, 향적보살의 불가사의한 상을 나타내어 5방 신장들을 거느리고 불가사의한 일들을 일으켜, 중생들로 하여금 늙지 않고 오래 살게 하는 신통을 보이기 때문에, 백의보살이 여유를 가지고 동자를 보호하는 모습으로도 나타나 보인다고 하고, 때로는 백발이 성성한 아미타부처님 상으로 나타나 금강불괴의 몸을 얻도록 한다고 하였습니다.

## (9) 제9구 구로구로 갈마

제9구는 '구로구로 갈마'까지입니다. 범어로는 'Kuru Kuru Karmam'로 쓰고, 한문으로는 '俱盧 俱盧 羯磨'로 표기하였습니다.

'구로(Kuru)'는 나쁜 소리(惡音)·간악의 뜻이고,

'갈마(Karmam)'는 업(業)·행위이니 '구로구로 갈마'는 '속히 악업을 그치게 하옵소서'의 뜻입니다.

화천수에서는 공신(空身)보살이 천대장군들을 이끌고 20만억 군대들을 동원 악마를 항복받는 모습을 그린 것입니다.

## (10) 제10구 사다야 사다야—

제10구는 '사다야 사다야 도로도로 미연제 마하미연제 다라다라'까지입니다. 범어로는 'Sadhaya Sadhaya dhuru dhuru vijayante mahavijayante dhara dhara'이고 한문으로는 '些大耶 些大耶 度盧度盧 罰闍耶帝 摩訶罰闍耶帝 陀羅陀羅'로 표기합니다.

'사다야(Sadhaya)'는 부사(副詞)로 앞서다(緒)의 뜻이고,

'도로(dhuru)'는 수장(首長)·선장(先將)의 뜻이며,

'미연제(vijayante)'는 이기다·이익을 얻다의 뜻이고,

'다라(dhara)'는 가진다(持)·입는다(着)·보존한다·유지한다·기억한다·받들어 가진다는 뜻입니다.

그러므로 '사다야 사다야 도로도로 미연제 마하미연제 다라다라'는 '승리자이시여, 대승리자이시여, 항상 거두어 기억해 주옵소서'의 뜻입니다.

화천수에서는 '도로도로 미연제'는, 엄준(嚴峻)보살이 공작왕과 공작새들의 군사를 거느린 모습을 그리고, '마하미연제' 또한 그들의 큰 힘을 가진 천대장군이 고행 수도하는 모습을 그리고 크게 정법을 위해 마귀를 항복받는다는 뜻이라 하고, '다라다라'는 대장부 몸을 나투신 관세음보살의 위대한 상호를 그려 놓았습니다.

## (11) 제11구 다린나례새바라—

제11구는 '다린나례새바라 자라자라'까지입니다. 범어로는 'dharendre-śvara cala cala'로 쓰고, 한문으로는 '地唎尼 室佛羅娜遮囉遮囉'로 표기합니다.

'다린나례(dharendre)'는 받아 지니는 자(受持), 기억하는 자(憶持)이고,

'새바라(śvara)'는 마음대로 하시는 자(自在者)의 뜻이고,

'자라(cala)'는 동요(動搖)·발기(發起)의 뜻이니,

모두 해석하면 '다린나례 새바라 자라자라'는, '거두어 주시기를 마음대로 하시는 자이시여(관자재), 속히 발기하게 하여 주옵소서'의 뜻이 됩니다.

화천수에서는 '다린'은 사자왕의 군사를 뜻하고, '나례 새바라'는 최쇄보살이 금강저를 가지고, '자라자라'는 금륜(金輪)의 신통으로 마군을 항복받고 정법을 보호하는 것을 의미한다고 하였습니다.

### (12) 제12구 마라 미마라—

제12구는 '마라 미마라 아마라 몰제 예혜혜'까지입니다. 범어로는 'mala-vimala amala muktrehyehi'로 쓰고, 한문으로는 '摩囉 罰摩囉 阿摩囉 穆帝隸 伊醯伊醯'로 씁니다.

'마라(mala)'는 오물(汚物)·때(垢)·부정(不淨)의 뜻이고,

'비(vi)'는 전치사로 분리하다·없애다·흩으다의 뜻이니 '비마라(vimala)'는 더러움을 없앤다, 더러움에서 벗어난다, 해탈한 자의 뜻이 되고,

'아마라(amala)'의 아(A)는 부정사이므로 더러움을 없앤 깨끗한 자라 할 수 있으며,

'몰제 예혜혜(muktrehyehi)'는 빨리·속히의 뜻이 있으니,

모두 해석하면 '마라 미마라 아마라 몰제 예혜혜'는 '일체의 번뇌로부터 벗어난 자여, 때없이 깨끗한 자여, 속히 와 주십시오' 라는 뜻입니다.

화천수에서는 '마라 미마라 아마라'는 금륜저(金輪杵)로 마귀를 쳐부셔 중생들에게 대길상을 얻게 하는 것이라 말하고, '몰제'는 모든 부처님들께서 합장하고 천수주 외우는 것을 듣는다는 뜻이며, '예혜혜'는 다음구 '로계새바라'까지 합하여 마혜수라(摩醯首羅)가 천왕을 거느리고 하늘 병사들로 하여금 귀신들을 통솔하게 하는 것을 뜻한다고 했습니다.

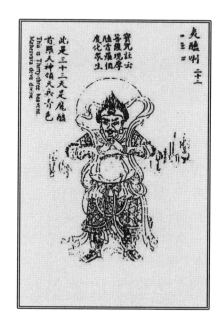

## (13) 제13구 로게 새바라—

제13구는 '로게새바라 라아 미사미 나사야'까지입니다. 범어로는 'lokeśvara rāga visam vināśaya'로 쓰고, 한문으로는 '路計濕嚩囉 囉 迦 罰嗲佛 囉舍耶'로 표기합니다.

'로게(loke)'는 세상이라 이미 말씀드렸고,

'새바라(śvara)'는 자재자, 그러므로 '로게새바라(lokeśvara)'는 '세상을 마음대로 하는 자'(보는자)가 됩니다.

'라아(rāga)'는 욕망·탐욕·애욕·애정·애염(愛染)의 뜻이고,

'미사미(visam)'은 폭악·사악·협악·독 등의 뜻이 있고,

'나사야(vināśaya)'는 휴식·잠·머무르다의 뜻이니 미사미 나사야는 독을 쉬게 해달라는 뜻입니다.

그러므로 이 구를 전체적으로 해설하면 '로게새바라 라아 미사미 나사야'는 '세상을 마음대로 관찰하시는 자(관세음)이시여, 탐욕의 독을 잠재워 주옵소서' 하는 뜻입니다.

화천수에서는 '라아 미사미 나사야'는, 관세음보살께서 방패와 화살을 들고 정법을 보호하시는 모습을 보이신 진언이라 하였습니다.

## (14) 나베사 미사미 나사야

제14구 '나베사 미사미 나사야'까지입니다. 범어로는 'dvesa Visam vināśaya'로 쓰고, 한문으로는 '罰沙羅嗲 佛囉舍那'로 표기합니다.

'미사비 나사야(Visam vināśaya)'는 이미 설명하였으며,

'나베사(dvesa)'는 마음을 헤치다·속으로 미워하다는 뜻이니, '나베사 미사미 나사야'는 성냄의 독을 소멸하여 주옵소서의 뜻입니다.

화천수에서는 다음의 '모하자라 미사미 나사야'까지 합하여, 관세음보살의 본원이신 아미타불의 본신을 표현한 진언이라 하였습니다.

## (15) 제15구 모하자라 미사미 나사야

제15구는 '모하자라 미사미 나사야'까지입니다. 범어로는 'moha-cala-visam vināśaya'라 쓰고, 한문으로는 '謨賀帝囉 尾沙尾 曩捨耶'로 씁니다.

'모하(moha)'는 어리석음(愚癡)·밝지 못함(無明)의 뜻이고,

'자라(cala)'는 불안정·동요한다·움직인다의 뜻이 있으니,

해석하면 '동요하는 어리석음의 독을 소멸하여 주옵소서'의 뜻이 됩니다.

## (16) 제16구 호로호로마라 호로 하례

다음 제16구는 '호로호로마라 호로 하례'까지입니다. 범어로는 'hulu hulu mala hulu hara'로 쓰고, 한문으로는 '呼嚧呼嚧 摩囉呼嚧 醯利'로 표기합니다.

'호로(hulu)'는 두렵다는 뜻이고,

'마라(mala)'는 오물(汚物)·때(垢)·부정(不淨)·진구(塵垢)·번뇌며,

'하례(hara)'는 없앤다·제거하다의 뜻이니

'호로호로마라 호로 하례'는 '두렵고 두려운 번뇌를 제거하여 주옵소서'라는 뜻입니다.

화천수에서는 이 대문을 부처님의 정법을 적극 보호하는 8부신중을 뜻하는 진언이라 하였습니다.

### (17) 제17구 바나마 나마—

제17구는 '바나마나바 사라사라 시리시리 소로소로 못자못자 모다야 모다야'까지입니다. 범어로는 'Padma-nābha sara sara siri siri sru sru budhaya budhaya'로 쓰고, 한문으로는 '波陀摩曩婆 沙囉沙囉 悉利悉利 蘇嚧蘇嚧 菩提夜菩提夜'로 씁니다.

'바나마(Padma)'는 연꽃이고,

'나마(nābha)'는 중심·중앙의 뜻이니 '바나마 나바'는 연꽃 성존이라는 뜻입니다.

'사라(sara)'는 움직이다(流動)의 뜻이 있었으나 변하여 못(池)·화살· 빠르다·건지다의 뜻으로 이해하고도 있습니다.

'시리(siri)'는 간다·가게 한다는 뜻이고,

'소로(sru)'는 흘러내다·꺼내다의 뜻이며,

‘못자(budhaya)’와 ‘모다야(bodhaya)’는 깨달음을 뜻합니다.

그러므로 ‘바나마나바 사라사라 시리시리 소로소로 못자못자 모다야
모다야’는, 연꽃처럼 거룩하신 성자이시여, 속히 건져 속히 가게 하옵소
서. 속히 흘러내어 속히 깨달음을 이루게 하옵소서. 깨달음을 이루게 하
옵소서‘라는 뜻이 됩니다.

화천수에서는 ‘바나마나바 사라사라’는 악심이 극도에 도달한 말세, 즉
5탁악세를 의미하고, ‘시리시리’는 모든 중생을 이롭게 하는 관세음보살
님의 불가사의한 공덕을 뜻하며, ‘소로소로’는 부처님의 나무에 잎이 떨
어지는 소리, 즉 중생을 위해 억만 가지 방편을 베푸는 것을 뜻하며, ‘못
자못자’는 고해 중생들과 인연을 맺으며 방편을 베푸시는 관세음보살님
을 뜻하고, ‘모다야모다야’는 손에 정법의 칼을 들고 계신 아난존자의 본
신을 의미하는 진언이라 하였습니다.

### (18) 제18구 매다리야 니라간타—

제18구는 ‘매다리야 니라간타 가마사 날사남 바라하라나야 마낙’까지
입니다.

범어로는 ‘maitreya nila kantha kāmasya dharsanam prahrādayamānah’
로 쓰고, 한문으로는 ‘彌帝唎夜 那囉謹墀 迦莽寫 他唎瑟尼那 波囉紇邏娜 耶
莽曩’로 표기합니다.

‘매다리야(maitreya)’는 불쌍히 여기다·어여삐 여기다의 뜻이고,

‘니라간타(nila kantha)’는 제4구에서 설명한 바와 같이 청경성존(靑頸
聖尊)을 의미합니다.

‘가마사(kāmasya)’는 애욕이고,

‘날사남(dharsanam)’은 공격·학대·보복·원(冤)의 뜻이고,

‘바라하라나야마낙(prahrādayamānah)’은 환희·용약의 뜻이 있습니다.

그러므로 '매다리야 니라간타 가마사 날사남 바라하라나야 마낙'은, '어여삐
여기시는 청정존이시여, 애욕을 파하도록 분기케 하옵소서'의 뜻이 됩니다.

화천수에서는 '매다리야'를 금칼을 들고 마귀를 항복받는 대거보살(大
車菩薩)이라 하고, '니라간타'는 모든 악을 제거하기 위해 손에 칼을 들
고 서 있는 용수보살로 보았으며, '가마나 날사남'은 철퇴를 든 보당(寶
幢)보살의 무서운 모습을 그리고, '바라하라나야마낙'은 금강저(金剛杵)를
든 보금광(寶金光)보살의 모습을 그려놓았습니다.

### (19) 제19구는 사바하 싣다야 사바하

제19구는 '사바하 싣다야 사바하'까지입니다. 범어로는 'savha saddhāya
svāhā'를 쓰고, 한문으로는 '娑婆訶 悉陀夜 娑婆訶'로 씁니다.

'사바하(savha)'는 길상·서상의 뜻으로 이미 설명하였고,

'신다야(saddhāya)'는 적중·성취·수행·달성·응지(應知)·소원의 뜻
이 있으므로

'사바하 신다야 사바하'는 '사바하, 성취를 위하여 길상이 있을지어다'
는 뜻이 됩니다.

화천수에서는 '사바하 신다야'만 따로 떼어서 보살이 경전을 앞에 놓
고 공부하는 모습을 그려놓고 일체법을 성취 통달한다는 뜻이다고 하고,
또 '사바하'는 3보께 3배를 드리고 관행은 꼬리 셋 달린 가부좌 선성(善
聖)을 말한다고 하였습니다.

### (20) 제20구 마하 신다야 사바하

제20구는 '마하 신다야 사바하'까지입니다. 범어로는 'mahā saddhāya
svāhā'이고, 한문으로는 '摩訶 悉陀夜 娑婆訶'로 씁니다.

'마하(mahā)'와 '사바하(svāhā)'는 앞에서 설명한 바와 같이 크다·착
하다·성취·길상의 뜻이고,

'신다야(saddhāya)'는 적중·성취·수행·달성 등의 뜻이라 하였으니,
'대성취를 위하여 길상이 있을 지어다'는 뜻입니다.

화천수에서는 붉은 당(幢)을 들고 서있는 보살의 모습을 그려 놓고,
또 '사바하'는 '용 머리를 타고 서서 끝없는 바다를 헤쳐가는 성자상을
말한다'고 하였습니다.

### (21) 제21구 신다유예 새바라야 사바하

제21구는 '신다유예 새바라야 사바하'까지입니다. 범어로는 'siddha-
yogeśveraya svāhā'이고, 한문으로는 '悉陀唯藝室皤囉夜 娑婆訶'로 표기
합니다.

'신다(siddha)'는 신다야와 같은 뜻이고,

'유예새바라야(yogeśveraya)'는 마법의 달인, 마술의 대가로 번역합니다. 악마·성인의 별명으로 부르기도 하여, 여기서도 요가자재자(瑜伽自在者)의 대명사로 부르고 있습니다.

그래서 '싣다유예 새바라야 사바하'는 '요가자재의 성취를 위하여 길상이 있어지이다' 또는 '성취한 요가자재자를 위하여 길상이 있을 지어다'로 번역합니다.

화천수에서는 금칼을 들고 있는 하늘 보살님과 아미타불 관세음보살의 안식향(安息香)을 상징하며, 사나보살이 높이 발우를 들고 서있는 모습을 세 분 그려놓고 있습니다.

### (22) 제22구 니리간타야 사바하

제22구는 '니리간타야 사바하'까지입니다. 범어로는 'nilā-kanthāya

svāhā'로 쓰고, 한문으로는 '那羅謹墀 娑婆訶'로 표기하고 있습니다.

'니라간타(nilā kanthāya)'는 청경존(靑頸尊)이라 하였으니 '청경존을 위하여 길상이 있을 지어다'는 말입니다.

화천수에서는 손에 금칼을 든 산해혜보살과, 법장에 삿갓을 쓰고 가는 전타라보살 및 금도끼로 모든 악을 물리치고 있는 보인왕(寶印王)보살을 뜻한다고 하였습니다.

### (23) 제23구 바라하 목카싱하목카야 사바하

제23구는 '바라하 목카싱하목카야 사바하'까지입니다.

범어로는 'varāhamukha simhamukhāya svāhā'로 쓰고, 한문으로는 '嚩囉賀母佉 僧阿穆佉耶 娑婆訶'로 씁니다.

'바라하(varāha)'는 돼지,

'목카(mukha)'는 모습·형태,

'싱하(simha)'는 사자이므로 '바라하목카'는 돼지의 모습을 한 자이고, '싱하목카(simhamukhāya)'는 사자의 모습을 한 자의 모습을 한 성자를 위하여 길상이 있어지이다는 말입니다.

화천수에서는 약왕보살이 구름타고 다니며 몸소 중생의 병을 치료하는 모습을 그리고, '사바하'에 대해서는 붉은 가사를 입은 원만보살을 상징 하였습니다.

### (24) 제24구 바나마핫다야 사바하

제24구는 '바나마핫다야 사바하'까지입니다. 범어로는 'padma hastāya svāhā'로 쓰고, 한문으로는 '跋娜莽賀薩哆耶 娑婆訶'로 씁니다.

'바나마(padma)'는 연꽃이고,

'핫다야(hastāya)'는 가지다의 뜻입니다. 그러므로 '바나마 핫다야 사바하'란 '연꽃을 가지신 성존을 위하여 길상이 있을 지어다'는 뜻입니다.

화천수에서는 약왕(藥王)보살의 형제이신 약상보살의 본신을 그리고 '근기 따라 중생에게 총기를 얻게 한다'고 하시고, 대지 사리불보살이 허리에 진경(眞經)을 차고 바람에 나부끼는 모습을 그렸고, 이것이 '이곳의 사바하' 뜻이라 하였습니다.

### (25) 제25구 자가라 욕다야 사바하

제25구는 '자가라 욕다야 사바하'까지입니다. 범어로는 'cakra yuktāya svāhā'로 쓰고, 한문으로는 '者吉囉 庾馱耶 娑婆訶'라 씁니다.

'자가라(cakra)'는 수레바퀴(車輪)이고,

'욕다야(yuktāya)'는 원래 인도에서는 종사하다·생활하다·상당하다의 뜻으로 썼으나, 중국사람들이 번역할 때는 진리에 따르다(應理), 법답게 하다(如法), 맞다(契), 구족하다는 뜻으로 번역하였습니다.

그러므로 '자가라 욕다야 사바하'는, '보배의 수레를 가지고 중생의 근기를 따라 제도하시는 어른(寶輪相應尊)을 위하여, 길상이 있을 지어다'는 뜻이 됩니다.

화천수에서는 호랑이 신장이 창을 들고 있는 모습을 그려놓고, '보살이 널리 색신삼매를 나투어서 중생을 섭수하는 것이다'고 하고, 아울러 천마왕이 뱀창을 들고 서 있는 모습을 그려놓고 '이것이 사바하의 뜻이다'라 하였습니다.

### (26) 제26구 상카섭나예 모다나야 사바하

제26구는 '상카섭나예 모다나야 사바하'까지입니다. 범어로는 'samkha-śabdane bdhanāya svāhā'이고, 한문으로는 '勝佉攝那儞冒馱曩耶 娑婆訶'입니다.

'상카(samkha)'는 소라이고,

'섭나예(śabdane)'는 소리이며,

'보다나야(bdhanāya)'는 깨달음(菩提)의 뜻이 있으니, '상카섭나예 모다나야 사바하'는 '소라음성처럼 거룩한 성자(螺見音聲尊)이시여, 깨달음을 위하여 길상이 있을 지어다'의 뜻입니다.

### (27) 제27구 마하라 구타다라야 사바하

제27구는 '마하라 구타다라야 사바하'까지입니다. 범어로는 'mahāla kuta dharāya svāhā'로 쓰고, 한문으로는 '摩曷盧鷄說囉牙 娑婆訶'입니다.

'마하라(mahāla)'는 크다(大·巨), 넓다(廣), 독립(獨立), 거룩한 뜻이 있고,

'구타(kuta)'는 병(瓶),

'다라야(dharāya)'는 가지다(持)·지니고 있다(住持)·맡아 있다(住持)의 뜻이 있습니다.

그러므로 '마하라 구타다라야 사바하'는 '거룩한 병을 가지고 계시는 성자(尊瓶集持尊)를 위하여 길상이 있을 지어다'의 뜻입니다.

### (28) 제28구 바마사간타 니사시체다—

제28구는 '바마사간타 니사시체다 가릿나 이나야 사바하'까지입니다. 범어로는 'vāmaskanda diśa-sthita krsna jināya svāhā'로 쓰고, 한문으로는 '摩莽思建陀味沙思體多訖哩史拏 爾曩耶 娑婆訶'로 씁니다.

'바마(vāma)'는 오른손(右手),

'사간타(skanda)'는 어깨(肩)의 뜻이고,

'이사(diśa)'는 방향·쪽, '시체다(sthita)'는 있는(有), 깨달은 이(佛),

진리로부터 오신 이(如來)의 뜻이니,

'바마사간타 니사시체다 가릿나 이나야 사바하'는, '오른 어깨쪽에 있는 검은 색의 몸을 가지신, 거룩한 성자님(黑色身勝尊)께 길상이 있을 지어다'의 뜻입니다.

### (29) 제29구 먀가라 잘마 이바사나야 사바하

제29구는 '먀가라 잘마 이바사나야 사바하'까지입니다. 범어로는 'vyāgra carma-nivasanāya svāhā'로 쓰고, 한문으로는 '皤伽囉折莽儞嚩沙囊耶 娑婆訶'로 씁니다.

'먀가라(vyāgra)'는 호랑이,

'잘마(carma)'는 피부・가죽・껍데기이고,

'이바사나야(nivasanāya)'는 옷・의복의 뜻이니

'먀가라 잘마 이바사나야 사바하'는, '호랑이 가죽으로 옷을 해입으신 성존님(虎皮衣聖尊)께 길상이 있을 지어다'의 뜻입니다.

### (30) 제30구 나모라다나다라야야—

제30구는 '나모라다나다라야야 나막알야 바로기세새바라야 사바하'까지입니다. 범어로는 'namo ratna-trayāya namah āryāvalokitésvarāya svāhā'이고, 한문으로는 '南無 囉怛 那哆囉夜耶 南無阿唎耶 婆盧吉帝 爍皤囉夜 娑婆訶'입니다.

이것은 맨처음 구절에서 설명한 바와 같이

'나모라(namor)'는 귀의・귀명의 뜻이고,

'알약바로기재새바라야(āryāvalokitésvarāya)'는 관세음의 본명이며,

'사바하(svāhā)'는 원만・성추의 뜻이니,

　모두  해석하면 '귀의하옵나니  거룩한  관자재보살님(聖觀自在菩薩)께 길상이 있을 지어다'의 뜻이 됩니다.

　이렇게 해서 대강 주문의 뜻을 알아보았습니다만, 너무 많은 양을 한 꺼번에 하게 되어 잘 이해가 되셨는지 알 수 없습니다. 그럼 다음 강의 시간에 다시 한 번 전체적인 해석을 하고, 바른 음을 찾아보도록 하겠습니다.

　26구 이후에는 따로 그림이 없고, 영향천(靈香天)보살이 연꽃에 앉아 큰 광명을 놓으며, 여의로(如意爐)에 향을 피워 거리의 병고를 영원히 없애주는 그림과, 천 개의 연잎에 서서 꽃을 뿌리는 선화천보살, 그리고 3천대천세계에 몸을 나투어 온갖 재난을 없애주는 부루나보살, 과일을 받들고 있는 다라니보살, 천수천안을 갖춘 삼마선나보살이 가부좌를 풀고 앉아 윤등을 켜고 있는 모습, 가섭보살이 6환장을 들고 염주를 굴리고 있는 모습, 허공장보살이 등위에 앉아 꽃향기를 맡고 있는 모습과, 보현보살이 코끼리를 타고 있는 모습, 문수가 사자를 타고 있는 모습, 천 잎 금련에 앉아있는 관세음보살, 이근원통(耳根圓通) 관세음보살, 코로 온갖 향을 맡은 관세음보살, 도라면을 맞고 있는 8비(臂) 온몸으로 일체를 접수해 보는 관세음보살, 뜻으로 일체법을 분별해서 아는 관세음보살 등 10수장이 그려져 있습니다.

此是大降魔金剛本身手把金輪

摩摩罰摩囉
三十四

寶咒註云
摩摩罰摩
囉摩囉現
慈悲心相
護持衆生
得大吉祥

This is Big overcome demon Diamond.

此是霹靂菩薩本身手把金輪

遮囉遮囉
三十三

寶咒註云
遮囉遮囉
此即菩薩
現慈怒相
手把金輪
摧碎妖魔
庶皆惡
怖咸皆怖

This is Clap of Thunder Bodhisattva.

此是魔醯首羅天王

伊醯移醯
三十六

寶咒註云
伊醯移醯
寶所伊醯
此即菩薩
現虔誠相
願虔誠有
諸天化利

This is Mahevara, Siva, heaven King.

此是諸佛合掌聽誦眞言

移帝陜
三十五

寶咒註云
移帝陜北
即菩薩聞
目澄心持
誦眞言

This is All Buddhas to bring the Ten fingers on two palmings to listen to mione spell.

# 제7강 바른 음(音)에 대한 이해

## 1. 전체적인 뜻의 이해

지난 시간에 ≪천수경≫의 30장구를 대강 풀어 해석해 보았습니다만, 다라니는 원래 한 말 속에 넓고 깊은 뜻을 지니고 있고, 또 많은 공덕을 머금고 있을 뿐 아니라, 주문(呪文)은 언어의 성격을 초월한 마음의 직접적인 교섭이기 때문에, 범어 원문 그대로 독송하도록 되어 있는 것입니다.

가령 사람이나 짐승이 갑작스런 변고를 당하게 되면 '아ㅡ' 또는 '어ㅡ' 하고 놀래거나 환호성을 내게 됩니다. 또는 캄캄한 밤에 빈 방이나 변소 같은데 들어갈 때도 그 주위의 어색한 분위기를 풀기 위하여 '에헴, 어험' 하고 기침을 하기도 합니다. 이런 것은 말로 표현할 수 없는 마음의 절박한 심정을, 직접적으로 나타낸 원초적인 자연음(原初的 自然音)이라 할 수 있으며, 이런 경우의 심정을 말로 풀어서 설명한다는 것은 2차 3차적 과정이 되므로, 아무리 잘 풀어 해석한다 하더라도 그것은 당시 마음 그대로를 알차게 표현했다고는 볼 수는 없습니다.

그러므로 내가 표현해서 하는 것은 제2차 제3차적 해설이라 한다면, 여러분들이 읽고 있는 주문은 곧 제1차적 원음이므로, 그 깊이와 뜻은 훨씬 진하다고 보아야 합니다.

阿㝹哆佛哦舍利 三十八

寶見註云
阿㝹哆㸚此
即菩薩執
行絞鎖牌
哦舍利將
鎖谷利持
其鎖令皆
一切歌聞
悉違願

北是觀世音菩薩
杷牌弩弓箭也
This is Kuan-Yin Bodhisattva

寅那寅那 三十七

註見三十六

此是迦那魔將天王
This is Kanomara luke heaven king

佛哦余耶 四十

寶見註云
佛哦舍耶
觀音現亦
面相項戴
阿彌陀佛

此是阿彌陀佛本身觀世音菩薩師主
This is Amita Buddha Kuan-Yin Bodhisattva Master

罰沙罰哆 二十九

阿沙罰哆
菩薩現三
目行忿相

此是金盔地將手把鈴鐘
This is Gold Helmet Earth General

그러나 그 기침의 뜻이 어느 곳에 있는지 모르면 도리어 막연하고 갑갑한 생각이 없지 않기 때문에, 그 뜻을 이해할 수 있는데까지는 해설해 보자고 하여, 그 원초적인 심정을 옛사람들의 뜻에 따라 이렇게 풀어 보았습니다. 그러나 어떻든 이것은 천리 밖에 있는 산을 망원경을 통해 대충 바라본 것이니, 그 깊은 산에 직접 들어가 약을 캐고 보물을 찾는 것은 여러분 각자의 노력에 달려 있습니다.

지금까지 배웠던 ≪천수경≫ 주문을 다시 한 번 정리해서 종합적으로 이해한다면 다음과 같습니다. 조용히 마음을 가라앉히고 들어보십시오.

① 가장 거룩한 보호자님께 귀의합니다.

② 거룩하신 관자재보살님, 크게 불쌍히 여기고 사랑하는 어른님께 귀의합니다.

③ 옴, 일체의 두려움 속에서 구해주시는 거룩한 이에게 귀의하면 여기에 성관자재의 위력이 나타납니다.

④ 청경존(靑頸尊)이시어 귀의하옵니다.

⑤ 돌이켜 심수(心髓)에 도달하겠습니다.

⑥ 일체의 이익을 성취하고 깨끗이 하여 더할 수 없는 최고의 경지에 이르러서, 일체 중생의 세간도를 맑고 깨끗하게 순화해 가겠습니다.

⑦ 옴, 관찰하시는 자여, 지혜로서 관찰하시는 성자이시여, 관찰을 초월한 성자이시여, 어서어서 태워주옵소서.

⑧ 큰 보살님이시여, 속히 기억해 주옵소서. 항상 생각해 주옵소서.

⑨ 속히 악업을 그치게 하옵소서.

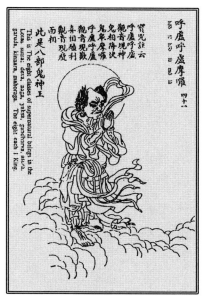

呼盧呼盧摩囉

四十一

此是八部鬼神王

寶呪註云
呼盧呼盧
觀音現神
鬼相持状
鬼衆現跡
呼盧摩囉
觀音摩利
身相現愛
觀音現愛
而相

此是八部鬼神王
This is The eight classes of supernatural beings in the Lotus sutrai, deva, naga, yaksa, gandharva, asura, garuda, kinnara, mahoraga. The eight each 1 King.

呼盧呼盧醯利

四十二

此是四臂尊天身者柳葉鏡

拉見四十一

此是四臂尊天身者柳葉鏡
This is Four arm honor deva.

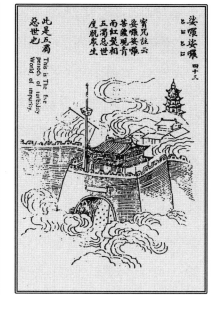

婆囉娑囉

四十三

此是五濁惡世也

寶呪註云
婆囉娑囉
菩薩現青
而紅髪相
五濁惡世
度脫衆生

此是五濁惡世也
This is The five periods of turbidity. World of impurity.

悉唎悉唎

四十四

此是觀世音菩薩利益一切眾生不可思議

寶呪註云
悉唎悉唎
菩薩現笑
而相

此是觀世音菩薩利益一切眾生不可思議
This is Kuan-Yin Bodhsatva advantage all satva.

⑩ 승리자이시여, 대승리자이시여, 항상 거두어 기억해 주옵소서.

⑪ 거두어 주시기를 마음대로 하시는 자이시여(관자재), 속히 발기(發起)하게 하여 주옵소서.

⑫ 일체의 번뇌로부터 벗어난 자여, 때없이 깨끗한 자여, 속히 와 주십시오.

⑬ 세상을 마음대로 관찰하시는 자(관세음)이시여, 탐욕의 독을 잠재워 주옵소서.

⑭ 성냄의 독을 소멸하여 주옵소서.

⑮ 동요하는 어리석음의 독을 소멸하여 주옵소서.

⑯ 두렵고 두려운 번뇌를 제거하여 주옵소서.

⑰ 연꽃처럼 거룩하신 성자이시여, 속히 건져 속히 가게 하옵소서. 속히 흘러내어 속히 깨달음을 이루게 하옵소서. 깨달음을 이루게 하옵소서.

⑱ 어여삐여기시는 청경존이시여, 애욕을 파하도록 분기케 하옵소서.

⑲ 사바하, 성취를 위하여 길상이 있을 지어다.

⑳ 대성취를 위하여 길상이 있을 지어다.

㉑ 요가자재(瑜伽自在)의 성취를 위하여 길상이 있을 지어다.

㉒ 청경존을 위하여 길상이 있을 지어다.

㉓ 돼지의 모습을 한 성자를 위하여 사자의 모습을 한 성자를 위하여 길상이 있을 지어다.

㉔ 연꽃을 가지신 성존을 위하여 길상이 있을 지어다.

㉕ 보배의 수레를 가지고 중생의 근기를 따라 제도하시는 어른을 위하여 길상이 있을 지어다.

蘇嚩蘇嚩 四十五

寶咒註云
蘇嚩蘇嚩
菩薩現身心
面相

此是消佛樹葉落聲 This is All Buddhas tree leaf drop voice.

菩提夜菩提夜 四十六

寶咒註云
菩提夜菩
提夜菩薩
現夜現身
現喜相化
利善道泉
生

此是觀世音菩薩結泉生緣 This is Kuan Yin Bodhisattva knot saliva affinity.

菩馱夜菩馱夜 四十七

寶咒註云
菩馱夜菩
馱夜菩薩
現夜菩薩
現惡面相
化利惡道
泉生

此是阿難本身也 This is Ananda.

彌帝唎耶 四十八

寶咒註云
彌帝唎耶
觀音現慈
悲相指示
泉土紹大
菩薩護無
量福

此是大車菩薩手把金刀 This is Great Car Bodhisatva.

㉖ 소리음성처럼 거룩한 성자이시여, 깨달음을 위하여 길상이 있을 지어다.

㉗ 거룩한 병을 가지고 계시는 성자를 위하여 길상이 있을 지어다.

㉘ 오른 어깨쪽에 있는 검은색의 몸을 가지신 거룩한 성자님께 길상이 있을지어다.

㉙ 호랑이 가죽으로 옷을 입은 성존님께 길상이 있을지어다.

㉚ 귀의하옵나니 거룩한 관자재보살님께 길상이 있을지어다.

그런데 다른 경전에는 이외에도 '옴 신다야 만트라발다야 사바하'(oṁ sidhyantu mantra padāya svāhā · 唵 悉殿都 漫哆羅跋馱耶 娑婆訶'가 더 있습니다. '옴 신다야(oṁ sidhyantu)'는 일체 성취의 뜻이 있고, '만트라(mantra)'는 만다라, 즉 진언이고, '발다야(padāya)'는 글귀이므로 '옴 신다야 만다라 발다야 사바하'는 '일체의 성취를 위하여, 진언의 글귀를 위하여 길상을 있을 지어다'의 뜻입니다.

## 2. 바른 음(音)에 대한 이해

그런데 여기서 여러분도 똑같이 느꼈겠지만 실담문자(悉曇文字), 즉 범어의 원음과 오늘날 우리가 외우고 있는 글귀와의 차이점이 많이 있다는 사실입니다. 물론 인도말이 중국을 거쳐 한국에 전입(轉入) 되었으니 그럴 수도 있겠지만, 우리가 중국어와 인도말에 지나치게 무식한 점에도 원인이 있습니다.

那囉謹墀
四十九

寶見註云
卯囉謹墀
觀奇觀龍
樹菩薩之
身指示袒
諭

此是龍樹菩薩手把金刀之處
This is Dragon-like (Nagarjuna) Bodhisattva.

地利瑟尼那
五十

寶見註云
地利瑟尼
那菩薩頂
卦人頭戴
珠于持鐵
叉持鐵

此是寶幢菩薩手持鐵叉是也
This is (Ramadhvaja Bodhisattva) a statue Crowned with gems.

婆夜摩那
五十一

寶見註云
波夜摩那
菩薩項掛
蓮花數珠
鈸折羅杵

此是寶金光幢菩薩
This is Gem Gold Light Banner Bodhisattva.

娑婆訶
五十二

娑婆訶娑
阿娑婆訶
娑嚩訶薩
云佛法僧
三拜此乃
持誦之人
觀行中所
禮之者作
身禮拜帆
即娑凡速
遠矢逸之
解脊逸之
娑婆訶半
註後此

此是三頭善聖迦玖艾龍也
This is Three Head Saint.

옛날 어떤 사람이 너무 가난하여 천수주문을 하여 먹을 쌀을 얻게 되었는데, 하루는 어떤 스님이 오셔서 경 외우는 소리를 듣고 있다가 '그 경귀가 잘못 되었습니다. 이렇게 읽으십시오' 하고 갔는데, 그때부터는 주문을 부지런히 읽어도 쌀에 뉘가 반씩 섞여서 나오더랍니다. 쌀에 뉘가 섞여 나오던지 뉘에 쌀이 섞여 나오던지 나는 상관하지 않습니다. 단지 이것은 굳은 신심에 대한 비유이니 알고 믿던지 모르고 믿던지, 믿음이 강하면 산도 바다를 만들고 물도 산을 만드는 기적이 있으나, 우리는 그 기적을 바라기 보다는 바른 깨달음을 위하여, 정법의 수호를 위하여 정음(正音)의 이해를 돕겠습니다. 그러나 이 진언의 글귀는 이미 말씀드린 바와 같이 글이나 말귀에 뜻이 있는 것이 아니라, 뜻 속에서 나온 말이므로 말소리에 너무 팔리지 말고 근본취의를 염(念)하시기 바랍니다. 그럼 우리가 현재 외우고 있는 천수주문의 글귀와 실담문자의 원음과 비교해 가며 한 번 읽어드릴테니 조용히 마음을 가라앉히고 비교해 보십시오.

① '나모라다나다라야야'는 '나모 라트나 드라야야'이고

② '나막 알약바로기제새바라야 모지사다바야 마하사다바야 마하가로니가야'는 '나마 아르여아바로키톄슈바라야 보디사트바아야 마하사트바아야 마하카루니카아야'며,

③ '옴 살바바예수 다라나가라야 다사명 나막까리다바 이맘알야바로기제새바라다바'는 '옴 살바바예수 트라나 카라야 타스마이 마마스크리트바아 이맘 아르야아바로키테슈바라트바'입니다.

④ '니라간타'는 '니라칸타'이고,

⑤ '나막하리나야마발타이사미'는 '나마흐리다암아발타이슈야미'이며,

⑥ '살발타 사다남 수반아예염 살바보다남 바바마라 미수다감 다냐타'
는 '살바르타 사다남 슈밤 아제얌 살바부우타남 브하바 말가 비슈
다캄 타드야타'입니다.

⑦ '옴 아로게 아로가 마지로가 지가란제 헤헤하례'는 '옴 아로케 아로
카미티 로카티크라안테 헤헤하레'이고,

⑧ 마하모지사다바 사마라 사마라 하리나야'는 '마하 보디사트바 스마
라 스마라 흐리다얌'이고,

⑨ '구로구로 갈마'는 '쿠루쿠루 칼맘'이고,

⑩ '사다야 사다야 도로도로 미연제 마하미연제 다라다라'는 '사다야
사다야 두루두루 바자얀테 마하바자얀테 다라 다라'이며,

⑪ '다린나레새바라 자라 자라'는 '디렌드레슈바라 짜라 짜라'이고,

⑫ '마라 미마라 아마라 몰제예혜혜'는 '마라 비마라아마라 무크트레혜
이'입니다.

⑬ '로게새바라 라아 미사미 나사야'는 '로케슈바라 라가 비샴 비나샤
야'이고,

⑭ '나베사 미사미 나사야'는 '드베샤 비샴 비나샤야'입니다.

⑮ '모하자라 미사미 나사야'는 '모하차라 비샴 비나샤야'이고,

⑯ '호로호로 마라호로 하례'는 '후루후루 마라 후루 하레'이며,

⑰ '바나마나바 사라사라 시리시리 소로소로 못자못자 모다야 모다야'
는 '파드마 나바 사라 사라 시리 시리 스루 스루 부다야 부다야
보다야'입니다.

⑱ '매다리야 니가란타 가마사 날사남 바라하나나야마낙'은 '마이트레
야 니라칸타 카아마스야 달사남 프라흐라다야마나'이고,

室嚩囉夜 五十八

此是阿彌陀佛觀世音菩薩安息香

This is Amta Buddha, Kuan-Yin Bodhisattva.

註見五十七

悉陀喻縛 五十七

寶見往云
悉陀喻縛
菩薩現慈
諸天相化利
喻耶娑婆
阿菩薩現
喻耶娑婆
導天女相化
天女

此是諸天菩薩盡悲以集手把金刀 This is All Deva Bodhisattva.

邪囉護蟬 六十

寶見往云
邪囉護蟬
娑婆阿觀
音現無重
菩薩相化
導小泉吾
薩

此是山海忠菩薩木身手把金劍

This is Sagara-vandhara-buddhi-vīridīabhijna Bodhisattva.

娑婆訶 五十九

This is Acanma Bodhisattva.

此是阿闍那菩薩高攀盂鉢

註見五十二

⑲ '사바하 싣다야 사바하'는 '스바하 싯다야 스바하'이며,

⑳ '마하 싣다야 사바하'는 '마하 싯다야 스바하'이고,

㉑ '싯다 유예새바라야 사바하'는 '싯다요게슈베라야 스바하'이며,

㉒ '니라간타야 사바하'는 '니라칸타야 스바하'이고,

㉓ '바라하목카 싱카목카야 사바하'는 '바라하무카 싱하무카야 스바하' 이며,

㉔ '바나마핫다야 사바하'는 '파드마 하스타야 스바하'입니다.

㉕ '자가라 욕다야 사바하'는 '차크라 유크타야 스바하'이고,

㉖ '상카섭나예 모다나야 사바하'는 '상카 샤브다네 보다나야 스바하' 이며,

㉗ '마하라 구타다라야 사바하'는 '마하라 쿠타 다라야 스바하'이고

㉘ '바마사간타 니사시체다 가릿나 이나야 사바하'는 '바마스칸다 디샤 스티타 크리슈나 지나야 스바하'입니다.

㉙ '먀가라 잘마 이바사나야 사바하'는 '브야그라 찰마 니바사나야 스 바하'이고,

㉚ '나모라다나다라야야 나막알야 바로기제새바라야 사바하'는 '나모라 트나트라야야 나마 아르야 아보로키테규바라야 스바하'입니다.


이것은 동대 정태혁교수님께서 번역하시고, 또 음을 바로잡은 것입니다. 이것이 국계음화(國醊音化)가 잘 되었는지는 외국어 전문인이 평할 것이지만, 로마자 표기를 중심으로 한 것이므로 대강 짐작이 갈 것입니다. 최근 대원불교대학에서 우리말 불교의식을 만들면서 국계음화 해 놓은 것도 있습니다. 참고 하십시오.

그러나 이 음이 올바르다 하여 신앙의 신통이 나는 것은 아닙니다. 믿음은 그의 깊은 뜻을 확신하고 꾸준히 정진해 가는데 문제가 있는 것이니, 불자 여러분들께서는 이것이 대중적으로 시정될 때까지는, 이미 익힌 것을 본위로 하여 열심히 정진해 주시기 바랍니다.

옛날 어떤 분은 나무아미타불을 부른다는 것을 잊어버려 '남영감'을 부르고도 극락에 갔다고 합니다. 구한말 금강산 장안사에서 ≪관음경≫을 강의 하였는데, 법사님 말씀을 윗절 스님들은 '관세음'으로 듣고, 아랫절 스님들은 '관세욤'으로 들어 시비가 생겼습니다. 쌀 세 가마니 떡을 내기 하고 다시 그 스님을 모시게 되었는데, 조급증이 난 윗절 스님들이 아랫절 스님들 몰래 묵을 해 가지고 가서 스님께 물었습니다.

"스님, 저번에 법문하셨을 때 '관세음'이라 하셨지요."

"그럼 관세음이라 하였지."

하므로 묵 안 해 가지고 갔어도 이길 뻔 하였습니다. 또 아랫절 스님들은 걱정이 되어 몰래 국수를 해 가지고 가서 물었습니다.

"스님 지난번에 법문하였을 때 '관세욤'이라 하셨지요."

"그럼 '관세욤'이라 하였지."

이 말을 들은 두 절 스님들은 안심하고 잠을 잤습니다. 이튿날 스님께서 법문을 하시는데, '내가 8만 4천 경을 다 들쳐보니 묵 경에는 관세음보살로 되어 있고, 국수 경에는 관세욤으로 되어 있더라' 하여 크게 웃은 일이 있습니다.

그러니 문자를 가지고 너무 싸우지 마시고 오직 그 뜻을 알고 행동으로 옮기시기 바랍니다.

≪천수경≫은 진실로 우리의 소망이고 사랑이며 원력입니다.

이것으로서 ≪천수경≫ 주문을 모두 마치겠습니다.

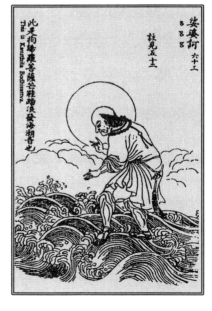

# 제8강 사방찬(四方讚)과 도량찬(道場讚)

## 1. 4방찬(四方讚)

4방찬이란 동·서·남·북 4방을 찬탄하는 노래입니다.

〔원문〕　일쇄동방결도량(一灑東方潔道場)
　　　　　이쇄남방득청량(二灑南方得淸凉)
　　　　　삼쇄서방구정토(三灑西方俱淨土)
　　　　　사쇄북방영안강(四灑北方永安康)

〔역문〕　첫째, 동방 망상씻어 청정도량 이룩하고
　　　　　둘째, 남방 번뇌씻어 끓는마음 시원하며
　　　　　셋째, 서방 망상씻어 안락정토 이룩하고
　　　　　넷째, 북방 애욕씻어 영원토록 평안하네

　가 됩니다. 앞서 ≪천수경≫의 마지막 4방찬과 도량게에 있습니다. 불교의 목적은 인격완성과 국토장엄에 있기 때문입니다.

　인간이란 원래 일정한 시간 속에 하나의 공간을 장(場)으로 하여 존재하고 있습니다. 동·서 등 사방이 어느 곳이라고는 결정적으로 말할 수는 없지만, 어느 곳이든지 자기가 섰는 곳을 중심으로 해뜨는 곳을 동쪽, 해지는 곳을 서쪽, 그리고 그의 좌·우 방향을 남북으로 기준하여 설정한 것입니다. 그래서 그 정한 장소에서 일정한 기간동안 몸이 기숙(寄宿)을 하게 되면, 그곳이 주소지가 됩니다. 그러나 설사 주소지는 되지 않는다 하더라도 수행자가 그 장소를 자기 수양의 도량으로 삼는다면, 그곳을 불교에서는 정진도량 혹은 그냥 도량이라고 부르고 있습니다.

원래 도량하면 불·보살님들께서 대도를 성취하신 곳, 즉 중인도 마갈타국의 니련선하 강가의 보리수 나무밑을 보리도량(菩提道場), 금강도량(金剛道場)이라 불렀습니다. 보리도량이란 깨달음을 얻은 도량이란 뜻이고, 금강도량이란 금강불괴의 불성(佛性)을 보고 금강불괴의 대도를 성취한 곳이란 뜻입니다. 그러나 뒤에 이 말은 더욱 넓은 뜻으로 쓰여지게 되어, 불법을 설법하거나 불교를 수행하는 장소 또는 절도량 전부를 이르는 말로 사용하게 되었습니다.

절을 인도에서는 승가람마(僧伽籃摩·saṁghārāma) 또는 아란야(阿練若·Aranya)라 부르고, 중국에서는 사(寺)·암(庵)·총림(叢林)이라 하고, 한국에서는 중국에서 부르는 것 이외에 절이란 특수한 언어로 사용하기도 합니다.

'승가람마'는 대중이 거처하는 곳이란 뜻이므로 중원(衆園)이라 번역하고, 그 원음을 줄여 그냥 가람(伽藍)이라고만 부르기도 합니다. 또 '아란야'는 '고요한 장소'(寂靜處) '다툼이 없는 곳'(無諍處), '멀리 떠나있는 곳'(遠離處)라 번역하고, 뒤에는 정사(靜舍)·정사(精舍)라 부르기도 합니다.

중국에 처음 불교를 가지고 온 마등(馬騰)·축법란(竺法蘭) 등을 요즈음 외무부에 해당하는 성문사(省門寺)에 모셨다가, 그곳을 바로 영원한 절로 만들었기 때문에 관청의 이름을 붙여서 사(寺)자를 붙이게 되었는데, 마등·축법란이 올 때 흰 말을 타고 왔으므로 그 절 이름을 백마사(白馬寺)라 부르게 되었다는 것입니다. 그리고 나중에는 대중이 많이 거처하는 큰 절을 사(寺)라 하고, 깊은 산 물 좋은 곳에 고요히 자리잡은 토굴을 암자(庵子)라 불렀으며, 깊은 산 그윽한 곳에 전문수도장을 만들고, 많은 대중이 숲처럼 많이 모여 공부하는 장소를 총림(叢林)이라 부르게 된 것입니다.

우리나라의 절은 처음 고구려에 전해졌을 때, 역시 중국식 성문사와 같이 사자를 붙이고 또 암·총림으로 발전하였으나, 신라에서는 처음 모례(毛禮)씨네 집에서 아도(阿道)스님께서 불법을 폈으므로 모례네 집을 털보, 털보하고 부르다가 나중에는 '절'로 변했다는 것입니다. 마치 승님(僧任)을 승님, 승님하다가 요사이 스님으로 변해 부르는 것과 같습니다.

하여간 절은 깨끗하고 고요한 수도장입니다. 그러기 때문에 암자나, 정사나 총림이나 사(寺)·절 모든 것을 통틀어 도량이라 부르게 되는 것입니다.

도량은 원음으로 읽으면 도장이지만 무술을 닦는 곳도 도장이고 장사를 하는 곳도 시장이라 정처(靜處)의 어음(語音)을 조금 달리하여 도량으로 부르기로 하였는데, 언제부터 그렇게 변했는지는 알 수 없습니다.

그런데 ≪금강정유가천수천안관자재보살수행의궤경(金剛頂瑜伽千手千眼觀自在菩薩修行儀軌經)≫에서는 "누구든지 ≪천수경≫의 비밀수행을 하고자 하는 자는, 마땅히 유가 선생님(瑜伽阿闍梨)이 계신 곳에 가서 보리심(菩提心)을 발하여 율의계(律儀戒)를 받고, 훌륭한 곳에 나아가 신명재(身命財)를 바쳐 대가람(大伽藍)을 설치한 다음, 자·비·희·사(慈·悲·喜·捨)의 4무량심(無量心)으로서 거룩한 서원을 발하고, 동·서·남·북 4방의 여래를 청하여 지성으로 청하라"고 하였습니다.

4방여래는 동방의 아촉여래(阿閦如來), 남방의 보생여래(寶生如來), 서방의 무량수여래(無量壽如來), 북방의 불공성취여래(不空成就如來)가 그분들입니다. 사방의 여래를 청하여 예배 공양하려면 무엇보다도 먼저 도량이 청정해야 할 것이니, 동·서·남·북 4방에 물을 뿌려 청소하고, 오시는 분들로 하여금 청정도량에서 안강을 얻도록 하기 위해 사방찬을 하는 것입니다. 그러니 이 주문을 읽는 분들이나 부처님께 공양을 올리고자 하는 분들은, 마땅히 먼저 자기 도량, 즉 가정집을 청결히 하여 가정식구가 모두 정토의 안강을 얻게 한 다음, 절에 가서도 그렇게 하고 불공 염불을 하여야 할 것입니다.

　만일 누구나 정구업진언부터 천수주문까지의 내력을 듣고 그대로 실
천한다면, 동·서·남·북 어느 곳에 가든 도량이 되지 않겠습니까. 그
러므로 천수의 물을 동쪽에 뿌리면 도량이 되고, 남쪽에 뿌리면 청정하
게 되며, 서쪽에 뿌리면 정토가 되고, 북쪽에 뿌리면 모두가 평안하게
된다고 하는 것입니다.


## 2. 도량찬(道場讚)


　이렇게 도량을 청정하게 하면 3보(寶)와 천룡(天龍)이 저절로 내려오
시게 되어 있습니다.


〔원문〕　도량청정무하예(道場淸淨無瑕穢)
　　　　　삼보천룡강차지(三寶天龍降此地)
　　　　　아금지송묘진언(我今持誦妙眞言)
　　　　　원사자비밀가호(願賜慈悲密加護)


〔역문〕　온도량이 깨끗하여 더러운 것 없사오니
　　　　　삼보님과 천룡님이 이도량에 내리시네
　　　　　내가이제 묘한진언 지니옵고 외우노니
　　　　　자비로서 베푸시어 사랑하여 주옵소서.


　가 됩니다. 정토라고 하는 것은 거룩한 성인들이 사는 국토라는 뜻입
니다. 성인은 하예(瑕穢)가 없기 때문입니다. 불·보살과 같은 성인들이
계신 이상국가에는 하예가 없으므로, 도량이 청정하여 안강(安康)을 얻

게 되는 것입니다. 청소가 잘 되고 도량정비가 잘된 곳에 가면 마음이 편안합니다. 그런데 부처님께서 도량을 청정하게 하는데는 '몸과 입과 뜻의 업을 깨끗하게 하는 것이 으뜸이다'고 하였고, 유마거사는 '마음이 깨끗하면 세계가 저절로 깨끗해진다'고 하여 유심정토(唯心淨土) 사상을 부르짖었습니다.

그렇습니다. 세상은 겉으로 나타난 현상만 보면 생·노·병·사(生·老·病·死)하고, 흥·망·성·쇠(興·亡·盛·衰)하며, 고·저·장·단(高·低·長·短)하고, 호·오·염·정(好·惡·染·淨)하며, 희·노·애·락(喜·怒·哀·樂)한 모습을 보게 되지만, 그것을 일으키는 근본 된 마음에는 본래 그러한 것이 없으므로, 이 세계의 번뇌와 사견(邪見)·기근·질병 등 탁악(濁惡)한 현상이나, 하늘나라의 복된 생활을 구경한다 하더라도, 거기에 현혹 좌우됨이 없으므로 진실로 해탈한 경지라 항상 정토가 되는 것입니다. 개 눈에는 개만 보이고, 부처님 눈에는 부처님만 보인다고 하지 않았습니까. 마음이 깨끗하면 저절로 정토는 나타납니다.

3보(寶)는 불·법·승(佛·法·僧) 3보입니다. 부처님이 계시면 법이 저절로 있게 되며, 단 그것을 믿고 따르는 승가대중이 나타나게 될 것입니다. 부처님이 계시면 법이 있고 승이 있기 마련입니다. ≪천수경≫은 법을 깨달은 사람이고, 법은 부처님의 근본이 되는 진리이며, 승은 그 법과 불을 믿고 실천하며 세계에 널리 펴는 사람입니다.

그런데 이 3보는 마치 세간의 보물이 가난을 없애고 부유를 이루며, 밝은 빛으로 세상을 밝히는 것처럼, 진리의 등불로서 세상을 밝히고, 어리석음의 갖은 고통을 받는 중생들에게 지혜의 불빛을 나타내어, 세상을 넉넉하게 하므로 보배보(寶)자를 써서 3보라 하게 된 것입니다. 그러므로 이 세상에서 존경해야 할 것은 3보며, 귀의해야 할 것도 3보입니다. 세간의 보물은 많고 작고 때가 되면 주인이 바뀌게 되는 것이지만, 3보는 한 번 깨닫고 믿기만 하면 다시는 바뀌고 줄어짐이 없이, 항상 넉넉

하므로 없는 가운데서 부자생활을 할 수 있게 되는 것입니다.

부잣집에는 먹을 것이 많고 입을 것이 많고, 또 거처가 편하므로 보호자가 많고 손님이 많게 됩니다. 부처님이 있을 곳에는 부처님이 찾아올 것은 당연한 이치라, 3보가 그 땅에 내려올 것은 정한 이치이고, 또 3보가 있는 곳에 8부신장이 항상 옹호한다 하였으니, 천룡 8부가 그 땅에 내리는 것 또한 의심할 여지가 없습니다. 만일 여기에 묘한 진언을 가지고 외어 모든 사람을 교화한다면 어찌 3보께서 자비로서 가호를 버리시겠습니까. 그러므로 '내 이제 묘한 진언을 가지고 외우노니 자비로서 은근히 가호해 주옵소서'라 한 것입니다.

진실한 신행은 파사현정(破邪顯正)의 길잡이가 되고 정토실현의 근본이 됩니다. 신라스님 혜통(惠通)은 원래 경주 남산 동쪽 기슭 은천동(銀川洞) 동구 밖에서 살고 있었습니다. 하루는 집 동쪽 시내 위에서 놀다가, 한 마리의 수달을 잡아 죽여 그 뼈를 동산에 버렸는데, 이튿날 새벽에 가보니 그 뼈가 없어졌습니다. 이상히 여겨 핏자국을 따라가 보니, 뼈가 예전에 살던 구멍으로 되돌아가 새끼 다섯 마리를 안고 있지 않겠습니까. 너무도 놀란 혜통은 그 길로 출가하여 중국에 유학 했습니다.

그러나 중국 스님들은 한국 스님을 알아주지 않았습니다. 3년 동안을 계속해서 무외삼장(無畏三藏)을 섬겼는 데도 입문(入門)을 허락지 않아 그 애통함을 참지 못하여 머리에 뜨거운 화로를 이고 기도하였습니다. 얼마 후 머리가 터져 뼈가 튀는 소리가 대포소리 같았습니다. 놀란 삼장이 나와서 보고 가엾이 여겨 신주(神呪)로서 상처를 아물게 하고 그의 법을 전했는데, 터진 머리가 아물자 자리에 왕자(王字)무늬의 흔적이 생겼으므로 왕화상이라 부르게 되었습니다.

그때 당나라 공주가 병이 나서 고종(高宗)이 무외삼장에게 부탁하니, 삼장은 왕화상을 추천하여 흰 콩 한 말과 검은 콩 한 말을 앞에 놓고 다라니를 외워 신병(神兵)을 만듦으로써, 공주의 몸에 붙었던 교룡(蛟龍)이

달아나 드디어 병이 나았습니다. 화가 난 교룡이 신라의 문잉림(文仍林)으로 와서 많은 사람들의 목숨을 해쳤습니다. 당시 정공(鄭恭)이 당나라에 사신으로 왔다가 이 사실을 혜통스님께 알리니, 혜통스님은 그와 같이 문무왕 5년(665)에 본국으로 돌아와 용을 쫓아버렸습니다.

문잉림 속의 용은 쫓겨가면서 '이 일은 오직 정공 때문이다' 하고 죽어 정공의 집 앞에 버드나무로 변신하였고, 정공은 이를 모르고 무럭무럭 자라나는 푸른 버들을 사랑하여 애지중지하는데, 때마침 신문왕이 돌아가시고 효소왕이 즉위하여 신문왕의 능터를 만들고 장례길을 닦는데, 정공집 앞 버드나무가 장애가 되므로 베려하자, 정공은 '차라리 내 머리를 벨지언정 저 나무는 벨 수 없다'고 하므로, 나라에서 크게 벌을 내려 정공을 죽이고 그 집을 묻어 버렸습니다. 이에 나라에서 의논했습니다.

실로 정공은 죄가 없는데 죽였으므로 혹 그의 친구 왕화상이 알면 복수를 할지 모르니, 그도 잡아 없애는 것이 좋겠습니다고 하니, 왕은 갑옷을 입은 많은 병정들을 왕화상께 보냈습니다. 왕화상은 미리 이 사실을 알고 왕망사(王望寺)에 있다가 병사들이 오는 것을 보고, 지붕 위에 올라가 사기병과 붉은 빛깔을 묻힌 붓을 가지고 그들에게 외쳤습니다.

"내가 하는 것을 보라."

하고 곧 사기병 목에 한 획을 그으면서

"너희들은 각기 너희 목을 보라."

고 외쳤습니다. 병사들이 서로 쳐다보니, 그들의 목에 모두 붉은 금이 그어져 있으므로 놀랐습니다. 왕화상은,

"내가 이 병목을 자르면 너희들 목이 저절로 베어지게 되는데 목숨이 아깝거든 알아서 하라."

고 하였습니다. 병졸들이 놀라 임금님께 달려와서 고하니 임금께서,

"화상의 신통력을 어찌 사람의 힘으로 도모하겠느냐."

하고, 왕은 곧 혜통을 불러 병을 앓고 있는 그의 딸을 치료케 하였습

니다. 딸이 완쾌되므로 왕이 물었습니다.

"무슨 소망이 없습니까?"

"정공은 교룡의 작해(作害)를 입어 애매하게 나라의 형을 받았습니다."

하니, 왕이 그때서야 크게 후회하고 그의 처자에게 죄를 면하게 하고, 혜통을 국사로 삼았습니다. 주문의 신통력은 이렇듯 죽어가는 사람을 살리고, 또 이미 죽은 사람의 허물을 벗겨줍니다. 도량을 청정하게 하고 마음을 깨끗이 하면 3보와 천룡들이 내려 오셔서 은근히 가피력을 주시기 때문입니다.

이보다 앞서 신문왕(神文王)이 등에 창병이 생겨 잘 낫지 아니하므로 국사 혜통을 불러 치료케 하니, 혜통은 곧 주문을 외워 치료하고, "폐하께서는 전생에 재상으로 있을 때 선량한 신충(信忠)을 죽임으로써, 그의 원결이 창병으로 변한 것이니 절을 지어 그의 원결을 풀어주어, 다시는 갚음을 받지 않게 하옵소서" 하므로 왕은 신충봉성사(信忠奉聖寺)라는 절을 지었습니다. 절을 짓고 낙성식을 했는데 그날 밤 하늘에서 외치는 소리가 났습니다.

"왕이 절을 세워 주셨으므로 고통에서 벗어나 천상에 태어나게 되었으니 원망은 이미 풀렸습니다."

왕이 이 소리를 듣고 나서 그 소리 난 곳에 또 절을 지으니 이름이 절원당(折怨堂)이었습니다. 원한을 끊어버린 집이라는 뜻입니다.

그것은 ≪삼국유사≫ 제5권 혜통항룡조(惠通降龍條)에 있는 이야기입니다. 진언은 거짓이 없는 말이므로 진실해야 합니다. 진실하기만 하면 이렇듯 가피를 입어 해탈을 얻게 됩니다.

## 3. 3보천룡(寶天龍)의 강림(降臨)

그러면 3보와 천룡이 어떠한 식으로 강림합니까. 수행자가 먼저 유가사(瑜伽師) 앞에서 보리심을 발하고, 율의계(律儀戒)를 받고 몸과 명과 재물을 받쳐 용맹 정진하면서, 비민심(悲愍心)을 품고 생사를 싫어하지 않고, 결정적으로 보현(普賢)보살의 몸을 증득하고자 많은 부처님들을 시봉하면서, 즐겨 거룩한 반야바라밀다행을 실천하면 자·비·희·사(慈·悲·喜·捨)를 갖추게 되어 3보의 가피력으로서 유정 중생들을 제도하게 된다고 하였습니다.

말하자면 자기 인격을 완성하고 중생을 널리 이익되게 하고자 하는 이가 있으나, 자기의 힘으로는 부족하고 부처님이나 화엄신장님들의 가피력을 입어서, 그 목적을 달성코자 하는 이가 있다면 산간이나 고요한 정사, 또는 가람, 혹은 사리탑 앞에 단을 마련하고 번개(幡蓋)를 세우고, 여러 가지 꽃과 음식·향·등불을 공양하며 기도하면, 반드시 3보천룡의 가피를 입는다고 하였습니다.

그러면 그 기도를 어떻게 합니까.

목욕재계하고 부처님과 여러 성현 앞에 나가 꽃과 향, 음식과 과자 등 여러 가지 공물로서 힘에 따라 정성껏 공양하고, 예배하며 전생의 모든 죄업을 참회하고 기쁜 마음으로 회향 발원합니다. 그리고 마음을 움직여 관찰하십시오. 허공에 가득찬 모든 여래와 그들의 구족한 상호를 그리고 주문을 외우십시오. 그리하면 법계의 모든 불·보살을 경각(警覺)시켜 깊은 선정으로부터 깨어나게 할 것입니다. 그때 부처님께 고하십시오.

'저의 몸은 지혜가 작고 복덕이 적어 고통의 바다에 빠져 있으므로, 부처님들의 위신력을 빌려서 이로부터 헤어나고자 발원하오니, 오직 원컨대 대비 본원을 버리지 마시고 자비로서 불쌍히 여겨 관찰해 보호해 주십시오. 그리하여 일체 여래께서는 신통력으로서 저희들의 고통을 구

제하여 주옵소서.'

이렇게 발원하고 나서 동·서·남·북 4방의 여래를 영청하십시오. "동방의 아촉불(阿閦佛), 남방의 보생불(寶生佛), 서방의 무량수불(無量壽佛), 북방의 불공성취불(不空成就佛), 이렇게 네 분의 부처님을 청하여 사신공양(捨身供養) 내지 부처의 몸을 이룰 때까지, 금강불괴의 보살업을 지으라 하였습니다."

그러면 어떻게 금강불괴의 보살업을 지어야 합니까.

단정히 가부좌를 맺고 생각을 바로 하되 몸을 움직이지 말고 눈을 감고 앉아서, 네 가지 한량없는 마음을 관찰해야 한다 하였습니다. 네 가지 한량없는 마음이란 자·비·희·사(慈·悲·喜·捨)의 마음입니다.

첫째, 자무량심삼매(慈無量心三昧)에 들어서는 깨끗한 마음으로, 널리 6도 4생의 중생들이 모두 여래의 불성과 3신(身)이 구족한 것을 관찰하고, 나아가서 이 같은 공덕력을 닦아서 유정중생을 제도하는 보현보살이 되리라고 서원하고,

둘째, 비무량심삼매(悲無量心三昧)에 들어서는 모든 중생이 생사고해에 빠져, 제 마음을 깨닫지 못하고 망녕스리 여러 가지 번뇌를 일으키고 있음을 자각하고, 허공과 같이 평등한 진여의 세계에 나아가 일체 중생이 모두 허공장보살과 같이 되기를 발원하라고 하였습니다.

셋째, 희무량심삼매(喜無量心三昧)에 들어서는 청정한 마음으로, 널리 6도 4생의 일체 유정이 본래 청정하기가 마치 연꽃과 같아 객진(客塵)에 물들지 않는 사실을 관찰하고, 즉시 대희(大喜)삼매에 들어서 진언을 외우라고 하였으며,

넷째, 사무량심삼매(捨無量心三昧)에 들어서는 평등심으로 모든 중생을 반연하되, 나(我) 내것(我所)이란 취착심(取着心)을 버리고, 능연심(能緣心)과 소연심(所緣心)까지도 버려 모든 것들이 하나 되는 경지에서 해탈을 증득하라고 하였습니다.

이렇게 네 가지 한량없는 마음을 수행하고 나서 열 손가락을 서로 붙여 합장하고, 10바라밀(波羅蜜)을 관하여 열 가지 혹장(惑障)을 없앤다는 것입니다. 혹장이 소멸되면 곧 10지(地)가 나타나서, 등각(等覺)・묘각(妙覺)의 불지(佛地)는 손바닥 위의 구슬처럼 요료명명(了了明明)하게 들어난다는 것입니다.

만일 이렇게 불심이 나타나면 그 불심에 따라 불세계가 등장되고, 불세계가 등장되면 시방제불(十方諸佛)이 일시동회(一時同會)하여 화장장엄법회(華藏莊嚴法會)를 연출하게 되고, 화장장엄법회가 연출되면, 3계(界) 25유(有) 중생이 한자리에 모여 법을 듣고 실천하게 되기 때문에, 천룡팔부의 옹호대상이 되게 된다는 것입니다.

사람의 마음이 부정(不淨)하면 개짐승도 보고 따르기를 꺼려하지만, 사람의 마음이 순진(純眞)해지면 날아다니는 짐승들도 그를 따르고 보호하기 마련입니다. 하물며 무량한 삼매를 닦고 육도만행의 보살도를 실천하여 10지, 불타를 눈앞에 들여다 보는 성자의 경지야 더 말할 수 있겠습니까.

기도(祈禱)란 마음을 비우는 것입니다. 부정한 마음, 불선(不善)한 마음, 번념(煩念)에 찬 마음을 깨끗이 비우고 상・락・아・정(常・樂・我・淨)의 불법으로 채우는 것이 기도입니다. 이렇게 비운 마음으로 사바의 공업(共業) 중생들을 진심으로 생각하고 구원할 것을 원한다면 기는 짐승, 나는 새는 말할 것도 없지만 시방세계의 모든 성현들을 감동시켜 보호를 받게 될 것입니다. 그러니 경을 읽고 주문을 외우는 사람은 마땅히 그 마음을 깨끗이 하기를 허공처럼 하여야 할 것입니다.

이상의 천수다라니와 도량게를 소재로 하여 추는 춤을 '천수바라무' '도량무'라 합니다. 애벌레가 나비가 되어 세상에 갖가지 꽃을 피우는 모습을 나타낸 것이 도량무인데, 나비가 훨훨 날아다니는 시늉을 하기 때문에 나비춤이라 부르기도 합니다.

婆婆摩訶阿悉陀夜

ㅂ ㅂ ㅁ ㅎ ㅇ ㅅ ㄷ ㅇ

六十六

寶兄註云
婆婆摩訶
阿悉陀夜
婆婆訶菩
陵現隨頹
相化導隨
頹衆生得
天瓔持

此是藥上菩薩本身行療諸病
This is Bhaisajyasamudgata Bodhisattva of healing.

婆婆訶

ㅂ ㅂ ㅎ

六十五

雄兄五十二

此是圓滿菩薩身者朱衣母陀羅手也
This is Satisfactory Bodhisattva.

# 제9강 참회법(懺悔法)

## 1. 참회게(懺悔偈)[1]

다음 대목은 참회에 관한 글귀입니다. 먼저 참회게가 나오고, 다음에
는 12존불이 나오고, 다음에는 10악참회 등이 차례로 나옵니다.

참회게란 참회하는 글귀라는 뜻입니다. 참회의 참(懺)은 범어 참마(懺

---

[1] 죄를 참회하는데는 이참(理懺)과 사참(事懺) 두 가지가 있습니다. 이참이란 이치적으로
참회하는 것이고, 사참이란 사실적으로 참회하는 것입니다. 즉 '아석소조죄악업 개유무
시탐진치 종신구의지소생 일체아금개참회'는 사참회이고, '죄무자성종심기 심약멸시죄
역망 죄망심멸양구공 시즉명위진참회'는 이참회입니다.
원래 참회법에는 이·사 두 가지가 있는 것이 아니라 ① 작법참(作法懺) ② 취상참(取
相懺) ③ 무생참(無生懺) 세 가지가 있는데, 먼저 이참은 무생참이 되고, 뒤의 사참은
취상참이 됩니다. 작법참이란 부처님 앞에 나아가서 자기가 지은 죄과를 낱낱이 고백하
고 참회하는 것이고, 취상참은 마음의 정중(定中)에 들어가서 참회하는 생각을 간절히
함으로써 부처님의 서상(瑞相)을 감응하는 것이며, 무상참은 바른 마음으로 단정히
앉아 무생(無生)의 이치를 관찰함으로써 무명(無明)을 제거하고 중도(中道)를 실증(實
證)하는 것입니다. 예를 들면 세조대왕이 조카를 죽이고 창병을 얻은 것은 죄업의 과보
를 받은 것이고, 마음에 죄책을 느껴 오대산에 들어가 문수보살 앞에 기도하며 눈물로
써 참회한 것은 작법참회이고, 밤낮 없이 마음 속으로 부처님의 서상을 그리며 기도하
다가, 목욕탕에서 문수동자를 만난 것은 취상참회가 되고, 그 뒤 죄가 본래 없는 것임을
알아 무명을 제거하고, 중도실상의 마음으로 원각사를 짓고 13층탑과 경전을 편찬함으
로써, 많은 죄인들에게 참회 구도의 길을 열어 준 것은 무상참입니다.
그러므로 왕생예찬(往生禮讚)에 보면 참회의 길에 세 단계가 있으니 '상품(上品)' 참회
자는 몸의 온갖 털구멍에서 피가 나도록 하는 것이고, 중품(中品) 참회 자는 온 몸에서
털구멍을 통해 솟아 혈류(血流)를 흐르는 자라 했으며, 하품(下品) 참회 자는 눈에서
눈물을 쏟을 정도로 뉘우침이 첫째이고, 참회의 공덕을 대중에게 베푸는 공덕을 짓는
일이 둘째가 된다 하였습니다.
참회하는 자는 그 태도가 중요하므로 비구계에서는 참회할 때 5종의 방식이 있는데
① 단정히 옷을 입고, ② 오른쪽 어깨를 들어내고,③ 오른쪽 무릎을 땅에 꿇고, ④
합장하고, ⑤ 증명자의 발에 예를 올린다고 하였습니다. 중요한 이야기입니다. '나는
마음으로 참회했으니 몸이야 어떻게 가지든 상관없다'고 하는 자가 있으나 심상(心相)
이 신상(身相)이라 몸과 마음의 태도를 일치하게 가져야만 됩니다. 만일 이렇게만 참회
한다면 아무리 굳고 강한 죄라도 햇빛아래 눈 녹듯하고, 비누 속에 때가 지듯하여
불 앞에 마른 숲이 타듯 하나도 남은 것이 없게 될 것입니다.

摩·Kṣama)의 약어이고, 회(悔)는 중국어 회과(悔過)의 약어입니다. 원래 범어 참마를 중국사람들이 회과라 번역하였는데 범어의 참자와 한어의 회를 떼어서 참회라 하였으므로 범어와 중국어를 합성한 말입니다. 이런 것을 범화쌍창(梵和雙唱)이라 합니다.

참마는 청타인서지의(請他忍恕之義) 용서치사지의(容恕致謝之義)입니다. '청타인서지의'란 상대방을 향하여 참음으로써 용서한다는 말이고, '용서치사지'는 상대방의 잘못을 참음으로써 용서하고 치사한다는 뜻입니다. 범한 죄를 들어내어 설명한다고 할 때는 참이라 하지 않고 제사니(提舍尼·Deśaniya＝說罪)라 합니다.

그런데 그 용서를 받아야 할 일, 참아야 할 일, 치사해야 할 일이 다른게 아니라 탐·진·치(貪·瞋·痴) 3독(毒)을 몸과 입과 뜻을 통하여 발산하므로 나와 남을 함께 해롭게 했던 일이므로,

〔원문〕  아석소조제악업(我昔所造諸惡業)
　　　　개유무시탐진치(皆由無始貪瞋癡)
　　　　종신구의지소생(從身口意之所生)
　　　　일체아금개참회(一切我今皆懺悔)

〔역문〕  아득히먼 옛날부터 내가지은 모든악업
　　　　모두가다 탐진치로 말미암아 생기었고
　　　　몸과입과 뜻을따라 무명으로 지었기에
　　　　내가이제 진심으로 모두참회 하옵니다

그러면 여기서 우리가 꼭 알고 넘어가야 할 것은 악이란 무엇인가 하는 것입니다. 악이란 우리에게 해(害)를 입히는 것, 달갑지 못한 것, 좋지 못한 것입니다. 그러나 이것은 인간의 의지나 행위에 의해서만 국한

하여 쓰는 것이 아니라, 질병이나 기분 같은 생리적 현상, 날씨 같은 자연적 현상, 또는 정치나 법률 같은 사회적 현상에 대해서도 사용되는 경우가 있었습니다.

원시시대에는 인류 사람들이 모여서 생활하는 가운데 공동생활에 해독을 주는 홍수·질병·폭풍우나, 공동사회에 약속과 풍습에 어긋나는 일을 저지르는 행위 등을 악으로 보았는데, 이들은 모두 그 같은 행위가 인간 이상의 힘을 가진 어떤 존재로부터 온 것이라고 보고, 그것은 악마·악령과 같은 형태를 가지고 있는 것이라 생각했습니다. 그러기 때문에 그들은 마술이나 주술이 아니고는 그를 물리칠 수 없다고 생각하여, 아직도 그러한 형태의 종교를 가진 민족이 적지 않습니다.

예컨대 기독교의 신앙은 그 가운데서도 매우 발전된 것이지만 아직도 그 숙제는 확실히 풀리지 않습니다. 기독교의 신앙은 한 말로 사죄(謝罪)에 있다고 할 수 있습니다. 아담(Adm)과 이브(Eve)가 저질렀던 원죄를 사하고 예수 그리스도의 속죄의 은총을 믿어야 하는 것입니다. 칸트(Kant)도 이것을 근본악(根本惡)으로 다루고 있지만 근본악이 왜 생겼느냐 하는 문제는 아직 풀지 못하고 있습니다.

유교에서는 인간의 본성에 선적인 것과 악적인 것이 함께 내포되어 있다고 하여, 선적인 것을 주장한 맹자는 성선설(性善說)을 주장하고, 악적인 것을 주장한 순자(荀子)는 성악설(性惡說)을 주장하여, 인간성의 악은 수양과 교육에 의하여 극복될 수 있다고 하였지만, 이러한 의미에서 본다면 소크라테스(Sokrates)의 무지설(無知說)이 더 교육학적 의미를 내포하고 있습니다. 소크라테스는 인간의 악은 무지에서 시작된다고 보았기 때문입니다.

근세에 자연과학이 발달하면서 많은 경험론자들과 유물론자들은, 신학적 의미와는 전혀 다른 백지설(白紙說)을 주장하고 있습니다. 즉 인간의 마음은 본래 백지와 같이 깨끗한 것인데, 여러 가지의 경험에 의해서 행위와 성격적 차별이 생겼다고 하여, 인간이 선과 악을 환경적 산물로 규정하기도 하였습니다. 한편 공산주의자들은 선과 악은 인간생활의 역사적 사회적 조건으로부터 온다고 보고, 특히 악은 인간이 인간을 지배하고 착취하는 데서 왔으므로, 종교적·도덕적·교육적 방법보다는 사회혁명에 의해서 악을 제거해야 한다고 주장하고 있습니다.

그러나 이와는 반대로 경험주의자들이 주장하는 것처럼 선과 악은 환경의 산물이므로 절대적인 것이 아니고 상대적인 것이라, 사회의 진보와 발전은 오히려 많은 사람들의 이기적인 야심과 경향도 없지 않습니다.

그런데 고대 그리스 예술가들은 이 같은 죄악·해악(害惡)·악덕 말고도, 열악(劣惡)이라는 말을 사용하고 있는데, 열악이란 우아미(優雅美)에 대한 추잡(醜雜) 같은 것도 악으로 취급해 보았습니다.

하여간 악이란 인간의 사회를 욕되고 해롭게 함으로써 존재하는 모든 것들에게 괴로움을 주는 것이므로 삼가야 할 것입니다.

불교에서는 이러한 악이 본래부터 우리의 마음 속에 깊이 간직되어 나온 것이 아니고, 사물이치에 대한 근본된 지혜를 개발치 못하므로 인해서 생기는, 무지와 진에(瞋恚) 탐욕에 의해서 생긴다 보고, 지혜의 물로서 몸과 입과 뜻을 맑게 함으로써 참회는 가능하다고 보고 있습니다. 왜냐하면 우치의 발산이 결국 신·구·의(身·口·意)의 3업을 넘어서지 않기 때문입니다.


## 2. 증명법사 12존불


이 세상에 죄악을 범하지 않는 자는 거의 없습니다. 생존 그 자체가 경쟁이고 투쟁이기 때문입니다. 그러나 그 생활이 경쟁이고 투쟁이라 하여서, 무조건 해악만을 일삼는다면 세상은 온통 수라장이 되고 말 것입니다. 인간의 생활이 매우 경쟁적이고 투쟁적이긴 하지만, 그 가운데서도 약육강식(弱肉强食)의 모순을 깨달으면 상호부조적(相互扶助的) 입장에서 상부상조하는 생활태도를 가질 수 있는 것입니다.

사람은 악과 선을 통해서 때로는 자각적(自覺的) 타각적(他覺的) 존재로 변현할 수도 있는 것입니다. 지금 여기서 말씀드리려 하는 열두 분의 거룩하신 선각자들도, 그러한 고난을 통하여 깨달음을 얻으신 분들입니다. 그러기 때문에 그 분들은 우리의 스승인 동시에 우리들이 참회하는 것을 증명할 수 있는 증명부처님이 되는 것입니다.

〔원문〕 나무참제업장보승장불(南無懺除業障寶勝藏佛)
　　　　보광왕화염조불(寶光王火焰照佛)
　　　　일체향화자재력왕불(一切香華自在力王佛)
　　　　백억항하사결정불(百億恒河沙決定佛)
　　　　진위덕불(振威德佛)
　　　　금강견강소복괴산불(金剛堅强消伏壞散佛)
　　　　보광월전묘음존왕불(普光月殿妙音尊王佛)
　　　　환희장마니보적불(歡喜藏摩尼寶積佛)
　　　　무진향승왕불(無盡香勝王佛)
　　　　사자월불(獅子月佛)
　　　　환희장엄주왕불(歡喜莊嚴珠王佛)
　　　　제보당마니승광불(帝寶幢摩尼勝光佛)

이 열두 부처님은 고액(苦厄) 가운데서 죄악을 느끼고 참회하여 해탈한 성자들입니다. 그러기 때문에 이 부처님들을 부르고 생각하면 죄업이 소멸되고 고액을 벗어날 수 있다는 것입니다.

참제업장보승장불은 업장을 참회해서 없애주시는 부처님으로 이 부처님

의 이름을 부르면 '남에게 진 일체의 신세와 허물이 소멸된다'고 하였고,

보광왕화염조불은 널리 지혜의 빛을 무더기 불빛처럼 비쳐서 중생의 업장을 태워주시는 분으로, 이 부처님의 명호를 부르면 '돈과 재물로 사치하고 헛되게 낭비한 죄를 용서받는다'고 하였으며,

일체향화자재력왕불은 여러 가지 진리의 향기를 마음대로 뿌려 세상의 구예(垢穢)를 없애주시는 분으로, 이 부처님의 명호를 부르면 '한평생 동안 잘못한 크고 작은 모든 죄업이 소멸된다'고 하였고,

백억항하사결정불은 간디스강의 모래알처럼 많은 선행으로 행로를 결정 지워주는 부처님으로, 이 부처님의 명호를 부르면 '살생한 죄업을 소멸한다'고 하였습니다.

진위덕불은 위덕으로서 모든 악덕을 항복받는 거룩한 부처님으로, 부처님의 명호를 일념으로 부르면 '삿된 음행과 악담 설욕한 죄를 소멸한다'고 하였고,

금강견강소복괴산불은 다이아몬드와 같이 굳고 강한 마음으로서 모든 죄업을 부서 흩어버리는 부처님으로, 이 부처님을 부르면 '지옥에 떨어질 죄업을 소멸한다'고 하였으며,

보광월전묘음존왕불은 둥근달과 같이 밝고 깨끗한 빛과 맑고 깨끗한 음성으로서 유정(有情)들을 구제하시는 부처님으로, 이 부처님을 부르면 '설법을 듣는 것과 같은 공덕을 짓는다'고 하였고,

환희장마니보적불은 여의주를 무더기로 가지고 온갖 중생들을 환희롭게 하시는 부처님으로, 이 부처님의 명호를 외우면 '일평생 성낸 죄업을 소멸한다'고 하였습니다.

무진향승왕불은 끝없이 거룩한 진리의 향기를 증득한 부처님으로, 이 부처님의 명호를 부르면 '한량없는 생사의 고통을 받을 죄업을 소멸한다'고 하였고,

사자월불은 산중의 왕자처럼 위덕이 있고, 지혜가 거룩한 부처님으로,

이 부처님을 부르면 '축생으로 태어날 죄업을 영원히 소멸한다'고 하였으며,

환희장엄주왕불은 자·비·희·사의 네 가지 한량없는 마음으로 세상을 장엄하시는 부처님으로, 이 부처님의 명호를 일념으로 부르면 '살생·도적질한 큰 죄를 소멸한다'고 하였고,

제보당마니승광불은 임금님처럼 위력이 있는 마니보주와 같은 거룩한 빛을 가진 부처님으로, 이 부처님을 외우면 '욕심을 내어 저지른 온갖 죄업을 모두 소멸하게 된다'고 하였습니다.

그러므로 이 열두 부처님을 증명단의 부처님으로 모시고 다생의 죄업을 참회하는 것입니다.


## 3. 10악참회(十惡懺悔)


이들 부처님 앞에서 다생의 죄업을 참회한다고 하는데, 어떤 죄업을 참회하게 됩니까.

인간의 죄업은 탐·진·치 3독을 근본으로 하여 몸과 입과 뜻을 동원해 나타난다고 하는 말씀은 이미 드린 바 있습니다. 그러면 그 몸과 입과 뜻을 통해 나타나는 죄업은 어떤 것이 있습니까.

첫째, 몸으로 짓는 죄업에는 ① 남의 생명을 함부로 죽이는 살생죄(殺生罪), ② 주지 않는 것을 훔치는 도둑질(偸盜罪), ③ 정한 애인이 아닌 남녀가 사교(邪交)를 맺는 사음(邪淫)이 있고,

둘째, 입으로 짓는 죄업에는 ④ 거짓말(妄語)하고, ⑤ 발림말(綺語)하고, ⑥ 이간질(兩舌)하고, ⑦ 악한 말(惡口)하고,

셋째 뜻으로 ⑧ 탐애(貪愛)심을 내고, ⑨ 성내고(瞋恚), ⑩ 어리석(癡暗)은 것이 그것입니다. 그러므로,

〔원문〕 살생중죄금일참회(殺生重罪今日懺悔)
투도중죄금일참회(偸盜重罪今日懺悔)
사음중죄금일참회(邪淫重罪今日懺悔)
망어중죄금일참회(妄語重罪今日懺悔)
기어중죄금일참회(綺語重罪今日懺悔)
양설중죄금일참회(兩舌重罪今日懺悔)
악구중죄금일참회(惡口重罪今日懺悔)
탐애중죄금일참회(貪愛重罪今日懺悔)
진애중죄금일참회(瞋恚重罪今日懺悔)
치암중죄금일참회(癡暗重罪今日懺悔)

〔역문〕 살생하여 지은죄를 오늘모두 참회하고
도둑질로 지은죄를 오늘모두 참회하고
사음하여 지은죄를 오늘모두 참회하고
거짓말로 지은죄를 오늘모두 참회하고
발림말로 지은죄를 오늘모두 참회하고
이간질로 지은죄를 오늘모두 참회하고
악한말로 지은죄를 오늘모두 참회하고
탐애로서 지은죄를 오늘모두 참회하고
성냄으로 지은죄를 오늘모두 참회하고
어리석어 지은죄를 오늘모두 참회합니다

라 한 것입니다. 사실 몸처럼 장엄하고 위대한 것이 어디 있습니까. 이 몸이 없다면 마음의 형상도 볼 수 없고, 이 몸이 없이는 생명의 근원을 깨달을 수 없는 것입니다. 이 몸으로 다니면서 연꽃처럼 맑고 깨끗한 사랑을 확인하여, 춘향이와 같은 정열(貞烈), 인간을 창조하기도 하면서, 이 몸 때문에 살생도 하고 도둑질도 하고, 간음도 하게 됩니다. 간음을 하고 가정에 불화를 일으키고, 도둑질을 하고 감옥에 들어가고, 살생을 하고 단명보를 받는 것은 누구도 말릴 수 없는 것이지만, 한 날의 즐거움이 백 날의 고통을 자아내는 데는, 아무리 이 몸이 허깨비와 같다고 할지라도 고통은 아프고 쓰라린 것을 어찌 합니까.

입도 그렇습니다. 입처럼 따스하고 달고 시원하고 맛있는 것이 어디 있습니까. 살·도·음(殺·盜·淫)을 범해서 망지불사가 된 자도, 그 입을 통해서 나오는 청아한 법음을 듣고 해탈을 얻는 수가 있으며, 싸움하고 비뚤어져 철천지원수가 된 자도, 한 마디에 화해하여 도반이 되는 자도 있습니다. 열국(烈國)의 정치도 한 입에 의하여 이루어졌고, 천국의 낙원도 한 입에 의하여 이루어졌으며, 세상의 평화도 한 입에 의하여 이루어집니다. 그런데 반대로 그 입은 평화를 깨뜨리는 거짓·위증·이간·발림의 입이 되기도 하는데, 여기 자기의 뜻에 맞지 않는 말을 하게 되면 몸을 버려서라도 악담 설욕을 하며, 입가에 허연 거품을 내놓기도 합니다. 참으로 딱한 일입니다.

뜻 또한 마찬가지입니다. 한 가지 뜻에 의하여 자비도 베풀고 인심도 쓰고 지혜로운 짓도 하면서, 한 생각 어리석으면 성내고 탐내서 세상이 온통 아귀 수라의 옥장(獄場)으로 변하니 이 아니 고통스럽지 않겠습니까.

그러므로 이것은 마땅히 태워 없애야 할 것이고, 씻어 버려야 할 것입니다. 그럼 어떤 방법으로 씻고 태울 것입니까. 이것이 다음 게송이 제시한 문제의 참회법입니다.2)

---

2) 세상에 유행하고 있는 참회수법(懺悔修法)에는 여러 가지가 있습니다. 죄가 8만 4천이라면 참회의 법도 8만 4천이 될 것입니다. 그러므로 경전마다 다른 참법을 이야기하고 조사마다 다른 참법을 실천하여, 법화참(法華懺)·방등참(方等懺)·관음참(觀音懺)·미타참(彌陀懺)·자비참(慈悲懺)·보현참(普賢懺) 등 여러 가지 참법을 닦고는 있으나, 결과는 오직 죄업을 참회하여 복을 형성하는데 있으므로, 전화위복(轉禍爲福)의 행사를 잘하면 그것으로서 참회는 모두 끝나는 것으로 되어 있습니다. 그러나 불법의 참회는 그 복이 유전생사(流轉生死)의 복이 아니라 무루공생(無漏共生)의 복이 되어야 하므로, 불법을 통해 참된 복지사회를 건설해 감으로써 불국정토를 장엄해야 할 것입니다.

## 4. 한 생각 진참회(眞懺悔)

〔원문〕 백겁적집죄(百劫積集罪)
　　　　일념돈탕제(一念頓蕩除)
　　　　여화분고초(如火焚枯草)
　　　　멸진무유여(滅盡無有餘)

〔역문〕 백겁천겁 쌓은죄업
　　　　한생각에 없어져서
　　　　마른풀을 태우듯이
　　　　남김없이 사라지네.

　백겁 천겁 쌓은 죄업을 한 생각에 당장 없애기를, 마른 풀을 태우듯이 남김없이 없앤다는 뜻입니다. 진실한 참회는 진실한 멸죄(滅罪)가 됩니다. 그래서 설사 피의 대가로서 사형을 받는 사람이라도, 마음 가운데 죄업을 모두 털어놓아 세상을 속이는 점이 없다고 한다면, 가벼운 마음으로 사형장에 들어가서 평온한 죽음을 맞게 되는 것입니다.

　그런데 그 죄가 죄를 없애주는 것이 아니라 한 생각이 돌아설 때, 탕진(蕩盡) 되는 것이므로 '한 생각에 마른 풀을 태우듯이 없앤다'고 한 것입니다.

　옛날 어떤 스님이 사람을 죽이고 우바리존자에게 갔습니다.
　"스님 큰 죄를 지었습니다."
　"무슨 큰 죄를 지었습니까?"
　"사람을 죽였습니다."
　"큰일날 일을 하였군요. 3보전에 지극한 마음으로 참회하며 오는 세상에 업보를 감당할 만한 힘을 기르십시오."

스님은 이 말을 듣고 나니 더욱 겁이 났습니다. 3보를 뵈올만한 면목도 없거니와, 3보를 뵈오면 뵈올수록 더욱 미안하고 죄송스런 마음이 생겼으며, 내생에 받을 과보를 생각한다면 필경 죽음보다 더 두려운 생각이 앞서곤 하였습니다. 마침내는 중노릇하는 것 자체도 싫어질 정도가 되었습니다. 차라리 내가 불법을 믿지 않았더라면 인과를 믿지 않아 고민할 것이 없을 것인데 하고 그는 마지막으로 유마거사를 찾아갔습니다. 그랬더니 유마거사는 그를 보자마자 "그 죄를 이리 내놓아라" 호통을 쳤습니다. 아무리 찾아도 죄를 찾을 수 없었습니다. 그래서 그는, "죄를 찾아도 찾을 수 없습니다"고 하니,

"그렇다면 이제 참회가 끝났다."

고 하였습니다. 죄는 마음에서 일어난 것이라 자성(自性)이 없습니다. 그러므로 마음만 없어지면 죄도 따라서 없어지게 되어 있습니다. 그러나 믿음이라는 것도 인연 따라 난 것이라 인연이 공한 도리를 안다면 죄와 마음이 함께 공해지게 되므로

〔원문〕 죄무자성종심기(罪無自性從心起)
　　　　심약멸시죄역망(心若滅時罪亦亡)
　　　　죄망심멸양구공(罪亡心滅兩俱空)
　　　　시즉명위진참회(是卽名爲眞懺悔)

〔역문〕 자성없는 모든죄업 마음에서 일어나니
　　　　마음만― 없어지면 죄업또한 사라지네
　　　　죄와마음 모두없애 두가지다 공해지면
　　　　이경지를 이름하여 진참회라 한다네―

라 한 것입니다. 자기가 저지른 일을 책임지지 않는다고 하는 말이 아닙니다. 어리석은 사람은 억지로 자기의 허물을 숨겨 남을 속이려 하지

만 지혜있는 사람은 지혜로서 상대방의 마음을 풀어 맺힌(怨結) 것이 남아있지 않게 합니다. 맺혀 있으면 복수가 있지만 풀어지면 복수가 없게 되기 때문입니다. 사람처럼 어리석은 것이 없습니다. '나는 원래 죄인이다'고 하며 스스로 죄인을 자처하여 선행을 하려 하는 사람도 있으나, 숯은 아무리 씻어도 희어지지 않습니다.

본래 깨끗한 것이어야 씻으면 깨끗해질 수 있는 것이지 우리의 본 마음에는 선도 악도 없습니다. 선도 악도 없기 때문에 선한 물을 들이면 선해지고 악한 물을 들이면 악하게 되어 있으나, 선도 악도 아니기 때문에 깨달으면 즉시 본래의 상태로 돌아가게 되어 있는 것입니다. 그러니 허공경계를 알고자 하면 스스로 마음 가운데 끼어 있는 구름을 제쳐야 할 것이고, 못 속의 구슬을 보려면 흐린 물을 가라앉히는 것이 첩경이 될 것이니, 스스로 그 마음을 관하여 낀 때를 벗기고 두터운 구름을 녹이며 흐린 티끌을 가라앉히십시오.

## 5. 참회진언(懺悔眞言)

참회진언은 참 마음 참 말로서 다생의 죄업을 뉘우쳐 들어내는 진언입니다.

'옴 살바못자 모지 사다야 사바하'는 한문으로는 '唵 薩婆菩陀 菩提薩陀耶 裟婆訶'로 쓰고, 범어로는 'oṁ salva-budhaya bodhi sadhaya svāha'로 표기합니다.

여기 나오는 단어들은 이미 다 설명한 바 있는 것 들입니다. '옴'은 아·오·마의 뜻이고, '살바'는 전체·일체, '못자'와 '보디'는 깨달음의 뜻이며, '사다야'는 앞서다, '사바하'는 성취·길상의 뜻이니, '옴 살바못자 모지 사다야 사바하'는 '옴, 전체의 깨달음을 위해서 길상이 있게 하옵소서'의 뜻입니다.

그렇다면 깨달음이 어떻게 참회와 연결되느냐 하는 문제가 의심될 것입니다. 깨달음이란 본래 있는 그대로의 상태를 의미합니다. 그래서 각(覺)을 회귀(廻歸) 본연(本然)으로 번역한 곳도 있습니다. 본래 있는 그대로의 상태는 무엇이 가려지거나 흐려지면 볼 수 없게 됩니다. 사람의 마음을 가장 흐르게 하는 것은 죄책의 공포보다 더한 것이 없습니다. 그러기 때문에 죄지은 사람이 문초를 받기 전에는 어둡다·답답하다·괴롭다·무겁다 하다가 털어놓고 나서는 시원하다·가볍다고 합니다.

이렇게 보면 죄에도 무게가 있고, 색깔이 있고, 부피가 있는 모양입니다. 그렇습니다. 죄에도 분명 색깔이 있고, 부피가 있고, 무게가 있습니다. 무거운 짐을 지고 마음에 부담을 느끼고 답답하게 살 필요가 없습니다. 조금 부끄럽고 민망한 점이 있더라도 모두 털어버리고 가볍고 시원한 마음으로 잘 살아가도록 해야 합니다. 그런 의미에서 우리 다같이 참회의 노래 한 번 불러봅시다.

오랜세월 지은죄업 두손모아 참회합니다.
그동안 몸으로 저지른 죄업 많고 많도다.
이제모두 돌이켜서 지심으로 참회합니다.

다생다겁 지은업장 엎드려서 참회합니다.
그동안 입으로 저지른 죄업 많고 많도다.
이제모두 뉘우쳐서 지심으로 참회합니다.

이제부터 모든악업 불심으로 소멸합니다.
그동안 맘으로 저지른 죄업 한이 없도다.
이제모두 바로잡아 지심으로 참회합니다.

# 제10강 준제주(准提呪)의 공덕

## 1. 불모신앙

≪천수경≫의 구조는 '정구업진언'부터 시작하여 참회진언 '옴 살바못
자 모지 사다야 사바하'까지는 ≪천수경≫의 본송이고, '준제공덕취'서부
터 '나무상주 불·법·승'까지는 후렴입니다. 아침 송주를 외울 때도 4대
주는 본송이고 그 다음 '준제주'로부터 '나무상주 불·법·승'까지는 후렴
입니다. 아니 후렴이라고 하기 보다는 불모신앙을 위한 독립된 경전입니
다.

준제주는 부처님께서 사위국 기수급고독원에 계실 때 미래의 모든 중
생들을 불쌍히 여겨 설하신 다라니입니다. 이것은 석가모니 부처님이 처
음으로 설하신 것이 아니라 이미 과거 7구지불모대준제보살(俱胝佛母大
准提菩薩)께서 설하신 것을 다시 설하신 것입니다.

그런데 이 경을 고요한 마음으로 늘 외우면 어떠한 어려움도 침범하
지 못하고 능히 부처님과 같은 복을 받을 수 있기 때문에,

〔원문〕  준제공덕취(准提功德聚)
         적정심상송(寂靜心常誦)
         일체제대난(一切諸大難)

# 七俱胝佛母所說准提陀羅尼經

開府儀同三司 特進試鴻臚卿
沛國 公食邑三千戶 賜紫贈司空
謚大鑑正號大廣智大興善寺三藏
沙門不空奉　詔譯

如是我聞・一時薄伽梵・在名稱大城逝多林
給孤獨園・與大苾芻衆幷諸菩薩・及諸天龍
八部前後圍繞・愍念未來薄福惡業衆生・即
入准提三麼地・說過去七俱胝佛所說陀羅
尼曰

引 娜莫颯哆[口南] 三藐三沒 馱俱胝[口南] 怛[女*至]也他 唵者[口戾]主[口戾]准泥娑婆訶二合

# 七佛俱胝佛母心大准提陀羅尼
法

　　　　唐善無畏奉　詔譯

獨部別行

那莫 颯哆喃 三藐三勃佗 俱胝
那麼 三藐三勃佗 俱胝南
怛[女*至]也他
唵 折[口戾] 主[口戾]
准提 娑婆訶二合

---

火憾那思惟字母種子義
唵字者是三身義亦是一切法本不生義
者字者一切法不生不滅義
[口*者]字者一切法相無所得義
宋字者一切法無生滅義
禮字者一切法無垢義
准字者一切法無等覺義
泥字者一切法無取捨義
娑婆訶三合字者一切法平等無言說義
賀字字者一切法無因義
由一切法本不生故即得不生不滅

## 七俱胝獨部法

三藏沙門無畏譯

總攝二十五部大漫茶羅印・以二手無名指
小指・相叉於內二中指直竪相拄・二頭指附
二・中指第一節・若有諸語・二大母指捺左右手無名指
印能滅十惡五逆一切重罪・成就一切白法
功德・作此法不簡在家出家・若在家人飲酒
食肉有妻子不簡淨穢・但依我法無不成就・
第一辦法・第二念誦法・第三成驗法・第四廣
明白在法・第五天得大神足

〈불공삼장과 무외삼장이 번역한 준제경법〉

佛說七俱胝佛母心大准提陀羅
尼經

大唐天竺三藏地婆訶羅譯

爾時佛在舍衛國祇樹給孤獨園。是時世尊
思惟觀察。⑥愍未來諸衆生故。說是七俱胝佛
母心准提陀羅尼法。即說呪曰

南⑦謨⑧颯⑨哆喃⑩ 三藐 三⑪勃陀俱胝南⑫ 三
怛⑬姪他⑮⑯ 唵⑰折⑱⑲尸⑳主⑯⑰ 准⑱緹⑲⑳娑
婆訶㉑㉗

佛說七俱胝佛母准②提大明陀
羅尼③經

唐⑤天④竺三藏金剛智譯

如是我聞。一時薄伽梵。在名稱大城祇樹給
孤獨園。爾時世尊。思惟觀察愍念未來諸衆
生故。說過去七俱胝准提如來等佛母准提
陀羅尼。乃至我今同說。即說大明曰

娜①膜颯哆⑦喃⑧ 南⑩上同一 三藐三⑪勃陀⑫俱
⑬折⑭隷⑮主隷六⑩准提七莎⑱訶二合訶⑳八
南②怛③姪④也他③唵④

若有苾芻① 苾芻尼②郎③波索迦 郎④波斯迦。
受持讀誦此陀羅尼。滿九十萬遍。無量劫來
五無間等 一切罪⑤悉滅無餘 所在生處
皆得値遇諸佛④菩薩④所有資具隨意充足。無
量百生常得出家。若是在家菩薩 修持戒行
堅固不退。速得成就無上菩提。恒生天上。常
爲諸天④之所愛敬。亦常守護。若下生人間當
爲帝王④家子。或貴族家生。其家無有災④橫
病苦之所惱害。不墮三惡④道趣。諸有所作
無不諧偶。所出言教人皆信受。誦此陀羅尼
滿十萬遍者。得見⑭菩薩⑪諸佛⑪
有重罪不得見者。更誦滿十萬遍。即境界中
吐出黑飯。或見⑭昇⑩於⑩宮殿或登⑩白山及上
樹或見大池旋水。或騰空自在。或見天女與
妙菁④髻。或見大集會中聽說妙法。或見拔髮

〈지바하라스님과 금강지삼장이 번역한 준제다리경 원문〉

　　　　무능침시인(無能侵是人)
　　　　천상급인간(天上及人間)
　　　　수복여불등(受福與佛等)
　　　　우차여의주(遇此如意珠)
　　　　정획무등등(定獲無等等)


〔역문〕　준제주의 크신공덕
　　　　일념으로 늘외우면
　　　　그어떠한 어려움도
　　　　능히침입 못한다네
　　　　하늘이나 인간이나
　　　　부처같이 복받으며
　　　　이여의주 만난이는
　　　　가장큰법 이룬다네.


　라는 말입니다. 왜냐하면 이 진언은 단정한 마음으로 준제보살을 생각하면서 90만 편을 염송하면, 한량없는 겁(劫) 동안에 지은 모든 10악(惡)·4중(重)·5무간(無間)의 죄업이 소멸되고, 태어나는 곳마다 항상 불·보살을 만나 뵙게 되고 풍요한 재보 속에 생활하게 되며, 만일 인간이나 천상에 나면 나는 곳마다 임금님이 되고 악취에 떨어지지 않고, 거룩한 성현들을 뵙게 되고 모든 천인들이 예경하게 된다는 것입니다. 또 인물이 단정하게 되고 위엄있게 태어나며, 바른 말과 바른 행동으로 세상을 다스리며, 마침내는 선정과 지혜를 원만히 밝혀 속히 무상보리를 이룬다고 하였습니다.
　이것은 불모준제보살의 위대한 공덕 때문이라는 것입니다. 그러므로 ≪천수경≫을 읽는 이가 어찌 준제주를 읽지 않겠습니까. 그래서 먼저 준제의 공덕을 들어 찬탄하고 다음에는 준제보살님께 귀의하는 것입니다.

〔원문〕 나무 칠구지불모 대준제보살

〔역문〕 칠구지불모 대준제 보살님께 귀의합니다.

하게 된 것입니다. '나무'는 귀의한다는 뜻이고, '7구지불모 대준제보살'은 보살님의 이름입니다. 7구지의 구지는 범어 코티(koti)로서 억(億)이란 말이니, 7구지 하면 7억이 됩니다. 그리고 불모(佛母)는 부처님의 어머니란 말이니, 곧 마야부인의 전생담이고 마라파자파티의 전생담입니다. 마야부인은 태어날 때마다 자식을 낳아 성불시켰으며, 마하파자파티는 모든 부처님을 양육해 왔습니다. 그 마음은 진실로 청정했으며, 털끝만큼도 부정한 마음이 없었습니다.

그래서 준제보살의 준제는 범어 찬디(candi)로서 청정이란 뜻이 된 것입니다. 곧 이것은 우리의 본래 청정한 마음을 뜻한 것이니, 어떤 중생이 마음 없는 중생이 있겠습니까. 준제보살은 이 마음을 깨달은 보살이고, 7억 부처님께 이 마음을 깨닫게 한 보살이며, 장차 모든 중생들로 하여금 이 마음을 깨닫게 할 보살인 것입니다.

마음을 깨끗이 하려면 먼저 법계를 깨끗이 하고, 이 몸을 잘 보호하도록 하고, 관세음의 미묘한 본심을 관찰해야 하기 때문에 먼저 정법계진언을 외우고, 다음에 호신진언을 외운 뒤, 관세음보살 6자대명왕 진언을 외우고 준제진언을 외우게 한 것입니다.

## 2. 정법계진언(淨法界眞言)과 호신진언(護身眞言)

정법계진언
'옴 남'

한문으로는 '唵 喃'으로 쓰고, 범어로는 'oṁ nam'으로 씁니다. 옴은 이미 설명한 바와 같고 남(nam)은 취향(趣向)·몰함(沒陷)의 뜻이 있으니, '거룩한 이께 취향한다. 거룩한 이께 돌아가 의지한다'는 뜻이 됩니다. 거룩한 이란 제 본래의 청정한 마음, 즉 법계심(法界心)을 의미합니다. 이 마음에 돌아가면 사람은 누구나 깨끗해지게 되어 있습니다. 마음이 깨끗하면 도량 또한 깨끗하게 될 것은 당연한 이치이므로 법계의 진언을 '옴 남'이라고 한 것입니다.

호진진언
'옴 치림'

은 한문으로는 '唵 齒臨'이라 쓰고, 범어로는 'oṁ chirim'으로 표기합니다. 치림은 비워버렸다, 가득 채우다의 뜻이니 '옴 치림' 하면 '옴, 충만'의 뜻입니다.

대개 사람들이 몸을 태우면 한 줌의 재가 되고, 몸이 썩으면 한 줌의 흙이 된다고 하여 업신여기고 천하게 굴리는 수가 많습니다. 그렇다고 지나치게 아끼고 가꾸어 그 놈의 종이 되어서는 안되지만, 이 몸이 있어야 부처도 되고 보살도 되어 중생을 교화하게 되기 때문에 인연의 힘이 유지하는 날까지는 건강하게 유지하도록 노력하여야 할 것입니다. 또한 법당이 있으므로 부처님이 모셔지듯 법당이 허물어지면 부처님이 노상(露上)에 나앉게 됩니다. 따라서 우리는 법당을 상당히 중요시 여겨야 합니다.

　그러므로 옛 사람이 이르되 '이 몸이 법당이요 이 마음이 부처라' 하고, 한 가정은 이 부처와 부처가 모여서 사는 곳이므로 '가정이 불당이고 가족이 도반이라'고 한 것입니다. 요즘 세상이 모두 고루(枯累)하여 제 부처는 버리고 남의 부처를 찾아 헤매는 자가 많고, 제 도반은 버리고 남의 도반을 사귀어 죽고 못사는 자가 많습니다만, 제 부처를 똑바로 알지 못하면 남의 부처도 제대로 알지 못하게 되고, 내 도반을 경각시키지 못하면 남의 도반도 해탈시킬 수 없습니다. 그러니 부처님께서도 이 진언을 외워 10악·5역의 죄업을 소멸하고, 병고와 재난에서 벗어나 인류를 해탈의 길로 인도할 것을 간절히 부촉하신 것입니다.

　모든 것은 인연에 의하여 모였다 흩어지는 것이므로 모여지면, 으레이 성·주·괴·공(成·住·壞·空), 생·주·이·멸(生·住·異·滅)을 하게 되어 쉴새없이 변이상속(變異相續)하게 되어 있습니다. 그러니 몸에 건강을 유지하려면 때와 곳에 따라 편하고 견고하게 조화(造化)롭게 하듯 그때 그때 대처해서 응용하여 폐해(敗害)가 없도록 해야·할 것입니다. 폐해가 없도록 하려면 병이 나기 전에 예방치료를 해야 할 것이니, 불법의 약은 계·정·혜(戒·定·慧)를 벗어나지 않습니다. 계·정·혜의 약을 써서 마음 가운데 그늘이 생기지 않게 하고, 험한 파도가 일지 않게 하고, 도둑놈이 들어 다니지 않게 울타리를 견고하게 해야 할 것입니다. 그렇게 하면 가는 곳마다 '정법계'가 되고 섰는 곳마다 '호신진언'이 될 것입니다.

## 3. 관세음보살 본심미묘 육자대명왕진언
## (觀世音菩薩 本心微妙 六字大明王眞言)

관세음보살 본심미묘육자대명왕진언은 '옴 마니 반메 훔'입니다. 한문
으로는 '唵 摩尼 叭迷 吽'이라 쓰고, 범어로는 'oṁ mani padma hūm'
이라 씁니다.

'마니(mani)'는 진주·보석·소구(小球)·자철(磁鐵)인데 중국사람들
은 '구슬(珠)' '밝은 구슬(明珠)' '뜻과 같이 되는 구슬(如意寶珠)'이라 번
역하였습니다.

'반메(padma)'는 연꽃임을 이미 설명한 바 있고,

'훔(hūm)'은 언어의 극(極)·발성의 초(初)라 하여 '옴'자와 같이 우주
적 성음(聖音)으로 해석합니다.

그러므로 '옴 마니 반메 훔'은 '옴, 당신의 그 거룩한 꽃 속에 내 편히
안기나이다'의 뜻이 됩니다.

어떤 사람들은 이것을 남녀 이성(異性)에 붙여서 마니는 남자를 상징
하고 반메는 여자를 상징한 것이며, 옴과 훔은 사랑의 초성(初聲)과 후
음(後音), 즉 시작과 결실에 비유하여 해석하기도 하였습니다. 그러나 어
찌 이것이 성적 무드에 관한 것 뿐이겠습니까. 이런 의미에서 본다면 이
들은 음양의 모든 것에 조화를 이루지 아니한 것이 없는 것이겠지만, 이
경이 설하여지게 된 동기를 보면 오히려 그런 것과는 매우 거리가 먼 문
제의 핵심을 가지고 있습니다.

佛說聖六字大明王陀羅尼經

西天譯經三藏朝散大夫試鴻臚少卿
傳法大師臣施護奉　詔譯

如是我聞。一時世尊。在舍衛國祇樹給孤獨園。爾時世尊告尊者阿難言。阿難。汝當諦聽。我有六字大明王陀羅尼。乃是過去無量諸佛。爲諸大士之所宣說。阿難。我今復爲汝等及末世有情。宣說是陀羅尼。當使有情於未來世。得此陀羅尼者。而得大利。

爾時阿難及娑婆世界主。大梵天王帝釋四天大王等。白世尊言。世尊大慈大悲願爲宣說。當令我等及末世。有情於長夜中。得利益安樂。

爾時世尊即說六字大明王陀羅尼曰

唵（引）計引計（他引）一 難底隸（引）二 摩度摩底三覩（上）麌哩引計引四 布哩引蘗網計引 娑陶（引）二合賀引五

---

佛說聖六字大明王陀羅尼經

西天譯經三藏朝散大夫試鴻臚少卿
傳法大師臣施護奉　詔譯

如是我聞。一時世尊。在舍衛國祇樹給孤獨園。爾時世尊告尊者阿難言。阿難。汝當諦聽。我有六字大明王陀羅尼。乃是過去無量諸佛。爲諸大士之所宣說。阿難。我今復爲汝等及末世有情。宣說是陀羅尼。當使有情於未來世。得此陀羅尼者。而得大利。

爾時阿難及娑婆世界主。大梵天王帝釋四天大王等。白世尊言。世尊大慈大悲願爲宣說。當令我等及末世。有情於長夜中。得利益安樂。

爾時世尊即說六字大明王陀羅尼曰

但俛也三合 他界一 難底隸引二 摩度摩底三覩（上）麌哩引計引四 布哩引蘗網計引 娑陶引二合賀引五

佛說六字呪王經

失譯人名今附東晉錄

如是我聞。一時佛在舍衛國祇陀林中。爾時有一外道栴陀羅女。厭惑尊者阿難即時如來見阿難恍惚。爲說六字呪王經。先佛所說

〈시호법사가 번역한 6자경과 이름을 알 수 없는 사람이 번역한 6자경의 원문〉

## ●六字大陀羅尼呪經
●失譯●人名今附秦錄

如是我聞。一時婆伽婆。住王舍城耆闍崛山
中。與大比丘衆五百人俱。爾時長老阿難爲
旅陀梨女呪術所收爾時長老阿難。白佛言
世尊。我今强爲他收去。婆伽婆我今强爲他
收去修伽陀
爾時婆伽婆告長老阿難言。汝來阿難汝莫
驚怖。阿難汝當受持六字大陀羅尼呪。爲令
四衆利益安隱安樂吉祥行故。而說呪曰

斯*反 須呵地*反 柚*吐崩母*反 安*於*頭茶*健
摩帝
薩般 *隷殷 *茶*反 荼*反 帝 稽由隷
婆帝 耶賖婆帝 底闍婆帝。頻頭
提賦 悉波呵

## 佛說六字神呪王經
失譯人名今附梁錄

如是我聞。一時佛在舍衞國祇陀林中。爾時
有一外道旃陀羅女。專行衆惡符書厭禱。或
取山神樹神樹下鬼神。日月五星南斗北辰。
一切魍魎雜魔邪魅。惑亂者阿難及諸善人。
如是等恒河沙數
即時如來因見阿難恍惚。憐愍一切故。爲說
此六字神呪王經。先佛所說我今亦說。即說
呪曰

安陀隷 般陀隷 迦羅知 趙由知 帝開
波帝 頻頭波帝 陀頭隷 陀究帝隷 陀
究隷帝 修隷帝 安陀隷 般陀羅 橙陀
羅 提兜羅 阿那陀 曼陀波帝 阿那
阿那夜 廖頭 廖陀帝 翅山
羅 浮登伽綑 廖頭 迦羅吒 阿
羅婆 伽婆帝 帝開波帝 頻頭摩帝 阿
提賦 悉波呵 毘咤 毘提賦 至咤 毘
呵

## ●六字神呪王經
●開元拾遺失譯人名附梁錄

如是我聞。一時佛在舍衞國祇陀林中。爾時
有一外道旃陀羅女。專行衆惡符書厭禱。或
取山神樹神樹下鬼神。日月五星南斗北辰。
一切魍魎魔邪魅。厭惑發者阿難陀及諸
善人。如是等恒河沙數。即時如來因見阿難
陀恍惚。及憐愍一切三世有情故。爲說此六
字神呪王經。先佛所說我今亦說。即說呪曰

安陀隷 鉢陀隷 迦羅胝翅由隷 帝開波
帝 頻頭婆帝 陀究帝隷 陀究
帝 頻頭婆帝 安陀羅般陀羅 橙陀羅提
兜羅 陀那延陀 曼陀婆帝 阿那阿那夜
摩豆摩婆帝 迦羅吒翅由羅浮設伽綑
羅 帝開婆帝 阿羅婆伽帝 毘咤
羅婆 帝開波帝 頻頭摩帝 毘咤
提賦 賀咤毘提賦 毘提賦 賀咤毘提賦 莎婆

〈역자를 알 수 없는 세 가지 6자다라니경 원본〉

≪불설육자신주경(佛說六字神呪經)≫에 "부처님께서 사위국 기다림산 중에 계실 때, 외도의 전다라(栴陀羅)들이 부적을 쓰고 산신·나무의 귀신들과 해와 달, 별들을 섬기면서 온갖 난행(亂行)을 저지르므로, 그들을 청정무구(淸淨無垢)의 바른 길로 인도하기 위하여 이 주문을 설했다"고 하였습니다.

티베트의 산승들과 일본의 불교학자들 가운데는 남녀 사이에 얻어지는 올가즘의 경계를, 불교의 삼매의 경계와 꼭같은 것이라고 칭찬하면서, 마음에서 느끼는 것이나 몸에서 느끼는 것이 무엇이 다르냐고 공언을 하고 있습니다.

그러나 같은 삼매경이라 하여도 이성에서 얻어지는 삼매는 이성이 없을 때는 느끼지 못하고, 또 이성이 있다 해도 시간적인 한계가 있으나, 불교의 삼매는 시간과 공간의 제약이 없고, 일상생활 속에서 항상 열반의 상락을 맛볼 수 있는 것이니, 어찌 비교나 할 수 있겠습니까.

또 이성으로서 삼매를 즐기는 자는 성쇠의 제약 속에 흥망의 체험을 하게 되거니와, 종교적 신성은 죽은 후에도 생사에 관계없이 언제나 맛볼 수 있는 것입니다.

그 뿐이 아닙니다. '옴 마니 반메 훔'을 외워서 인생의 재난을 극복한 사람들도 적지 않습니다. 눈이 어두운 사람이 눈을 밝히고 죽을 경계에 있던 사람이 죽음을 초극하였습니다.

서울 동대문시장에서 껌팔이를 하던 조만용 학생은 처음 껌팔이를 할 때 '오늘은 얼마나 파나, 누구 앞에 가서 이것을 내놓고 사라 하나, 이걸 팔면 본전은 얼마이고 이익은 얼마다. 본전은 어떻게 하고 이익은 어디다 쓰나' 하여 가나 오나 오직 번민 뿐이었는데, 이 주문을 알고부터는 좋아도, 나빠도, 이득이 없어도, 이득이 있어도 늘 '옴 마니 반메 훔'을 염송하니 나중에는 '희·노·애·락, 오·호·염·정' 모든 것이 오직 '옴 마니 반메 훔'으로 집약되어 마음에 평정을 얻게 되었습니다.

하루는 지나가는 신사에게 껌 한 통을 내밀면서 '옴 마니 반메 훔' 하니 그 신사가 쳐다보면서 '옴 마니 반메 훔'이라고 하더라는 것입니다. 그래서 또 '옴 마니 반메 훔' 하면서 인사를 하니 그도 '옴 마니 반메 훔' 하면서 인사를 하였습니다. 그런데 알고 보니 그는 이국에서 온 손님으로서, 큰 회사 사장님의 친구인지라 사장님께 그 이야기를 하니, 사장님은 기특하게 생각하여 조 학생을 불러 사환으로 등용했고, 그 학생은 그로부터 더욱 열심히 공부하여 지금은 그 회사 중역으로 일하고, 많은 고아와 외로운 노인들의 부모와 자식 노릇을 하고 있습니다.

전남 승주군에 있는 송광사에 살고 있던 혜은스님은, 머리가 총명하고 학업이 우수하여 송광사 지방학림 유학생에 뽑혀 일본으로 공부하러 가게 되었는데, 가서 얼마 있지 않아 대동아전쟁이 일어나므로 군에 입대하게 되었습니다. 항상 위험하므로 늘 6자주를 그의 스승의 지시를 따라 외웠는데, 하루는 모 광산에서 훈련을 받던 중 갑자기 대변이 보고 싶어 허락을 받고 화장실에 들어 갔습니다. 그때 미국 폭격기가 와서 폭격하므로 6백여 명의 병정들이 탄광 속에 숨었다가 모두 매몰되어 죽었는데 오직 이 사람만이 살아남게 되었습니다.

귀국 후 얼마 있다가 또 6·25를 당했는데, 그때는 이미 결혼하여 두 자식과 아내를 가진 가장이 되어 있었습니다. 지방 폭도들이 이 자는 부르조아로 일본놈들과 결탁한 친일파라고 하면서 그의 가족들을 끌고 갔습니다. 가서 보니 저녁 석양벌판에 2백 여 명의 부르조아들을 모아 처형하는 곳이었습니다. 줄줄이 사람을 세워 앉히고 날이 어두워지기가 바쁘게 총살을 하는데, 이들은 뒤에서부터 여덟 번, 아홉 번째 앉았습니다. 사람들이 모두 죽음의 공포에 싸여 고민하고 있을 때, 이들 부부는 각기 두 아이들을 무릎에 앉히고 6자진언을 외우기 시작했습니다.

그런데 총소리가 나자 앞사람부터 쓰러지기 시작할 그때, 부인이 쓰러지는 것을 보고 혜은스님도 그대로 쓰러졌는데, 얼마쯤 있다가 들으니

'혜은아, 혜은아' 하고 부르는 소리가 났습니다. 정신을 차려 눈을 떠보니 아내와 아이들은 물론 모든 사람들이 피바다 속에 누워 있었고, 이미 자기네들을 처형한 군인들은 멀리 가고 있는 것이 보였고, 그들의 명령을 받고 온 노무자들이 저쪽 끝에서부터 사람들의 시체를 묻고 있었습니다. 혜은은 비로소 두렵고 놀라 아내를 흔들고 아이들을 깨워보니, 아이들도 다치지 않고 어머니 아버지 무릎에 그대로 누워 있었으며, 부인은 약간의 상처를 입고 누워있을 뿐이었습니다. 입을 막고 소리를 내지 않게 한 뒤에 논두렁을 넘어 산 동굴로 피하니, 이백여 명의 사형자 중에 오직 네 식구만 살아남았을 뿐입니다. 지금도 그 자손들은 서울 성북구 돈암동 일대에 살고 있습니다.

또 서울 동작구에 살고 있는 김갓난 부인은 일찍이 외독자 하나만을 두고 살았는데, 1·4후퇴 때 피난가다가 자식을 잃고 말았습니다. 너무 슬픔에 젖어 눈물로 세월을 보내다가 눈이 어두워졌는데, 진각종 모 법사님의 소개로 불교에 입문한 뒤에 6자대명왕진언을 외우게 되었습니다. 그런데 하루는 꿈 속에서 관세음보살님이 부채를 붙이면서 눈을 떠보라 하여 떴더니, 그만 천지가 훤히 밝아지더라는 것입니다. 그래서 너무 희안하여 꿈 속에서도 합장하고 깨어나서 보니 정말로 옛처럼 세상이 훤히 보였습니다.

원래 사람이 화를 많이 끓이다 보면 화기가 충천하여 눈이 침침해지게 되는데, 마음을 청량하게 가지면 화기가 없어져서 저절로 밝은 눈을 가질 수 있습니다. 화식(火食)을 주로 하는 사람들이 청량한 자세로 단식한 후에 실명(失明)을 회복하는 일이라든지, 머리가 늘 아파 걱정하던 사람들이 기도 후에 두통병을 나았다든지 하는 것은 모두 이와 같은 유에 일종입니다.

그러므로 '옴 마니 반메 훔'은 성적 만족을 위한 음양배합의 진언을 상징한 것만이 아니라, 번뇌의 생사 속에 유전하던 인생이 제 본래의 법계심에 안기어, 평화를 만끽하는 종교적 신비의 체험을 상징한 실질적 언어임을 잊지 말아야 합니다.

모든 것은 마음먹기에 달려 있습니다. 멀쩡한 사람도 잠옷을 입고 잠자리에 들면 잠이 오는 것처럼, 같은 신비를 체험하는데 있어서도 신비의 대상을 설정하는데 따라서, 마음의 작동이 달라질 수 있게 되는 것이니, 티베트의 밀교(無上瑜伽·탄트라)나 일본의 생리학자들처럼, 이성적 음양 경계에만 뜻을 두고 공부하면 그 세계를 넘지 못하거니와, 만일 금강불괴의 마니지혜로 처염상정(處染常淨)의 연꽃(이미성불한 불·보살)에 계합하여, 온 세계를 '옴, 훔'의 세계로 장엄한다면 사람들은 구태여 말과 말을 따르지 않아도, 마음으로 마음을 전하는 이심전심(以心傳心)의 세계를 성취하게 될 것입니다.

## 4. 준제진언(准提眞言)

준제진언은 '나무 사다남 삼먁 삼못다 구치남 다냐타 옴 자례주례 준제 사바하 부림'입니다. 한문으로는 '曩謨薩陀喃 三藐三沒馱 鳩致喃 但野他 唵 左隸主隸准提 娑婆訶 部臨'이라 쓰고, 범어로는 'namo saptanām samyaksambodhi kotinām tadyathā oṁ cale cūle sunhe svāhā Brim'이라 표기합니다.

≪칠구지불모소설준제다라니경(七俱胝佛母所說准提陀羅尼經)≫의 자의 해석에 의하면,

'나무'는 귀의합니다의 뜻이고,

'사다남'은 일곱(7)의 뜻입니다.

'삼먁삼못다'는 정등각이고,

'구치남'은 억(億)이라는 뜻이며,

'다냐타'는 곧, 그와 같다의 뜻이고

'옴'은 3신의(身義) 뜻으로 일체 법은 본래부터 남(生)이 없다는 뜻이고,

'자'는 일체법이 불생불멸(不生不滅)한 것을 의미하는 종자의 자모(字母)입니다.

'례'는 일체법의 모습은 얻을 것(無所得)이 없다는 뜻이고,

'주'는 일체법은 생멸이 없다(無生滅)는 뜻이고,

'례'는 일체법은 더러움이 없다(無垢)는 뜻이고,

'준'은 일체법은 등각이 없다(無等覺)는 뜻이고,

'제'는 일체법은 취사가 없다(無取捨)는 뜻이고,

'사바'는 일체법은 평등하여 말로 할 수 없다(平等無言說)는 뜻이고,

'하'는 일체법은 인이 없다(無因)는 뜻으로 나타납니다.

그런데 우리나라에서 진언 뒤에 '부림'으로 송지하고 있으나 ≪준제다라니경≫에서는 '부림'이 없고 '사바하'로 끝납니다.

이렇게 해석한다면 '일체법은 본래 생멸이 없으므로 불생불멸하고, 불생불멸하므로 소득이 없고, 소득이 없으므로 생멸이 없고, 생멸이 없으므로 더러움이 없고, 더러움이 없으므로 똑같고, 똑같으므로 취하고 버릴 것이 없고, 버리고 취할 것이 없으므로 평등하여 언설을 초월하고, 언설을 초월함으로써 원인과 결과를 찾을 수 없다'는 결론을 얻을 수 있습니다.

그러나 이와는 반대로 본래 생이 없기 때문에 무생의 생(無生生)이 있을 수 있고, 무생의 생이 있으므로 불생불멸의 생멸상을 나툴 수 있으며(不生不滅生滅相), 불생불멸의 생멸상에 의하여 무소득의 득(無所得 得)을 얻고, 무소득의 득에 의하여 무생멸의 생멸(無生滅生滅)을 나투고, 무생멸의 생멸상에 의하여 무구청정의 법(無垢淸淨法)을 나투고, 무구청정의 법에 의하여 무등각의 차별상(無等覺差別相)을 일으키고, 무등각의 차별상에 의하여 무취사의 취사심(無取捨取捨心)을 내고 무취사의 취사

심으로 무언설의 설(無言說說)을 나투며, 무언설의 설에 의하여 무인의
인(無因因)을 나투어 법·보·화(法·報·化) 3신(身)의 뜻을 설명할 수
있다는 것입니다. 그러므로 이 진언은 법·보·화 3신의 뜻을 한데 모아
언어화한 것이라는 것입니다.

그러나 이것을 범어 그대로 이해한다면 '옴'은 생성·유지·종극의 뜻
이고, '자례주례'는 생멸·소득이 없다는 뜻이며, '준제'는 청정, '사바하'
는 성취, '부림'은 그렇게 이루움의 뜻이니, '옴 자례주례 준제 사바하 부
림'은 '옴, 불생·불멸·불구·부정의 청정을 그렇게 완성한다'는 뜻이
됩니다.

하여간 이것은 준제의 청정한 각성(覺性)으로 하여금 인연 속에 윤회
하는 중생들에게 청정무구한 각성을 깨닫게 함으로써 해탈을 얻게 한
진언이니 일체의 관념과 지식, 상식에 얽매여 있는 중생들은 마땅히 이
진언을 통하여 해탈을 증득할 것입니다.

≪천수경≫은 이와 같이 여러 가지 생활불교가 편집된 성전입니다. 준
제주와 육자대명왕진언은 독립된 ≪준제경≫과 ≪육자대명왕경≫에서
발취해 넣은 것으로 보고 있습니다. 그런데 이 경이 ≪천수경≫에 같이
편집될 수 있는 것은 모두 관음신앙에서 나온 것이고, 또 같은 관음보살
이 현세의 이익을 위해서 설하고 있다는 사실입니다.

6자주와 준제주가 실제 있는 경전을 말한다면, 육자주는 ≪신수대장경≫
20권 38쪽부터 46쪽까지 모두 일곱 가지 종류의 이름이 각각 다릅니다.

① ≪불설육자주왕경(佛說六字呪王經)≫은 1권으로서 번역자는 없고,

② ≪불설육자신주왕경(佛說六字神呪王經)≫은 1권으로서 역시 번역
   자가 없고,

③ ≪육자신주왕경(六字神呪王經)≫은 1권으로서 역시 번역자가 없고,

④ ≪육자대다라니주경(六字大陀羅尼呪經)≫은 1권으로 실역본입니다.

⑤ ≪불설성육자대명왕다라니경(佛說聖六字大明王陁羅尼經)≫ 1권은
송나라 시호(施護)스님이 번역한 것이고,

⑥ ≪불설대호명대다라니경(佛說大護明大陁羅尼經)≫ 1권은 송나라
법천(法天)스님이 번역한 것이며,

⑦ ≪성육자증수대명다라니경(聖六字增壽大明陁羅尼)≫ 1권은 송나라
시호스님이 번역한 별본입니다.

그리고 ≪7구지불모대준제다라니경≫은 ≪신수대장경≫ 20권 173쪽
부터 187쪽까지 모두 다섯 가지 경전이 실려 있는데,

① ≪불설칠구지불모준제대명다라니경(佛說七俱胝佛母准提大明陁羅尼
經)≫ 1권은 당나라 금강지(金剛智)스님께서 번역한 것이고,

② ≪칠구지불모소설대준제다라니경(七俱胝佛母所說大准提陁羅尼經)≫
1권은 당나라 불공(不空)스님께서 번역한 것이고,

③ ≪불설칠구지불모심대준제다라니경(佛說七俱胝佛母心大准提陁羅尼
經)≫ 1권은 당나라 지바하라(地婆訶羅)스님께서 번역한 것이며,

④ ≪칠구지불모심대준제다라니법(七俱胝佛母心大准提陁羅尼法)≫ 1권
은 당나라 선무외(善無畏)스님께서 번역한 것이고,

⑤ ≪칠구지독부법(七俱胝獨部法)≫ 1권은 역시 선무외스님께서 번역
한 것입니다.

그러면 이 여러 경전 가운데서 어떤 경전을 가장 바른 경전으로 믿고
실천하여야 할 것인가. 이름은 각각 달라도 내용은 약간의 장단(長短)이
있을 뿐이며, 특히 이 경들이 지향하는 뜻은 모두 무명을 끊고 해탈을

하는데 목적이 있으며, 또 고뇌를 벗어나 자유로운 생활을 영위하자는
데 목적이 있기 때문에, 구태여 어느 경 어느 글귀에 구애될 것은 없다
고 봅니다. ≪천수경≫에 나오는 주문은, 어떠한 경에나 통해질 수 있는
기본적 중심문제만 잘 이해하여 안다면 가지와 뿌리, 잎이야 저절로 이
해될 수 있다고 생각합니다.

　더욱이 준제진언이나 6자주 같은 것이 널리 유행하는 것은, 다른 경
전을 외울 때처럼 음식을 가리고, 단을 차리고, 금줄을 치는 복잡다난한
형식이 필요없고, 또 그 공덕이 매우 크기 때문입니다.

　≪현밀원통성불심요집(顯密圓通成佛心要集)≫에 보면 재가 출가를 막
론하고 고기 먹고, 술 마시고 처자가 있고 없고를 막론하고, '정법계진
언'을 일곱 번만 외우고 나서 자각한 마음으로 이 진언을 외우면, '10악
·5역의 죄업이 사라지고 명이 짧은 자는 명이 길어지고, 나쁜 병이 낫
게 된다'고 하였습니다. 만일 19일 동안 외우면 준제보살님이 "탐두성자
로 하여금 따르게 하여, 알고 싶은 일을 알게 해주고 가난한 이는 복을
받게 해준다"고 하였으며, 만일 1백만 편을 외우면 "시방정토에 모든 부
처님을 참배하고 깨달음을 얻는다"고 하였으므로, 이 경을 외우는 이는
마땅히 다음과 같은 게송을 읊으며 모든 공덕이 이루어지기를 서원하는
것입니다.

## 5. 간절한 소망

〔원문〕　아금지송대준제(我今持誦大准提)
　　　　　즉발보리광대원(卽發菩提廣大願)
　　　　　원아정혜속원명(願我定慧速圓明)
　　　　　원아공덕개성취(願我功德皆成就)
　　　　　원아승복변장엄(願我勝福遍莊嚴)
　　　　　원공중생성불도(願共衆生成佛道)

〔역문〕　내가이제 준제주를 지성으로 외우면서
　　　　　크고넓은 보리심의 넓고큰원 세우노니
　　　　　선정지혜 닦고익혀 속히밝게 이루고서
　　　　　온갖공덕 다배워서 모두성취 하시옵고
　　　　　높은복과 큰장엄을 두루두루 갖추어서
　　　　　그지없는 중생들과 함께불도 이루소서

　의 뜻입니다. 원은 지극해야 하고 맹서한 일은 꼭 지키도록 노력해야
합니다. 원이 크면 성취도 크고 원이 작으면 성취도 작습니다. 공자님
할아버님께서 9년 동안이나 기도를 하여도 손자를 보지 못했는데, 다른
사람들은 일주일 백일기도해서도 소원을 성취했습니다. 그래서 화가 난
공자님 할아버지는 자기가 기도하는 구산(丘山)의 언덕을 파헤쳐 버리려
고 괭이를 준비하고 있었는데, 그날 밤 꿈을 꾸니 구산 산신님이 나타나
서 '참아라 참아라' 하였습니다. '나 같은 처지에 어떻게 참을 수 있습니
까'라고 하니 '너의 원이 커서, 네가 원하는 사람이 지금 없어서 그러니
1년만 더 기도하라'고 하였습니다.

다른 사람들은 '소나 개나 눈먼 자식이라도 좋으니 어서 태어나게 하여 주십시오' 하고 발원했지만, 공자님 할아버지는 '이 세상에서 가장 훌륭한 문장가의 성인을 낳게 해주십시오'라고 했던 것입니다. 과연 1년 후에 그는 공자를 낳게 되었으나, 그 전에 같이 기도해서 낳았던 사람들은, 모두가 공자님의 제자가 되고 말았습니다.

이렇듯 원이란 크고 무거워야 하는 것입니다. 냄비 속의 밥은 빨리 끓지만 빨리 식습니다. 말뚝신심은 오래 가지 못하므로 그것은 깊은 공덕의 샘을 이룩할 수 없습니다. 샘이 깊지 못하면 물길이 시원치 않고 또 물이 짧아 쉬 바닥이 나게 됩니다.

공덕이란 착한 일을 해서 돌아오는 복덕의 과보를 말하며, 힘들여 노력한 결과가 남을 해롭게 하지 않고, 나와 남을 함께 이롭게 하는 것을 뜻합니다. 그러므로 진짜 공덕을 성취하려면 정·혜(定·慧)를 원만히 이루어야 하는 것이고 훌륭한 복덕을 장엄하려면 중생을 성불하게 해야 하는 것입니다. 그래서 '보리의 넓고 큰 원을 성취하기 위해서 정·혜를 원명하고, 공덕을 모두 성취하여 거룩한 복덕의 세계를 장엄하기 위해서, 중생을 성불하게 하오리다'라고 서원한 것입니다. 그러니 여러분도 원을 세우려면 넓고 크게 세우십시오. 눈앞에 것은 오래 가지 못합니다.

# 제11강 크고 넓은 원의 본

## 1. 여래십대발원문(如來十大發願文)

그러면 크고 넓은 원이란 어떤 것입니까. 넓고 큰 원의 본을 여기 소개하면, 첫째는 여래십대발원문이고, 둘째는 4홍서원입니다. 여래십대발원문은,

〔원문〕 원아영리삼악도(願我永離三惡道)
　　　　원아속단탐진치(願我速斷貪瞋癡)
　　　　원아상문불법승(願我常聞佛法僧)
　　　　원아근수계정혜(願我勤修戒定慧)
　　　　원아항수제불학(願我恒隨諸佛學)
　　　　원아불퇴보리심(願我不退菩提心)
　　　　원아결정생안양(願我決定生安養)
　　　　원아속견아미타(願我速見阿彌陀)
　　　　원아분신변진찰(願我分身遍塵剎)
　　　　원아광도제중생(願我廣度諸衆生)


〔역문〕 내가이제 삼악도를 여의옵기 원합니다
　　　　내가이제 탐진치를 어서끊기 원합니다
　　　　내가이제 불법승을 항상듣기 원합니다
　　　　내가이제 계정혜를 힘껏닦기 원합니다
　　　　내가이제 부처님법 늘배우기 원합니다

내가이제 보리심을 안여의기 원합니다
내가이제 극락세계 태어나기 원합니다
내가이제 아미타불 속히뵙기 원합니다
내가이제 나툰몸을 두루펴기 원합니다
내가이제 모든중생 제도하기 원합니다

가 됩니다. 부처님은 사바세계 중생을 구제하기 위하여 8천 번이나 이 세상에 태어났다고 합니다. 그 가운데서 인간으로 태어나기를 5백 번이나 태어났는데, 날 때마다 하나씩의 위대한 서원을 가지고 중생을 교화하였습니다. 그 위대한 서원을 총칭해서 5백대원이라 합니다. 그 5백대원 가운데서도 가장 지극한 원 열 가지를 택해서 10대원을 만든 것입니다. 이 10대원을 보면 불타의 종교적 체험을 뼈저리게 느낄 수 있습니다.

첫째, '원아영리삼악도'는 뭐니뭐니 해도 이 세상에서 가장 쓰고 괴로운 것은 3악도의 고통이라는 것입니다. 성내고 싸우고 죽이고 죽는 지옥의 고통, 굶주리고 헐벗고 주책없이 허덕이는 아귀의 고통, 어리석고 우매하여 축생처럼 일만하다가 어디서 왔다가 어디로 가는 줄도 모르고 풍타 낭타한 축생의 고통입니다. 이 고통은 꼭 벗어나야 할 고통이고 없애야 할 고통이기 때문에 맨 먼저 놓은 것입니다.

둘째, '원아속단탐진치'는 3악도의 고통을 벗어나려면, 그 원인이 되는 탐·진·치를 벗어야 하기 때문에, 탐·진·치 끊을 것을 두 번째 놓은 것입니다. 탐은 분외의 욕심이고, 진은 성내는 마음이며, 치는 어리석음입니다. 사람이 욕심을 내다가 자기 뜻대로 되지 아니하면, 성을 내고 어리석은 짓을 서슴없이 하게 됩니다.

어떤 사람이 지나가는 여인을 보고 탐욕심을 일으켜서 사랑을 고백했습니다. 그러나 불행히도 그녀는 남편이 있는 몸이라 거절하자 화를 내어 겁탈을 했습니다. 그래서 그는 재판을 받고 교도소에 들어가게 되었으니 이것이 지옥의 종자입니다. 복덕을 베풀지 않고 남의 것을 알게 모르게, 훔쳐 먹다가 싸움하고 들어가니 이 또한 아귀의 과보입니다. 노름꾼은 천금을 따도 부족한 마음이 그지없고, 잃으면 잃어서 고통이고 따면 잃을까 고통입니다. 아귀는 아무리 많이 먹어도 만족을 느끼지 못하게 됩니다. 세상에는 음식의 아귀, 황금의 아귀, 지식의 아귀, 명예의 아귀, 주색의 아귀가 꽉 찼습니다. 알고보면 이는 어리석은 마음 때문이니, 이것을 끊지 않고서야 어떻게 지옥·아귀·축생의 세계를 벗어날 수 있겠습니까.

셋째, 원은 '불·법·승을 항상 듣는 것입니다.' 탐·진·치를 끊으려면 훌륭한 선생님을 만나서 어떤 것이 탐이고, 어떤 것이 진이며, 어떤 것이 치이고, 어떤 것이 지옥·아귀·축생인지를 확실히 알아야 되기 때문입니다. 부처님은 탐·진·치의 진리를 깨달으신 분이고, 그 탐·진·치가 무엇으로 흘러나온 것인지도 이미 깨달아 안 분입니다. 법은 이 세상 모든 일과 이치의 근본이 되는 진리가 마음인 것을 들어내 보인 것이고, 승은 그 마음을 통하여 탐·진·치의 어리석음을 깨닫고, 이 세상을 불국정토로 만들고자 수행하는 불자인 것입니다. 사람은 언제나 보고 느끼는대로 따라가기 쉽습니다. 근묵자흑이라, 향 사른 곳에 있으면 향냄새가 나고, 화장실에 앉았으면 똥내가 나듯 나쁜 사람을 가까이 하면 악도의 길이 닦여지고, 선한 사람을 가까이 하면 천당의 길이 트입니다. 그러나 이 세상의 고통과 즐거움은 오직 한마음에 달려 있으므로, 불법을 닦는 사람은 무엇보다도 불·법·승을 통하여 깨달음의 길을 가게 되는 것입니다.

넷째, 불승이 닦은 법은 6근의 문을 철저히 단속한 계법과, 마음에 안정을 꾀한 선정과, 어리석음을 밝히는 지혜를 으뜸으로 하였기 때문에, 계·정·혜를 부지런히 닦는다고 한 것입니다. 계는 몸과 입과 뜻에 그름이 없도록 철저히 단속 규제한 것이고, 정은 흔들리는 마음의 파도를 가라앉힌 것이니, 여기 염불·참선·주문·간경의 법이 있습니다. 지혜는 어두움을 깨뜨리는 빛이니 듣고 생각하고 닦아 얻는 것입니다.

이 같은 모든 것이 모든 부처님들이 닦고 익힌 학문이므로, 마음을 떠나서는 3도의 고통을 벗어나지 못하게 되므로, '항상 부처님의 배움을 철저히 따르겠다'고 하고, '보리심에서 물러나지 않는다'고 한 것입니다.

그리고 이 같은 불법의 수행의 결과는 살기좋은 국토를 만드는데 있는 것이므로, '결정적으로 안양국토에 나겠다'고 한 것입니다. '안양국토'란 먹고 입고 사는데 고통이 없는 곳이고, 기후풍토에 영향을 받지 않는 곳이며, 마음에 자유와 평등을 유지할 수 있는 곳입니다. 그것을 불교에서는 극락세계라 합니다. 아미타불은 안양국토에 계시기 때문에, 속히 극락세계 태어나서 '아미타불을 뵙기 원한다'고 한 것입니다.

아미타불을 뵙고 안양국토를 얻으면 자기 일신의 안락은 그것으로 충분히 만족할 수 있지만, 나 혼자 영달을 얻었다 하더라도 나의 권속과 인연 중생들이 고통을 받고 있다면, 홀로 해탈한 것이 되므로 만족할 수는 없을 것입니다. 그러므로 아홉째, 열째는 '갖가지 몸을 갖가지 세계에 나투어 모든 중생을 건지겠다'고 한 것입니다.

부처님은 이와 같은 열 가지 원을 성취하여 부처가 되고 중생을 제도하게 되었으므로, 이것을 모아서 '여래십대발원문'이라 한 것입니다.


## 2. 모든 보살의 네 가지 큰 서원

이 같은 관세음보살의 10대원과 6대회향, 준제진언에서 보는 발원문 등 여러 가지 발원이 있는데, 이들은 각기 자기 소양에 맞추어서 서원을 함으로써 별원(別願)이라 하고, 이 모든 것을 총괄적으로 하여 처음 발심한 보살이라면 누구든지 갖지 아니하면 안 되는 서원이 있으니 이것이 4홍서원이며 총원(總願)이라 합니다.

〔원문〕  중생무변서원도(衆生無邊誓願道)
　　　　번뇌무진서원단(煩惱無盡誓願斷)
　　　　법문무량서원학(法門無量誓願學)
　　　　불도무상서원성(佛道無上誓願成)
　　　　자성중생서원도(自性衆生誓願度)
　　　　자성번뇌서원단(自性煩惱誓願斷)
　　　　자성법문서원학(自性法門誓願學)
　　　　자성불도서원성(自性佛道誓願成)


〔역문〕  가이없는 모든중생 맹세하고 건지리다
　　　　끝이없는 모든중생 맹세하고 끊으리다
　　　　한이없는 모든법문 맹세하고 배우리다
　　　　위가없는 모든불도 맹세하고 이루리다
　　　　마음속의 모든중생 맹세하고 건지리다
　　　　마음속의 모든번뇌 맹세하고 끊으리다
　　　　마음속의 모든법문 맹세하고 배우리다
　　　　마음속의 모든불도 맹세하고 이루리다


　여기에서 가장 중요한 것은 중생이고, 번뇌며, 법문이고, 불도입니다. 생명을 가진 모든 것이 중생이 아님이 없으나, 여기서 건짐의 대상이 되는 것은 고통에 빠져 있는 중생이 본위가 됩니다. 고통이란 몸을 아프게 하고 마음을 아프게 하는 것입니다. 몸을 아프게 하는 것은 나고·늙고·병들고·죽는 것 보다 더한 것이 없고, 마음을 아프게 하는 것은 이별(離別)·부득(不得)·오음치성(五陰致盛)·원수동거(怨讐同居)보다 더한 것이 없습니다.

부득이란 구해도 얻어지지 않는 것이고, 부모·자식·일가·친척들이 말을 잘 듣지 않는 것이며, 5음치성이란 눈·귀·코·혀·몸·뜻이 각각 제 좋을대로만 하려는 것입니다. 눈은 눈대로 좋은 것만 보려 하고, 귀는 귀대로 좋은 것만 들으려 하고, 코는 코대로 좋은 것만 맡으려 하고, 혀는 혀대로 좋은 것만 먹으려 하고, 몸은 몸대로 좋은 것만 입으려 하고, 뜻은 뜻대로 맞추어 주는 것만 좋아하는데, 그것이 잘 되지 않는다는 말입니다.

그리고 원수와 동거는 싫어하고 미워하는 사람이 한데 모여 살아야 하는 고통입니다. 이 고통이 밖에 있던 안에 있던 고통을 건지지 않고는 해탈을 할 수 없으므로 '중생무변서원도, 자성중생서원도'인 것입니다.

그러면 그 고통은 두말할 것도 없이 번뇌에서부터 왔습니다. 번뇌란 어떤 것입니까. 탐내고(貪), 성내고(瞋), 어리석어(癡), 거만을 부리고(慢), 진리를 숭배하지 않고(疑), 이 몸이 무상한 것을 알지 못하고(身見), 죽으면 그만이라든지 영혼은 멸하지 않는다 하는 생각을 가지는 것(邊見), 인과를 믿지 않는 것(邪見), 이 같은 여러 가지를 종합적으로 가지고 있으면서(見取見), 부처님의 계율을 그릇되게 집착하여 제 소견대로 가지는 것(戒禁取見)이 그것입니다. 이러한 모든 것들이 눈·귀·코·혀·몸·뜻에 각기 작용하여 과거·현재·미래 3세에 유전하므로, 사람의 마음을 번뇌롭게 하고 구박하므로 번뇌라 하는 것입니다. 그러므로 이것을 끊지 않고는 해탈을 얻을 수 없으므로, 이 몸의 안에 있는 것이든지 밖에 있는 것이든지를 막론하고 결정코 끊겠다 맹세한 것이 '번뇌무진서원단 자성번뇌서원단'인 것입니다.

고통과 고통의 원인이 번뇌임을 알았다면 마땅히 그것은 시정되어야 할 것입니다. 그러면 그것이 무엇으로 시정될 수 있겠습니까. 부처님의 바른 법이라야 시정될 수 있습니다. 부처님의 바른 법은 여러 가지로 설명할 수 있으나, 결국 제행이 무상하고(諸行無常) 제법이 인연 따라 생겨 내가 없는 것을 깨닫는 것(諸法無我), 이것을 기초로 하여 바른 법에 의하여 몸과 입의 작용을 올바르게 해나가는 것이 으뜸이 됩니다.

바르게 보는 불법을 정견(正見)이라 하고, 바르게 생각하는 것을 정사유(正思惟)라 하며, 바르게 말하는 것을 정어(正語), 자비로서 행동을 바르게 갖는 것을 정업(正業), 직업의식을 바르게 해나가는 것을 정명(正命), 꾸준하게 바르게 노력해 나가는 것을 정정진(正精進), 바른 생각을 흔들리지 않게 잡아매고 나아가는 것을 정념(正念)이라 하며, 그 바른 생각에 의하여 마음을 바르게 안정해 가는 것을 정정(正定)이라 합니다.

이것은 마치 수레바퀴가 여덟 개의 곧은 살들에 의하여 속바퀴와 겉바퀴가 연관을 지어 굴러가듯, 이것이 사람의 몸과 마음을 중심으로 연관을 지어 원심(圓心)을 이루고 굴러갈 때, 열반 피안에 이르러 갈 수 있으므로 8정도, 8성도라 하고 있습니다. 그래서 이 여덟 개의 정도는 이름으로 꾸며서 말하여 여덟 개지만, 하나하나 풀어서 설명하면 한이 없고 끝이 없으므로 '불도가 위가 없다'고 하고, 그 위가 없는 불도가 안에 있든 밖에 있든 관계없이 불도를 이룰 때까지 계속해서 배워 나가겠다는 것이 이 서원입니다.

끝으로 '불도무상서원성과 자성불도서원성'은, 세상의 모든 것이 원래 불성(佛性)으로 이루어진 것이라, 물질 속에 들어있는 법이나, 몸 안에 들어있는 법이 나를 가릴 것 없이 모두 깨달아서 이루겠다는 것인데, 그 법은 고·저·장·단(高·低·長·短), 전·후·좌·우(前·後·左·右)의 상대적 세계에 관계없이, 상대 속에 변재해 있으므로 무상(無上)이라 하는 것입니다.

이들 4홍서원은 중생들이 가지는 ① 이 몸의 장수를 바라는 것이나, ② 재산·명예·지위·부유를 얻는 것이나, ③ 처자·권속의 은애가 영화롭게 되는 것이나, ④ 음욕·방심(放心)의 즐거움을 맛보는 것이나,

소승들이 즐기는 ① 독선기신의 출가락, ② 무소빈천(無所貧賤)의 고유락(孤有樂), ③ 회신멸지(灰身滅智)의 열반락, ④ 법희선열(法喜禪悅)의 해탈락과는 달리, 위로 불도를 구하고 아래로 중생을 위하는 마음이 넓고 크므로 총서라고 한 것입니다.

서원이 넓고 깊은 것을 홍(弘)이라 하고, 스스로 자신만을 위하는 마음을 자제(自制)하는 것을 서(誓)라 하며, 뜻에 만족하도록 구하는 까닭에 원(願)이라 합니다.

이 원이 이루어질 때 비로소 세상에는 악도 없고 선도 없는 세상이 될 것이고, 상도 없고 벌도 없는 세상이 될 것입니다. 진실로 원하고 실천할 것은 이 사홍서원인가 합니다.

어찌 이 길을 가르쳐 주신 부처님과 그의 법과 스님들께 귀의하지 않겠습니까. 그래서 끝으로 원을 마쳤으면 3보님께 귀의하라고 한 것입니다.


## 3. 귀명례 3보(歸命禮三寶)


원이 발원이 귀명례삼보(願已 發願已 歸命禮三寶)
나무상주시방불(南無常住十方佛)
나무상주시방법(南無常住十方法)
나무상주시방승(南無常住十方僧)


원을 발하고 3보님께 귀의합니다. 거룩한 부처님께 귀의하고, 거룩한 법에 귀의하고, 거룩한 스님들께 귀의한다는 말입니다.

어찌하여 부처님을 거룩하다 합니까. 부처님이나 우리나 본래 똑같은 범부였었는데, 범부들이 그리는 최고의 욕락처(欲樂處)에 태어나서 왕관의 지위와, 국왕의 부귀와, 환락의 요지와, 애착의 권속을 헌신짝 같이 버리고, 출가하여 희·노·애·낙의 근본을 캐고, 생·노·병·사의 근본을 깨닫고, 흥·망·성·쇠의 세계를 탈출하여 5욕에 전전하고, 3독에 끌려다니는 중생을 구제하기 위하여 6년 고행 후에, 45년을 길거리에서 고고단신(孤孤單身)·좌불난석(坐不煖席)으로 생을 보냈으니, 인류 1만년 역사를 통하여 이 보다 더 거룩한 이가 어디 있으며, 이 보다 더 높은 이가 어디 있습니까.

그 뿐만 아닙니다. 중중무진(重重無塵)의 세계에 망상진애(妄想塵埃)의 번뇌로, 어리석은 중생을 더욱 어리석게 하고, 가난한 중생을 더욱 가난하게 한, 노예적 사고방식의 사악한 종교인들의 미신심(迷信心)을 부수고, 구름없는 하늘 만리장천에 밝은 태양을 보게 한 그 은혜 또한 말로 형용할 수 없으므로, 부처님은 참으로 위대하신 분입니다.

법은 어찌하여 거룩하고 스님들은 어찌하여 거룩합니까. 부처님께서 갖추신 복과 지혜를 그대로 받들고, 모든 욕심을 떠난 거룩한 진리를 따라, 있는 그대로 생활하면서 한량없는 중생을 교도(敎導)하여, 오늘 우리들이 불법을 듣고 보고 배우게 하셨으니 이 보다 더 거룩한 이들이 어디에 있겠습니까. 그러므로 '스님들이 귀하면 불법이 귀하고, 스님들이 천하면 불법이 천해지게 된다'고 한 것이니, 우리는 불법을 옹호하는 스님들이 더욱 귀하게 되고 중하게 될 수 있도록 받들어야 되겠습니다.

그러면 어떻게 스님들을 귀하고 중하게 만들 수 있습니까. 스님들을 우러러 볼 수 있게 하여야 합니다. 스님들을 우러러 볼 수 있게 하려면 절에 가서 그 분들을 시켜, 먹는 음식부터 폐지해야 하고 공부하실 수 있는 시간을 빼앗지 말아야 하며, 공부하실 수 있도록 여러 가지 여건을 만들어 드려야 합니다. 절의 부귀는 찬란한 사찰보다도 도인이 되는 것입니다. 도인이 많으면 불법은 저절로 귀하게 됩니다. 도인은 길을 인도하는 자고, 어두움을 제거하는 자며, 고통을 뽑아주는 자고, 번뇌를 끊어주는 자라 도인이 많아지면 세상의 고통이 줄고, 세상의 어리석음이 줄어지게 됩니다.

그런데 요즈음 절 짓고 탑 세우고 불공 드리고 손님 접대하느라, 전념해야 할 공부를 못하고 있으니 어느 때나 도인이 배출 될 수 있겠습니까. 물론 밥하고 밭 매고 연탄 갈고 집지키는 것도 도인이 할 일이 아닌 것은 아니지만, 그런 일은 속인들도 얼마든지 할 수 있는 일이니 그들에게 맡기고, 보다 높은 차원에서 불기(佛旗)를 들고 앞자리에 서서 길을 인도할 수 있는, 용기백배한 법장들을 많이 배출하여야 합니다. 그럴려면 학교도 다녀야 하고 유학도 가야 하고 견문도 넓히도록 해야 할 것이니, 신도들이 자신의 복만을 위해 시간을 빼앗지 말고, 그들이 그런 일을 할 수 있는 길을 터드려야 할 것입니다.

물론 스님들도 새로운 각오로 살신성명(殺身成命)으로 구도행각에 나서야 할 것입니다. 집을 버리고 권속을 버리고 세상을 떠날 때는, 세상을 구하고 가족보다는 더 많은 중생을 구제하자는 데 뜻이 있는데, 한 몸의 편안과 안일을 위해 일생을 보낸다면, 어떻게 아침 저녁으로 좌불난석으로 교화중생하시던 부처님의 얼굴을 뵐 수 있겠습니까. 삼가하고 삼가 할 일입니다.

이것으로서 현행 유행하는 ≪천수경≫ 강의는 모두 마치는데, 이 뒤편에서 장엄염불(莊嚴念佛)과 정토업(淨土業)이 따라서 나오므로 간단히 풀이하고자 합니다. 참고하십시오.

# 제3편 장엄염불(莊嚴念佛)

# 제1강 찬불기행원(讚佛起行願)

## 1. 장엄염불의 뜻

장엄이란 원래 좋고 아름다운 것으로 국토를 꾸미고, 훌륭한 공덕을 쌓아 몸을 장식하고, 향과 꽃들을 부처님께 올려 장식한다는 뜻인데, 여기서는 장엄염불이니 염불로서 국토를 장엄하고, 심신을 장엄하고, 불신을 장엄한다는 뜻입니다. 세상이 온통 잡된 소리와 잡된 모습으로 장엄되어 있는데, 아름다운 부처님의 거룩하신 상호와 그것을 사모하는 사람들의, 맑고 깨끗한 염불소리로 세상을 장엄하고, 제불·보살님들의 위대한 서원과 혁명적 구도행으로 이 몸을 장엄하고, 나도 남도 정토도 예토도 없는 무상의 보리심(無上菩提心)으로 이 마음을 장엄하는 것입니다.

장엄염불의 순서는 먼저 아미타불과 관음·세지의 세 성자를 찬탄하고 공경하며, 그들이 장엄하고 있는 세계에 낱낱의 모습을 관찰하고, 다음에는 여러 불·보살·선지식들의 깨달음을 통해서 토해낸 아름다운 시들을 음미하고 관찰하는 순서로 되어 있습니다.

지금부터 순서에 따라 해설해 보겠습니다.

## 2. 미타찬(彌陀讚)

〔원문〕 아미타불진금색(阿彌陀佛眞金色)
상호단엄무등륜(相好端嚴無等輪)

백호완전오수미(白毫完轉五須彌)

감목징청사대해(紺目澄淸四大海)

광중화불무수억(光中化佛無數億)

화보살중역무변(化菩薩衆亦無邊)

사십팔원도중생(四十八願度衆生)

구품함령등피안(九品含靈登彼岸)

이차예찬불공덕(以此禮讚佛功德)

장엄법계제유정(莊嚴法界諸有情)

임종실원왕서방(臨終悉願往西方)

공도미타성불도(共覩彌陀成佛道)

〔역문〕 아미타불 진짜금색 찬란하게 빛이나네

　　　　삼십이상 팔십종호 단정하기 짝이없고

　　　　눈썹사이 하얀털빛 오수미와 같아오며

　　　　푸른눈빛 맑은빛은 사대해와 같습니다.

　　　　빛가운데 나툰화불 무수억을 헤아리고

　　　　빛가운데 나툰보살 헤아릴수 없습니다.

　　　　사십팔원 원력으로 고해중생 제도하니

　　　　구품계단 만들어서 법계함령 건지올제

　　　　이러므로 예배하며 부처님덕 찬합니다.

　　　　장엄하신 마음으로 유정중생 이끄소서

　　　　내생에는 모두같이 극락세계 태어나서

　　　　아미타불 친히뵙고 무상불도 이루리다.

　이것은 아미타불을 칭찬하고 극락세계에 가서 다같이 불도를 이루기 원한 찬송들입니다.

‘아미타불진금색’은 아미타불의 겉모습이 진짜 금빛으로 되었다는 말입니다. 어떤 부처님이고 부처님이 되면 32상 80종호를 갖추고 여래(如來)·응공(應供)·정변지(正偏知)·명행족(明行足)·선서(善逝)·세간해(世間解)·무상사(無上士)·조어장부(調御丈夫)·천인사(天人師)·불·(佛)·세존(世尊)의 10호를 구족하기 마련입니다.

그런데 이 진금상은 32상 가운데 제14상에 해당됩니다. 모든 상호 가운데서 유독 3가지가 들어나기 때문에 첫째, 황금색의 몸빛 둘째, 백호상(白毫相) 셋째, 감목상(紺目相)을 들어 칭찬했습니다. 진금색을 가지신 아미타불의 상호는 단엄하여 비유할 자 없는데, 그 가운데서도 특히 백호가 또르르 말려 수미산 같고, 푸른 눈은 밝아 4대해와 같다는 말이 ‘상호단엄무등륜 백호완전오수미 감목징천사대해’입니다. 단엄(端嚴)은 단정하고 엄숙한 것이고, 무등륜(無等倫)은 짝이 없다는 말입니다. 그리고 백호(白毫)는 흰 털이고, 완전(宛轉)은 또르르 말려 있는 것이며, 오수미(五須彌)는 다섯 개의 수미산이란 말입니다. 수미산이란 범어 수미루(sumeru-parvata·須彌樓)의 음역인데 묘고(妙高)·묘광(妙光)·안명(安明)·선적(善積)이라 번역합니다.

4주(州) 세계의 중앙으로서 금륜(金輪) 위에 우뚝 솟은 높은 산을 말하는데, 둘레에는 7산(山) 8해(海)가 있습니다. 꼭대기가 제석천(帝釋天)의 주처이고, 중턱은 4천왕천의 주처가 되며, 물 속에 잠긴 것이 8만 유순이나 된다 하니 그 높이를 짐작할 수 있습니다. 1유순은 작은 것은 40리, 큰 것은 80리 거리에 해당된다고 합니다. 이런 산이 다섯 개 우뚝 겹쳐 있다고 하면 어떠하겠습니까. 백호상이 그토록 또렷하게 나타나 있다는 말입니다.

미간(眉間)은 인간 생성의 중심지이자 인간 완성의 결실지입니다. 사람의 뇌 가운데서 가장 사람다운 뇌를 인피질이라 하고, 그 인피질이 자라집고 있는 곳이 바로 미간이라는 것입니다. 그 미간에 흰털이 나 있다

는 것은 인피질이 가장 발달되어 있다는 사실을 증명하는 것이고, 더욱
이 거기서 광명이 항상 발하고 있다는 것은, 이 세상 모든 것들에게 가
장 밝은 빛을 줄 수 있는 뇌질이 발달되어 있다는 사실을 증명하는 것입
니다. 관상학(觀相學)에서도 그곳이 들어가 있는 사람은 어리석은 사람,
화 잘 내는 사람, 번민이 많은 사람으로 보고, 그곳이 두드러지게 형성
되어 있는 사람은 지혜로운 사람, 평화로운 사람, 명랑한 사람으로 보고
있습니다.

인간의 창은 눈입니다. 창이 맑아야 천지를 잘 비추어 볼 수 있습니
다. 그런데 그 눈이 푸른 바다와 같다니 얼마나 멋있습니까. 바다는 고
요히 가라앉기만 하면 천지를 다 비춥니다. 그리고 온갖 것이 다 그곳에
집약(集約) 포용(抱容) 됩니다. 마찬가지로 사람의 눈도 사해의 모든 것
이 그곳에 집약되고 포용되어 감상하고 있습니다. 그런데 아미타불의 눈
이 그처럼 맑고 깨끗하다 하니 얼마나 잘 생긴 눈입니까.

그러기 때문에 그 눈과 백호, 황금빛이 찬란한 몸매에서 쏟아져 나온
빛 중에서 무수한 보살들이 나타나서, 48원과 9품연대로서 법계의 유정
들을 이끌어 드리기 때문에, 저희들이 찬탄하고 예배하면 죽어서는 그곳
에 나서 아미타불을 뵙고 부처가 되겠다고 한 것입니다.

'광중화불무수억'은 빛 가운데서 무수 억의 부처님들을 나타내고, '화
보살중역무변'은 또 그 가운데서 끝없는 보살신을 나타낸다는 말이며,
'사십팔원도중생'은 마흔여덟 가지 원력으로 중생을 제도하고, '구품함령
등피안'은 아홉 개의 품계를 두어 함령(含靈)들을 피안에 이르게 한다는
뜻입니다. 지혜의 빛이 충만하면 그 빛이 닿는 곳마다 자각각타(自覺覺
他)의 부처님들이 나타나지 않을 수 없을 것이고, 상구보리(上求菩提)하
고 하화중생(下化衆生)하는 보살들이 나타나지 않을 수 없을 것입니다.
그러므로 '광중화불무수억이요 화보살중역무변'이지요.

그런데 불·보살들이 무엇으로 중생을 제도하느냐 하면 48원과 9품연

대로서 그들을 제도한다는 것입니다. 48원은 아미타불이 아직 성불하기 전 법장비구로 있을 때 세운 원입니다.

옛날 법장비구는 한 나라의 임금님으로 태어나 있었는데, 세자재왕(世自在王) 부처님이 세상에 태어나서 교화하시는 것을 보고, 자기도 부처가 되어 모든 중생을 제도하되, 이 세상에서는 가장 훌륭한 극락세계를 건립하겠다고 서원하니, 세자재왕께서 2백 10억의 많은 불국토를 보여 주었습니다. 법장비구는 그때 모든 세계를 보고 이 모든 세계 가운데서 가장 좋은 것만을 뽑아서 극락세계를 건설하겠다고 하고, 마흔여덟 가지 원을 세운 뒤 조재억겁(兆載億劫)을 수행하여 이 세계를 건설했다는 것입니다.

그 세계에는 9품의 연대(蓮臺)가 있는데 모든 중생은 태어날 때, 부모님의 태를 빌리지 않고 바로 그 연꽃 속에 태어나기 때문에 극락세계를 연화국(蓮華國)이라고 부르는 것입니다. 그러면 어찌하여 극락세계에 9품의 연대가 있느냐 하면 이것은 아미타불의 생각이 아니고 중생의 근기 때문입니다.

사람의 근기는 천차만별(千差萬別)하여 같은 자가 없지만 근사치를 따져보면, 크게 상·중·하로 나눌 수 있고, 그 상·중·하는 다시 상중상(上中上)·상중중(上中中)·상중하(上中下)로 나누고, 중도 중중상(中中上)·중중중(中中中)·중중하(中中下)로 나누며, 하도 하중상(下中上)·하중중(下中中)·하중하(下中下)로 나눌 수 있습니다. 그래서 상·중·하에 각기 상·중·하를 곱하면 9(3×3)가 됩니다. 마음이 크고 깨끗한 사람은 상품상에 태어나게 되고, 마음이 크고 크되 아직 상품상만 못한 사람은, 상품중·상품하·중품상·중품중·중품하·하품상·하품중·하품하에 태어나게 된다는 것입니다.

그렇다고 이것은 극락세계 자체가 그렇게 구분되어 있는 것이 아니고, 중생의 근기가 얕고 겁이 많은 사람은 너무 큰 집 큰 도량에 있으면 더욱 겁이 나게 되기 때문에, 처음 날 때는 하품하를 형성했다가 차차 그 마음이 커짐에 따라서, 중품상·상품상으로 올라간다는 것입니다. 그러니 올라가고 내려오는 것이 누구의 제약 속에 매여 있는 것이 아니라, 자기의 뜻에 따라 자유자재로 커졌다 작아졌다 하는 것입니다. 예를 들면 작은 집에 살던 사람이 큰 집을 원해 이사 가면, 하품에서 중상품으로 이전하는 식이 되지만, 만일 가서 보면 너무 커서 귀찮다고 생각하면 다시 작은 집으로 이사 오는 식입니다.

그러나 극락세계에서는 그렇게 차에 싣고 리어카에 싣고 이사다니는 것이 아니고, 마음만 먹으면 자기가 살고 있는 연꽃의 집이 커졌다 작아졌다 마음대로 된다는 것입니다. 극락세계에서는 청소하고 쓰레기를 버리고 세금 내는 일이 없어도, 매일 아침 시원한 바람이 불어 청소가 저절로 되고, 단비가 내려 쓰레기를 치워버리기 때문에 귀찮고 번거로운 바가 없으므로, 한 번 커진 사람은 다시 작아질 필요가 없다는 것입니다. 이것이 구품연대입니다. 그래서 부처님들은 한 사람이라도 더 그 세계로 보내려 하고 있지만 욕심 많은 중생들은 얼른 갈 생각을 내지 못하고 있습니다.

그러므로 원효대사(元曉大師)가 말했습니다. "모든 부처님들이 적멸궁(寂滅宮)에 장엄해 계시는 것은 오랜 세월을 두고 고행하신 까닭이고, 중생이 불구덩이에서 헤매이는 것은 한량없는 세월을 두고 탐욕을 버리지 못한 까닭이니라" 하고, "막지 않는 천당에는 적게 가고, 가지 말라고 달래는 악도에는 많이 가 이른다"고 하였습니다. 천당에 적게 가고 악도에 많이 가 이르는 것은, 이 몸과 5욕으로 자기집 재물을 삼아 그것을 지키기에 여념이 없기 때문이고, 3독번뇌로 망상을 피우고 있는 까닭입니다.

'함령(含靈)'이란 영을 머금은 자, 즉 업력이 있는 자, 생명이 있는 자, 감정이 있는 자를 말합니다. 지·정·의(知·情·意) 3방면에서 망·악

·추(妄·惡·醜)의 분별시비를 일으키는 것이 중생이고, 반대로 진·선·미(眞·善·美)를 일으키는 것은 불·보살입니다. 그리고 그 분별 시비 속에서 생사에 전전하는 것은 이 언덕 차안(此岸)이고, 진·선·미 속에 영원히 안주하는 것은 저 언덕 피안(彼岸)입니다. 저 언덕은 항상(常) 즐겁고(樂) 자유롭고(我) 깨끗(淨) 하지만, 이 언덕은 무상(無常)하고 투쟁하고(不樂) 자유가 없어(無我) 깨끗지 못합니다(不淨). 그래서 고통 많은 이 세상에서 즐거운 저 세상으로 분별 많은 중생들을 인도한다고 한 것이 '구품함령등피안(九品含靈登彼岸)'입니다.

이 얼마나 멋있고 아름다운 일입니까. 이것은 아미타불 법장비구의 공덕입니다. 어찌 그 부처님과 그 스님을 칭찬하지 아니할 수 있겠습니까. 그러므로 '이차예찬불공덕(以此禮讚佛功德)'입니다. 거룩한 법계를 장엄하여 유정들을 제도하시는 부처님, 우리도 죽으면 그곳에 가 나고 싶습니다. 그리고 그 부처님을 하루 빨리 뵙고 싶습니다. 그래서 '장엄법계제유정'이고 '임종실원왕서방'이며 '공도미타성불도(共覩彌陀成佛道)'입니다.

'공도'는 함께 뵙고자 한다는 뜻이고, '미타'는 아미타불이고, '성불도'는 불도를 이루겠다는 뜻이니, '죽을 때를 당해서 서방 극락세계에 가서 아미타불을 뵙고 모두 함께 불도를 이루기 원한다'는 뜻입니다.

그러면 어찌하여 극락세계가 서방(西方)이냐 하는 것입니다. 극락세계가 서쪽에 설정된 것은 법장비구가 원래 열대지방에 태어난데 원인이 있습니다. 인도 열대지방에서는 해만 뜨면 더워서 그늘을 찾아야 하고 해만 지면 시원해서 좋습니다. 그래서 부처님의 경전도 둥근달밤 야자수 그늘 밑의 이야기가 많이 나옵니다. 동쪽은 뜨거워서 싫고, 서쪽은 시원해서 좋고, 북쪽은 어두워서 싫고, 남쪽은 볕이 들어 싫습니다. 그래서 시원한 서쪽을 선택하다 보니 극락세계가 서쪽에 자리잡게 되었다 합니다. 그러나 미타의 참성품을 깨달은 사람이라면 구태여 동·서·남·북을 가릴 필요는 없습니다.

일념망심명료료(一念妄心明了了)하면
미타부재별가향(彌陀不在別家鄉)인가.
통신자화연화국(通身自化蓮華國)이요
처처무비극락당(處處無非極樂堂)이로다.

한 생각 망심을 밝히는 순간이 바로 아미타불이 되는 순간이고, 극락세계를 장엄하는 순간이라, 만일 그렇게만 된다면 곳곳이 극락당 아님이 없다는 말입니다.


## 3. 3성찬(三聖讚)

〔원문〕 극락세계보수중(極樂世界寶水中)
구품연화여거륜(九品蓮花如車輪)
미타장육금구립(彌陀丈六金軀立)
좌수당흉우수수(左手當胸右手垂)
녹라의상홍가사(綠羅衣裳紅袈裟)
금면미간백옥호(金面眉間白玉毫)
좌우관음대세지(左右觀音大勢至)
시립장엄심제관(侍立莊嚴審諦觀)
귀명성자관자재(歸命聖者觀自在)
신약금산담복화(身若金山膽蔔花)
귀명성자대세지(歸命聖者大勢至)
신지광명조유연(身智光明照有緣)
삼성소유공덕취(三聖所有功德聚)
수월진사대약공(數越塵沙大若空)

시방제불함찬탄(十方諸佛咸讚嘆)
진겁불능공소분(塵劫不能空少分)
시고아금공경례(是故我今恭敬禮)

〔역문〕　극락세계 보배연못 팔공덕수 가운데엔
　　　　수레같은 연꽃들이 구품으로 장엄되고
　　　　열여섯자 황금몸빛 장엄하게 서계시네
　　　　가슴위엔 왼손얹고 오른손은 드리우고
　　　　푸른비단 법복위엔 붉은가사 은은하네
　　　　금빛얼굴 미간백호 찬란하게 빛이나고
　　　　왼쪽에선 관세음이 오른쪽엔 대세지가
　　　　장엄하게 모시고서 두루살펴 보호하네
　　　　성관음께 귀의하고 관자재께 귀의하며
　　　　금산같이 거룩하고 담복같이 아름다운
　　　　성자이신 대세지께 목숨바쳐 귀의하고
　　　　지혜의몸 밝은빛은 인연따라 비춰지네
　　　　세분성현 쌓은공덕 모두모아 헤아리니
　　　　티끌모래 수를넘어 허공보다 크옵니다
　　　　시방세계 모든부처 입을모아 찬탄하나
　　　　티끌겁을 다하여도 털끝만도 못하시네
　　　　그러므로 저희들이 공경하며 절합니다

　가 됩니다. 극락세계에는 큰 보배 연못이 있습니다. 그래서 그것을 보
배 보자(寶) 못지(池), '보지'라고 불렀는데, 우리말 가운데는 여자의 생
리를 의미한 언어와 같으므로 어떤 분은 연못이란 의미로서 연지(蓮池)
라 고쳐서 읽기도 하였으나, 여기서는 보배의 하수라 하여 보수(寶水)로

고쳐 읽고 있습니다. 그 보배의 못 속에는 9품의 연꽃이 큰 수레바퀴와 같이 둥근 모습을 하고, 굴러가는 것처럼 움직이고 있으므로 '극락세계 보수중 구품연화여거륜'이라고 한 것입니다.

그리고 그 가운데 서 계시는 금빛 찬란한 몸을 가지신 아미타불은 키가 장육이나 되고, 왼쪽 손은 가슴에 얹고 오른쪽 손은 아래로 드리우고 있으며, 의복은 녹색 비단옷에 빨간 가사를 입고 계시는데, 유독히 금빛 얼굴 미간의 백호상이 빛나기 때문에, '미타장육금구립 좌수당흉우수수 녹라의상홍가사 금면미간백옥호'라 한 것입니다.

장육(丈六)의 장은 10자이고 육은 6자를 의미하니 열여섯 자라는 뜻이 됩니다. 보통사람들의 키는 6자도 크다고 하는데 부처님의 키는 그의 배가 더 되는 16자나 되었다 합니다. 실제 자수는 그렇게 되지 않다 하더라도, 부처님의 상을 조각한 불상을 장육상이라 부르고 있습니다. 왼쪽 손을 가슴에 대고 오른쪽 손을 드리웠다고 하는 것은, 마음 속 깊이 생각한 구제의식으로 중생의 소원을 성취시켜 준다는 구제인(救濟印)·여원인(與願印)입니다.

부처님의 옷빛은 최초에는 밤색 비슷한 것이었습니다. 떫은 감이 옷에 묻었을 때 나타나는 죽은 핏빛의 옷이었습니다. 이것은 재래 인도의 출가 수행자들이 입던 옷이었기 때문에 따라서 입으신 것입니다. 그러나 그 뒤 불교도의 옷은 황색 혹은 녹색·청색·흑색 등으로 변하였습니다. 그런데 이 글은 중국의 정토종(淨土宗) 사람들이 지은 찬불가이므로, 그들이 당시에 입고 있던 의상이 최고급을 연상하여 이렇게 표현한 것일 것입니다.

아미타불의 옆에는 항상 두 분의 비서가 있습니다. 한 분은 관세음보살이고 한 분은 대세지보살입니다. 관세음보살은 자비가 충만하신 분이고, 대세지보살은 위세가 당당한 분입니다. 이것은 아미타불의 자·비·희·사(慈·悲·喜·捨)의 양면을 잘 나타내 보인 것입니다만, 어떤 사람이고 이 두 면을 갖추지 아니하면 지도자의 면목을 갖출 수 없습니다. 관세음을 문(文)에 비유한다면 대세지는 무(武)에 해당되고, 관음을 어머니에 비유한다며 대세지는 아버지에 비유할 수 있습니다. 바깥 일과 안에 일, 속 일과 겉 일에 착오가 없어야 하므로, 관음·대세지가 양쪽에 시봉하고 있으면서 그 뜻을 깊이 살리고 있는 것입니다. 그래서 '좌우관음대세지 시립장엄심제관'입니다. 그러니 비서를 두려면 관음·세지 같은 분을 두어야 하고, 자식도 그런 분을 두어야만 부모가 돋보이고 사장님이 돋보이게 됩니다.

그 관음·세지가 어떤 상호를 가졌느냐 하면 관세음은 금산같이 흰하고 흰출하게 생긴 키에, 담복화와 같이 복스런 모습을 하고 있다는 것입니다. 그리고 대세지는 몸에서 나는 지혜의 광명이 두루 인연있는 중생들을 비추어서, 구제하는 그런 상호를 가지고 있습니다. 그래서 '귀명성자관자재 신약금산담복화 귀명성자대세지 신지광명조유연'이라고 한 것이니, 남의 지도자가 되려면 남의 마음을 잘 아는 사람이 되어야 하고, 남의 마음을 잘 알아서 마왕(魔王)처럼 자기의 이득만 취하고 말려 죽여버리는 그런 식이 아니라, 자비하신 어머니 위엄있는 아버지처럼 항상 그의 약점을 보완하고 힘의 보호자가 되어야 할 것입니다.

이 삼성(三聖) 즉 복덕과 지혜를 구족하신 아미타불과, 대자대비의 관세음보살, 대희대사의 대세지보살의 억겁공덕과 수행공덕(修行功德)을 모두 설명한다면 간디스강의 모래알을 다 헤아리도록, 아니 이 지구덩어리를 낱낱이 부셔 티끌을 만들어 헤아리도록 칭찬을 하여도 다 할 수 없으니, 그것은 그의 공덕이 큰 허공과 같기 때문이라는 것입니다. 시방의 부처님들이 모두 찬탄하시기를 하나의 티끌을 1겁으로 헤아려서 모든 티끌이 다할 때까지 하여도, 그 일부분도 다 말하지 못한다는 것입니다. 어찌 공경하고 예배하지 않겠습니까. 그러므로 '삼성소유공덕취 수월진사대약공 시방제불함찬탄 진겁불능궁소분 시고아금공경례'라고 한 것입니다.

≪미타경≫에 보면 시방의 모든 부처님들이 이들을 칭찬하는 대목이 나옵니다.

동방의 아촉비불(阿閦鞞佛)·수미상불(須彌相佛)·대수미불(大須彌佛)·수미광불(須彌光佛)·묘음불(妙音佛),

남방의 일월등불(日月燈佛)·명문광불(名聞光佛)·대염견불(大炎肩佛)·수미등불(須彌燈佛)·무량정진불(無量精進佛),

서방의 무량수불(無量壽佛)·무량상불(無量相佛)·무량당불(無量幢佛)·대광불(大光佛)·대명불(大明佛)·보상불(寶相佛)·정광불(淨光佛),

북방세계에서는 염견불(炎肩佛)·최승음불(最勝音佛)·난저불(難沮佛)·일생불(一生佛)·망명불(網明佛),

하방세계에서는 사자불(獅子佛)·명문불(名聞佛)·명광불(名光佛)·달마불(達磨佛)·법당불(法幢佛)·지법불(持法佛),

상방세계에서는 범음불(梵音佛)·숙왕불(宿王佛)·향상불(香上佛)·향광불(香光佛)·대염견불(大炎肩佛)·잡색보화장엄신불(雜色寶華莊嚴身佛)·사라수왕불(裟羅樹王佛)·보화덕불(寶華德佛)·견일체의불(見一切義佛)·여수미산불(如須彌山佛) 등 이 많은 부처님들이 3천대천세계를 두루 덮을 정도로 큰 혀로 칭찬한다 하더라도 다하지 못한다고 하였습니다. 그렇지만 그것은 역시 불·보살님들이 10분의 1도 백천만억분의 1도 되지 않는다는 것입니다.

인(印)이란 부처님이나 보살들의 손 모습의 특정한 현상을 일반적으로 인상(印相)이라 합니다. 어머니가 자식을 안으려 할 때 나타내는 현상, 무엇을 주고자 할 때 하는 모습이 각각 다른 것 같습니다. 인(印)이란 원래 범어 무드라(mudrā)로서 내증(內證)·서원(誓願)·공덕(功德)을 표시한 인계(引契)를 의미합니다. 이 인계에는 적어도 80종류가 넘는 형식이 있습니다. 그러나 여기서는 복잡하므로 우리나라에서 가장 많이 볼 수 있는 석가여래의 5인과 비로자나여래의 1인, 미타의 9인을 간단히 설명하겠습니다.

석가여래의 5인은 석존의 행적과 관계있는 수인(手印)입니다.

첫째, 선정인(禪定印)은 결가부좌할 때의 인인데, 왼쪽손은 손바닥을 위로해서 배꼽 앞에 놓고, 오른손도 손바닥을 위로해서 겹쳐 놓되 두 엄지손가락을 서로 대는 형식입니다. 이러한 선정인은 마음을 평등히 가지고 망념을 버려 움직이지 않고, 조용히 마음을 한 곳에 모아 삼매경에 들게 하므로 삼매지인(三昧地印) 혹은 법계정인(法界定印)이라 부르기도 합니다.

둘째, 항마촉지인(降魔觸地印)은 마군을 항복받을 때 한 인인데, 앞의 선정인에서 위에 얹은 오른손을 떼어서 손바닥을 오른쪽 무릎에 대고 5지로 땅을 가리키며, 왼손은 선정인 그대로 있는 형식인데 항마인(降魔印)·촉지인(觸地印)·지지인(指地印) 등으로 부릅니다.

셋째, 전법륜인(轉法輪印)은 법륜을 굴릴 때 사용한 인인데 왼쪽의 엄지와 검지의 끝을 서로 대고 장지·약지·소지의 3지를 폅니다. 오른손도 꼭같이 합니다. 그리고 왼손은 손바닥을 위로 하고 오른 팔목에 왼손 약지와 소지의 끝을 대며, 오른손 손바닥은 밖을 향합니다.

넷째, 시무외인(施無畏印)은 이포외인(離怖畏印)이라고도 하는데, 중생에게 무외를 베풀어 두려움에서 떠나게 하며 우환과 고난을 제거시켜 주는 대자의 덕입니다. 손의 모습은 다섯 손가락을 가지런히 위로 뻗치고, 손바닥을 밖으로 하여 어깨높이까지 올린 형태입니다.

다섯째, 여원인(與願印)은 시여인(施與印)이라고도 합니다. 부처님께서 중생에게 사랑을 베풀고 중생이 원하는 바를 달성하게 하는 대자비의 덕을 표시한 인입니다. 손의 모습은 시무외인과는 정반대로 손바닥을 밖으로 하고 다섯 손가락을 펴서 밑을 향하고 있습니다. 이것이 석가세존의 5인인데, 첫째는 붓다가야의 선정지에, 둘째는 항마지에, 셋째는 베나레스의 전법륜지에 각각 해당되는 것이고, 다른 데서는 잘 볼 수 없는 것이지만 우리나라에서는 구태여 그것을 가리지 않고 있는 실정입니다.

그리고 대일여래(大日如來)의 비로자나여래 지권인(智拳印)은, 오른쪽 손으로 엄지를 속에 넣고 다른 네 손가락으로 주먹을 집니다. 다음에 왼손을 가슴까지 올려들고 검지를 풀어서 세우며 오른손 주먹 중의 소지로서 왼손 검지의 첫째 마디를 붙잡습니다. 그리고 오른손 주먹 속에서는 오른손 엄지끝과 왼손 검지 끝을 서로 댑니다. 이것은 일체의 무명 번뇌를 없애고 부처님의 지혜를 얻는다는 뜻이며, 또 이(理)와 지(智)는 본래 같아 둘이 아니고 부처와 중생 미혹과 깨달음이 본래 하나인 것을 나타낸 것입니다.

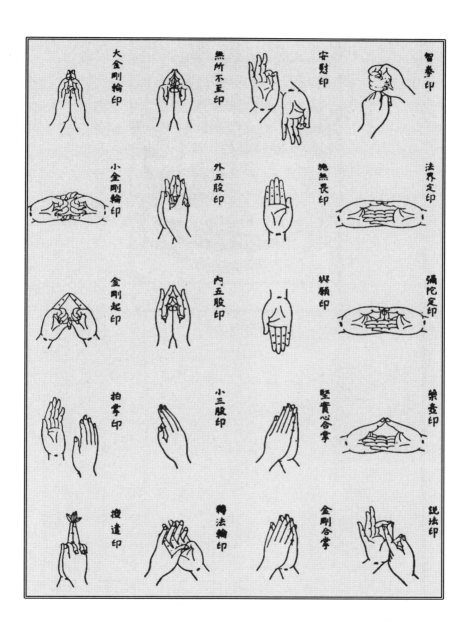

智拳印
法界定印
彌陀定印
藥壺印
說法印

安慰印
施無畏印
與願印
堅實心合掌
金剛合掌

無所不至印
外五股印
內五股印
小三股印
轉法輪印

大金剛輪印
小金剛輪印
金剛起印
拍掌印
授道印

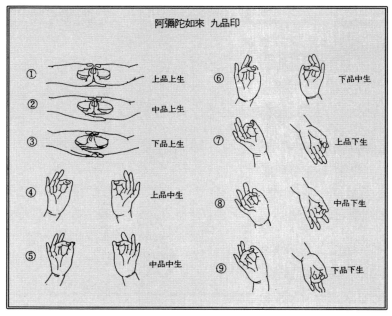

阿彌陀如來　九品印

① 上品上生
② 中品上生
③ 下品上生
④ 上品中生
⑤ 中品中生
⑥ 下品中生
⑦ 上品下生
⑧ 中品下生
⑨ 下品下生

馬頭觀音 淨瑠璃寺

靑頸觀音

曇徵(法隆寺 壁畫)

葉衣觀音

聖觀音 醍醐寺

阿摩提觀音

다음 아미타불의 9인은 9품연대와 연관이 있습니다.

첫째, 상품상생의 인(上品上生印)은 왼손 위에 오른손을 포개 놓되 모두 손바닥을 위로하고 검지를 구부려서 엄지에 대고 있습니다.

둘째, 상품중생의 인(上品中生印)은 상품상생과 같은 손 모습에서 장지를 구부려서 엄지에 대고 있으며,

셋째, 상품하생의 인(上品下生印)은 약지를 구부려서 엄지에 대고 있습니다.

넷째, 중품은 두 손을 가슴 앞까지 들고 손바닥을 약간 밖으로 하는 자세인데, 검지를 구부려 엄지에 대었을 때는 상생인(上生印)이고,

다섯째, 장지를 구부려 대었을 때는 중생인(中生印)이며,

여섯째, 약지를 대었을 때는 하생인(下生印)입니다.

일곱째, 하품의 수인은 오른손은 가슴까지 들어서 손바닥을 밖으로 왼손은 무릎 위에 놓아서 선정인과 같은 형상을 하는데, 이때 검지와 엄지를 댄 것은 하품상생의 인이고,

여덟째, 장지와 엄지를 댄 것은 중생인이며,

아홉째, 약지와 엄지를 댄 것은 하생인입니다.

그런데 우리나라에서는 반드시 이러한 인계(印契)의 규칙을 지키지 않고 석가여래나 대일여래, 아미타불이나 약사여래나를 막론하고 혼돈된 인상을 많이 하고 있는데, 그것은 부처님을 조성하는 불모(佛母)들이 불교의 교리에 대하여 깊은 공부를 하지 않는데 원인이 있습니다. 특히 이 가운데서도 석가여래와 아미타불에 대한 혼동은 매우 심한 듯 합니다.

미타의 정인(定印)은 무릎 위에서 손바닥을 위로하여 왼손을 밑에 놓

고 그 위에 오른손을 포개 놓은 다음 각각 검지를 구부려서 엄지의 끝을 마주대어 검지의 손가락 등이 서로 닿게 하는 것인데, 이러한 현상은 전법륜상인과 시무외인 법계정인과도 비슷하므로 혼돈을 하는 경우가 많습니다. 하여간 이 인계는 인계를 하고 있는 모습 그 자체에 의미가 있는 것이 아니고, 그들이 원하고 또 중생의 원행에 따르는 데서 나타난 현상이니 우리는 그 밖의 현상에 팔리지 말고 그 뜻을 따르는 불자가 되어야 할 것입니다. 전면의 사진을 참고하십시오.

부처님의 형상은 비슷한데 그 안에 들어 있는 부처님이 무슨 부처님인지 가려보는 방법은, 법당의 현판을 보시면 간단히 판별할 수 있습니다. 예컨대 미타전·무량수전·무량광전이라 써 있으면, 그 법당에는 반드시 아미타불이 모셔져 있는 것을 알 수 있고, 약사전 하면 약사 부처님이, 53불 하면 53 부처님이 모셔져 있는 것을 알 것이며, 대웅전 하면 석가모니 부처님, 그리고 대적광전 하면 비로자나 부처님과 노사나 부처님 혹은 석가모니 부처님이 모셔진 것을 알 것입니다. 응진전(應眞殿)이나 나한전(羅漢殿)하면 나한님이 모셔있고, 명부전(冥府殿) 하면 지장보살과 10대명왕, 8상전 하면 석가여래와 그의 제자, 원통전·관음전 하면 관세음보살, 문수전·보현전 하면 문수·보현이 모셔져 있는 것을 알 수 있습니다. 그리고 보살님은 대개 석가모니 부처님 옆에는 미륵보살과 제화갈보살 아니면 문수·보현이 모셔지는 것이 원칙이고, 미타 옆에는 관음·세지가 모시고 있는 것이 상식입니다.


## 4. 법계관(法界觀)

〔원문〕　원아진생무별념(願我盡生無別念)
　　　　　아미타불독상수(阿彌陀佛獨相隨)

심심상계옥호광(心心常係玉毫光)
염념불이금색상(念念不離金色相)
아집염주법계관(我執念珠法界觀)
허공위승무불관(虛空爲繩無不貫)
평등사나무하처(平等舍那無何處)
관구서방아미타(觀求西方阿彌陀)
나무서방대교주(南無西方大敎主)
무량수여래불(無量壽如來佛)
나무아미타불(南無阿彌陀佛)

〔역문〕 이내목숨 다하도록 다른생각 하지않고
아미타불 한골수로 부지런히 정진하되
마음과— 마음속에 옥호광을 부여잡고
생각생각 금색신을 떠나가지 않으리다.
내가지닌 염주로서 온법계를 관하면서
허공계를 남김없이 모두꿰어 통하리다.
평등하신 사나부처 어디에는 없으리까
서방극락 아미타불 어서빨리 뵙고지고
나무서방 대교주— 무량수— 여래불—
나무아미타불

　이 글은 아미타불 극락국토에 태어나기를 원하시는 한 행자가, 염주를 가지고 염불하면서 지극한 마음으로 서원한 글입니다. 사람이 죽을 때를 당해서 갈 곳을 모르고 간다는 것처럼 어리석은 것이 없습니다. 살아서는 부모를 의지하고 자식을 의지하고 부부를 의지하여 외로운 것을 모르지만, 막상 죽음에 이르르고 보면 누구도 동행하는 자가 없습니다. 그래서 옛날 사람들은 혼자 가는 길에 길동무를 구하기 위하여 종이나 말, 개 같은 것과 같이 순장하였습니다. 그러나 개는 개고, 말은 말이며, 종은 종이라, 주인이 지은 업을 똑같이 진 것이 아니기 때문에, 육체는 같이 묻혀 한 곳에서 썩어질망정  영혼은 같이 갈 수 없는 것입니다.

　옛날에 어떤 사람이 자식 하나를 두었는데, 어떻게나 미련하던지 장에 좀 갔다 와야겠다 하면, 말이 떨어지기가 바쁘게 장에 갔다와서 '갔다 왔습니다' 하고, 갔다 왔다는 인사를 착실히 하였습니다.
　"아버지 장에 갔다 왔습니다."
　"무엇하러 갔다 왔느냐."
　"장에 갔다 와야 한다고 하시지 않았습니까 그래서 갔다 왔습니다."
　너무나도 기가 막혀 하루는 바보지팡이 하나를 만들어서 주면서, 너보다 더 미련한 사람이 있거든 이것을 전해 주고 오너라 하였습니다. 아들이 그 지팡이를 들고 삼지 사방을 헤매고 돌아다니다가, 결국 가져갈 사람이 없어서 자기 방에 걸어놓고 세월을 보냈습니다. 하루는 나무를 해 가지고 오니 어머니와 동생들이 눈물을 흘리고 있었습니다.
　"왜 웁니까?"
　"아버지가 돌아가시게 되었다."
　이 말을 들은 바보자식은 돌아간다는 말이 무슨 말인지 알지 못하여 아버지께 물었습니다.
　"아버지 어디로 가시렵니까?"
　"저 세상으로 가겠다."
　"저 세상이 어딘데요?"
　"모르겠다."
　"며칠이나 걸립니까. 노자돈은 얼마나 들고, 언제 돌아오시게 됩니까?"
　"모르겠다."

"무슨 일로 가십니까?"

"모르겠다."

답답한 자식은 그 길로 방에 들어가 걸어놓은 지팡이를 들고 와서 아버지 손에 꼭 쥐어 주었습니다.

"이것이 무엇이냐?"

"바보 지팡이입니다."

아버지는 그만 숨을 거두었습니다. 어디로 갔는지는 그에게 물어보아야 할 일이지만 참으로 답답한 일입니다. 여러분 오랫동안 염불 참선 많이 하셨으니 내 갈 길이야 다 알고 계시겠지요.

그런데 이 시를 지은 사람은 그 갈 길을 극락세계로 정하고 빈틈없이 준비를 하고 있었습니다. '원아진생무별념', 이내 목숨이 다하도록 '아미타불독상수', 오직 아미타불만 따르면서 '심심상계옥호광', 마음과 마음 속에 항상 옥호광을 그리며, '염념불리금색상', 생각생각에 금색상을 떠나지 않고, '아집염주법계관', 나의 염주로서 법계를 관하면서, '허공위승무불관', 허공을 꿰뚫어서 통하지 않는 곳이 없게 하겠습니다. '평등사나무하처', 평등한 사나 부처님이 어느 곳에는 계시지 않겠습니까. '관구서방아미타', 그러나 나는 서방극락교주 아미타불을 관하면서 거기에 나기를 원합니다 하는 시입니다.

사람이 살아서나 죽어서나 한마음 먹고 살기가 참 어려운 것입니다. 그런데 이 사람은 살아서도 다른 생각없고 죽어서도 다른 생각없고, 오직 지혜와 복덕이 구족하신 부처님, 아니 마음의 본존인 내 자신 양심의 부처님을 의롭게 따르며, 그 가운데서도 인간적인 바른 생각 옥호광을 마음에 붙이고, 이 세상에 훤히 빛을 줄 수 있는 금색상을 떠나지 않고, 마음의 구슬로 법계를 관하면서, 무생무멸의 허공심을 꿰뚫어 깨달을 때까지 계속해서 전진하겠다는 것입니다. 세상 어떤 물건 어떤 사람이 진리의 현상 아님이 있겠습니까만, 유독히 청량한 지혜 복덕의 거룩한 미타심을 관하면서 살아간 것을 볼 수 있습니다.

그래서 그는 서방의 대교주이시며 명이 한량없는 부처님께 귀의하여, '나무아미타불'을 백 번, 천 번, 만 번, 억 번 끊임없이 계속해서 부르며 살아갔습니다.

중생이 가지 못한 곳에 따로 한 세계가 있으니
그곳이 어느 곳인가
극락세계 아미타불국토로다
나무아미타불

염주는 옛날 파류리라는 나라의 국왕이 나라에 외우내환이 잦고, 또 흉년이 들어서 오곡이 희귀하고, 악질이 치성하여 백성이 도탄에 빠져 어찌할 바를 모르므로 사신을 보내어 부처님께 물었습니다.

그때 부처님께서 말씀하셨습니다.

"만일 그 같은 번뇌장을 없애고자 하거든 목환자 108염주를 만들어 항상 몸에 지니고, 행·주·좌·와, 어·묵·동·정에 3보의 명호를 칭념하여 목환자 하나씩을 넘기라. 이렇게 한 번, 두 번 내지는 백천만 번을 거듭하는 자는 몸과 마음이 산란하지 않고, 108번뇌가 소멸하여 살아서는 평화를 얻고 죽어서는 극락세계에 가서 나게 될 것이다."

왕이 이 말씀을 듣고 즉시 목환자 염주 일천 개를 만들어, 고관대작과 일선지도자들께 나누어 주고 염불을 하게 하였는데, 이를 얻지 못한 사람들은 목에 걸고 있던 여러 가지 구슬들을 돌리며 염불하여, 온 국민의 정신이 하나로 통일되므로 국가의 위난을 면하게 되었다는 것입니다. 그러니 염주는 정신 안정의 도구요, 평화구현의 발판이고, 화를 쫓고 복을 부르는 신비한 부물(符物)입니다. 그로부터 귀신들은 이것을 보기만 하면 도망치고, 악한 자는 이것을 보면 저절로 착한 마음을 가지게 되었다

하니 가지는 것만으로도 큰 공덕이 있는 것입니다.

염주에는 단주(短珠)도 있고 중주(中珠)도 있고 장주(長珠)도 있습니다. 길고 짧은 것은 사용하는 사람과 만드는 사람의 마음이고, 거기 특별한 의미가 있는 것은 아닙니다. ≪수주경≫에 보면 백팔 염주에 대하여 특별히 의미를 설명하여 놓은 것이 있습니다.

"최초 머리의 한 개는 석가모니불이고, 네 개는 4보살, 여섯 개는 6바라밀, 여덟 개는 8금강, 스물여덟 개는 28천 또는 28수, 네 개는 4대천왕, 두 개는 토지신, 열여덟 개는 18지옥 등등이고, 두 개는 4은, 한 개는 염주가진 제자"라 하였고,

또 ≪금강정유가염주경≫에는 "염주구슬은 보살의 승과(勝果)고 꿰는 줄은 관음을 표시하며, 모주(母珠)는 무량수를 표시한 것이니 함부로 밟거나 넘어가지 말라"고 하였습니다.

염주의 종류에는 주로 만드는 재료에 따라 자거염주·목환자염주·무쇠염주·구리염주·수정염주·진주염주·율주 등이 있습니다. 또 108염주는 상품주, 오십 개 염주는 중품주, 이십칠 개는 하품주라 합니다. 그러나 이러한 형식에 너무 팔리지 말고 오직 부처님을 생각하는 도구로서 불심을 기르는 승과(勝果)라 생각하시고 일념으로 염불하십시오.

일념이란 마음에 간격이 생기지 않게 하는 것입니다. 마음에 간격이 생기지 않도록 하려면 앉아서 염주만 돌리고 있는 것이 염불이 아니고, 입으로 부처님의 말을 하고 몸으로 부처님의 거룩한 일을 하고, 귀로 부처님의 소리를 들으면서, 온갖 일 이치 가운데서 부처님을 생각하면 바로 일념 만념의 염불이 됩니다.

중생들의 하는 일이 모두 번뇌를 일으키는 일인데, 어떻게 그렇게 일념으로 염불할 수 있겠습니까 하는 분도 있습니다. 불자의 생활은 일념입니다. 이중생활이 되면 안됩니다. 운전수가 염불하는 방법은, 차에 타는 손님이 바로 관세음이고 석가모니 부처님이다고 생각하고, 부처님 대

접을 잘하면 곧 그 부처님께서 생활의 계책을 마련해 주시고, 학생에게는 선생님이, 선생에게는 제자가, 상인에게는 고객이, 고객에게는 상인이 모두 다 부처님임을 자각하여야 합니다.

말하자면 염주 속에서 헤매던 부처님이 현실적으로 나타나, 그의 불심을 시험코자 왔다고 생각한다면, 이 세상의 부정(不正)은 사라질 것입니다. 혹 상대방이 그의 뜻을 알지 못하고 삿된 행동을 부끄러움 없이 한다면, 그땐 정법으로 그를 교도하고 시정할 의무가 있으니, 이것이 바로 불교도의 교화 방법입니다. 열심히 염불하시고 진심으로 부처님들을 받들어서, 오탁악세의 사바세계가 즉시 불국정토로 변할 수 있도록 노력해 주시기 바랍니다.

# 제2강 극락세계 10종장엄(極樂世界十種莊嚴)

## 1. 극락세계의 별명

극락이라는 말은 범어 Suhāmati 또는 sukhāvati인데, 한문으로는 수하마제(須訶麻提)·수마제(須麻提)·수하제(須訶提)·소하바제(蘇訶婆帝) 등으로 음역하고, 극락(極樂)·안락(安樂)·안양(安養)·묘락(妙樂)·묘의(妙意)·호의(好意)·서방(西方)·서찰(西刹)·정토(淨土)·정방(淨邦)·연방(蓮邦)·연찰(蓮刹)·보국(寶國)·보방(寶放)·불회(佛會)·보토(報土)·무위(無爲)·밀엄(密嚴)·청정(淸淨)·엄정(嚴淨)·지토(智土)·열반성(涅槃城)·진여문(眞如門)·불가(佛家)·서방정토(西方淨土)·장엄국(莊嚴國)·무량수불토(無量壽佛土)·무량광명토(無量光明土)·무량청정토(無量淸淨土)·연화장세계(蓮華藏世界)·대승선근계(大乘善根界)·대원청정보토(大願淸淨報土)·일승청정무량수세계(一乘淸淨無量壽世界) 등 30여종으로 부르고 있습니다.

왜냐하면 그 세계는 땅이 7보로 되어 광채가 빛나고 기묘하며, 청결하기가 시방세계에서는 비교할 데가 없고, 국토가 한량없이 넓고 땅이 평탄하여 산과 언덕 골짝이 없고, 바다와 같은 것이 없으며, 크고 작은 연못들이 줄지어 있고, 지옥·아귀·축생·아수라·용이 없기 때문입니다.

또 그 세계에는 비와 눈이 없고 해와 달이 없으나, 항상 밝고 어둡지 않고 밤과 낮이 없지만, 꽃이 피고 새가 우는 것으로서 밤과 낮을 삼기 때문입니다. 극락세계의 1주야는 사바세계의 1겁이고, 또 기후도 차고 더운 것이 없어 항상 몸과 맘이 온화하고 밝고 상쾌하다는 것입니다. 땅 위에서부터 허공에 이르기까지 한량없는 여러 가지 보배가 백천 가지의 향으로 장엄되었고, 장엄한 것이 기묘 절승하여 광채가 휘황한 것은 말로 다 형용할 수 없다는 것입니다.

또 누각이 마음대로 높고 커서 공중에 떠있는 것도 있고 땅에 붙어있는 것도 있으며, 그러한 집들의 주위에는 보배 그물과 보배 나무가 줄지어 있고, 그 나무와 그물에서 바람을 따라 나타나는 하늘에서는 꽃비가 내리는데, 제각기 그 빛을 따라 쌓이고 섞이지 않고 부드럽고 고와, 찬란한 빛이 꽃다운 향기를 내뿜는다는 것입니다.

또 7보로 된 연못에는 8공덕수가 가득차서 목욕을 하게 되면 물이 덥고 찬 것과, 늘고 주는 것이 마음대로 되어서 장애가 없으며, 마시면 맑고 시원하고 감미롭고 부드럽고, 윤택하고 평화롭고, 기갈을 없애고 4대를 증익케 한다는 것입니다.

또 극락세계에는 여러 가지 연꽃이 가득 차 있어 수레바퀴처럼 서로 장애없이 돌아가는데, 돌면서 여러 가지 소리를 내어 듣는 자의 마음에 따라, 법문도 들리고 노래도 들리고 새소리도 들리고 한다는 것입니다. 그 세계에는 여인이 없고 나는 사람들이 모두 천안(天眼)·천이(天耳)·타심(他心)·숙명(宿命)·신족(神足)·누진(漏盡)의 6신통을 구족하여 모두 지혜롭고 도덕적이며, 밝고 사랑하고 공경하고 화목하여 모두가 친한 형제 부모와 같다는 것입니다.

음식을 먹을 때는 각종 보배 그릇들이 마음대로 앞에 나타나, 그 가운데 백 가지 맛을 구족하고 먹은 뒤에는 저절로 물러가 씻겨지는데, 빛만 보고 냄새만 맡아도 저절로 배부르고 소화가 잘 된다는 것입니다. 옷도 마음에 따라 생각하면 온갖 빛의 온갖 형상이 나타나나, 바느질 하거나 다리미질 하거나 세탁할 필요가 없는 것들이라 합니다.

이와 같아 극락세계에는 항상 즐거움만 있고 괴로운 일이 없으므로 극락이고 안양(安養)이며, 정토(淨土)라 하는 것입니다. 이같은 모든 공덕장엄을 집약적으로 정리해 놓은 것이 극락세계의 10종장엄입니다.

## 2. 극락세계의 10종장엄

〔원문〕 법장서원수인장엄(法藏誓願修因莊嚴)
사십팔원원력장엄(四十八願願力莊嚴)
미타명호수광장엄(彌陀名號壽光莊嚴)
삼대사관보상장엄(三大士觀寶像莊嚴)
미타국토안락장엄(彌陀國土安樂莊嚴)
보하청정덕수장엄(寶河淸淨德水莊嚴)
보전여의누각장엄(寶殿如意樓閣莊嚴)
주야장원시분장엄(晝夜長遠時分莊嚴)
이십사락정토장엄(二十四樂淨土莊嚴)
삼십종익공덕장엄(三十種益功德莊嚴)


〔역문〕 법장스님 세운서원 닦고익혀 장엄한곳
사십팔원 원력으로 아름답게 장엄한곳
아미타불 이름으로 복과지혜 장엄한곳
삼대사의 모습으로 보배처럼 장엄한곳
아미타불 안락국토 평화로서 장엄한곳
청정하온 보배연못 팔공덕수 장엄한곳
뜻을따라 보배루각 거룩하게 장엄한곳
길고먼― 시간으로 밤과낮을 장엄한곳
오만가지 선근으로 이십사락 장엄한곳
삼십가지 공덕으로 빠짐없이 장엄한곳


이 됩니다. 처음 법장비구의 서원에 의하여 장엄됐다고 하는 것은, 법
장비구가 세운 서원을 원인삼아, 오랜 세월 닦고 익혀 장엄한 세계가 극

락세계인 까닭입니다. 법장비구는 현재 극락세계의 교주로 계시지만, 옛날에는 우리와 같은 범부로서 공부했던 수행자였습니다.

옛날 월계불(月桂佛) 때에는 혜기(慧起)라는 전륜성왕으로 태어나 선과 복을 닦아 심었고, 사자유희금광(獅子遊戲金光) 부처님 때는 승위(勝威)라는 국왕으로 태어나 부처님께 공양하고 선정을 닦았으며, 지화(指火) 성왕의 아들 승공덕(勝功德)태자로 태어나서는 출가하여 불법을 수행하였고, 무구념칭기왕(無垢念稱起王) 부처님 때는 정명(淨明) 비구로서 14억 불의 경전을 가지고 중생의 원락(願樂)에 따라 널리 설법하였고, 산상불(山上佛)이 멸도하신 뒤에는 명상(明相)보살로 3천대천세계에 널리 사리보탑을 세웠습니다.

이것은 ≪여환삼마지무량인법문경(如幻三摩地無量印法門經)≫·≪일향출생보살경(一向出生菩薩經)≫·≪대승방등총지경(大乘方等摠持經)≫·≪대법거다라니경(大法炬陁羅尼經)≫에 있는 인행담입니다. 이러한 서원에 의하여 원행을 진실하게 닦았으므로 '법장서원수인장엄'이라 하는 것이고, 마흔여덟 가지 원력에 의해서 장엄한 것이므로 '48원원력장엄'이라 하는 것입니다. 48원은 뒤에 구체적으로 나오므로 여기서는 설명하지 않겠습니다.

'미타명호수광장엄'은 미타의 명호처럼 긴 명과 거룩한 지혜로서 장엄했다는 말입니다. 범어로 아미타는 두 가지로 쓰는데 ①은 아미타바(Amitābha)요, ②는 아미타유스(阿彌陀庾斯, Amitāyus)입니다. 아미타바는 광명이 한량이 없다는 말이므로 무량광(無量光)이라 번역하고, 아미타유스는 명이 한량없다는 말이므로 무량수(無量壽)라 번역하는 것입니다. 왜냐하면 보신(報身)인 아미타불의 광명은 유시무종(有始無終)이고, 법신(法身)의 아미타불은 빛도 형상도 없어 3계에 통하였으므로 무시무종(無始無終)이라 합니다.

≪불명경(佛名經)≫에 의하면 월면불(月面佛)의 수명은 1일 1야이고,

일면불(日面佛)은 천 8백세이며, 묘성분성불(妙聲分聲佛)은 60백세, 지자재불(智自在佛)은 12천세, 범면불(梵面佛)은 23천세, 대중자재불(大衆自在佛)은 60천세, 위덕자재불(威德自在佛)은 76천세, 마혜수라불(摩醯首羅佛)은 1억세, 범성불(梵聲佛)은 10억세, 현겁의 비바시불(毘婆尸佛)은 80천겁, 시기불(尸棄佛)은 60천겁, 비사부불(毘舍浮佛)은 2천겁, 구류손불(拘留孫佛)은 14소겁, 구나함모니불(俱那含牟尼佛)은 30소겁, 가섭불(迦葉佛)은 20소겁, 석가모니불은 1백년인데 아미타불은 끝이 없다는 것입니다.

광명에는 두 가지가 있습니다. ①은 몸에서 나는 신광(身光)이고, ②는 마음에서 나는 심광(心光)인데, 아미타불은 신광이고, 심광이 온 우주에 장애없이 시방세계를 두루 비추되, 끝도 갓도 없기 때문에 무량광이라 하는 것입니다. 또 불·보살의 머리나 몸에 항상있는 상광(常光)이 있고, 필요에 따라서 머리나 입, 배꼽 무릎에서 자유자재로 놓은 빛은 방광(放光)이라 합니다.

'삼대사관보상장엄'은 미타·관음·세지 세 분의 상호가 보배처럼 장엄된 것이라는 말입니다. 이 세 분은 지난 세상에도 같이 한 장소에서 공부한 혈연입니다. 용진왕(龍珍王)) 때는 용진왕이 산에 들어가 공부하자, 신하의 두 딸 녹파나(綠波那)와 세택하(洗澤訶)가 따라서 도를 배웠는데, 왕은 아미타불이 되고 그의 두 수녀제자는 관음·세지가 되었다는 것입니다.

인연이란 다생에 쌓아야만 되는 것 같습니다. 이 몸이 숭배의 대상이 되도록 노력할 때 얼마나 고충이 많았겠습니까. 때로는 즐거움도 많았지만 원망도 많이 했을 것입니다. 원망 가운데서도 인연을 소중히 하는 사람은 죽어서도 이처럼 다정하게 모든 중생들의 귀의처가 되는 것입니다. 인연을 소중히 여기십시오.

'미타국토안락장엄'은 미타국토가 살기 좋게 안락하게 장엄되었다는 말이고, '보하청정수덕장엄'은 보배못이 청정하고 그 못엔 8공덕수가 넘쳐흐르고 있다는 것입니다. 사람의 몸은 사대증성(四大增盛)의 한 방울의 물로부터 이루어져서, 한 방울의 물로 돌아가는지라 물이 없이는 살 수 없습니다. 그런데 여기 청정한 물이 계절에 관계없이 넘쳐 흐른다니 얼마나 아름다운 곳입니까.

8공덕수란 ① 맑고, ② 깨끗하고, ③ 감미롭고, ④ 부드럽고, ⑤ 윤택하고, ⑥ 평화롭고, ⑦ 기갈을 제하고, ⑧ 6근 4대를 증성케 하는 것입니다.

'보전여의루각장엄'은 주택에 관한 것인데 극락세계의 집들은 모두 연꽃루각으로 장엄되었는데, 각자의 업력에 따라 크고 작은 것은 자유로우나 마음에 부족함이 없으므로 '여의(如意)'라 합니다.

'주야장엄시분장엄'은 시간 문제입니다. 사바세계 모든 중생을 항상 시간에 쫓기지 않으면 지루해 견디지 못하는 것이 상식입니다. 그러나 극락세계의 시간은 느끼는 자의 마음에 따라 자고 싶으면 언제든지 밤이 되고, 깨어나면 그대로 낮이라 시간이 사람의 마음에 따라 조절되고 있는 실정입니다. 얼마나 편리한 곳입니까.

'이십사락정토장엄'이란 스물네 가지 즐거움이 있다는 것이니,

① 난간이 그대로 울타리가 되는 낙이고(欄楯遮防樂),

② 보배그물이 허공을 덮은 낙이고(寶網羅空樂),

③ 가로수가 통로를 이루는 낙이고(樹陰道衢樂),

④ 7보 못에서 목욕하는 낙이고(七寶浴池樂),

⑤ 8공덕수가 맑고 깨끗한 낙이고(八水澄淸樂),

⑥ 금모래를 내려다보는 낙이 있고(下見金沙樂),

⑦ 계단에서 광명이 나는 낙이 있고(階梯光明樂),

⑧ 누대가 허공에 들어난 낙이고(樓臺淩空樂),

⑨ 사방에 향기로운 꽃이 늘어선 낙이고(四蓮華香樂),

⑩ 땅이 황금으로 된 낙이고(黃金爲地樂),

⑪ 8음이 항상 연주되는 낙이고(八音常奏樂),

⑫ 밤낮으로 아름다운 꽃이 되고(晝夜雨樂),

⑬ 맑은 새벽 산책하는 즐거움이 있고(淸晨策勵樂),

⑭ 묘한 꽃들이 장엄된 즐거움이 있고(嚴持妙華樂),

⑮ 다른 세계에 가서 부처님께 공양하는 즐거움이 있고(供養他方樂),

⑯ 본국으로 아름답게 우짖는 낙이고(純行本國樂),

⑰ 뭇 새들이 아름답게 우짖는 낙이고(衆鳥和鳥樂),

⑱ 6시로 법을 듣는 낙이고(六時聞法樂),

⑲ 항상 3보를 생각하는 낙이고(存念三寶樂),

⑳ 3악도가 없는 낙이고(無三惡道樂),

㉑ 부처님이 화생하는 낙이고(有佛變化樂),

㉒ 나무와 그물이 흔들리는 낙이고(樹搖羅網樂),

㉓부처님 법문을 즐겨 듣는 낙이고(聲聞同聲樂),

㉔ 성문이 발심하는 낙입니다(聲聞發心樂).


이것이 24락이고, 다음 30종의 이익은,

① 여러 가지 공덕으로 장엄된 청정불토를 마음대로 수용하는 이익이 있고(受容種種功德莊嚴淸淨佛土益),

② 대승법을 즐기는 이익이 있고(大乘法樂益)

③ 무량수 부처님을 친히 뵙고 공양하는 이익이 있고(親近供養無量壽佛益),

④ 시방세계를 다니면서 모든 부처님께 공양하는 이익이 있고(遊歷十方供養諸佛益),

⑤ 부처님의 법문을 듣고 수기를 받는 이익이 있고(於諸佛所聞法授記益),

⑥ 복혜 자량이 속히 원만 성취되는 이익이 있고(福慧資糧速得圓滿益),

⑦ 속히 무상 정등보리를 이루는 이익이 있고(速證無上正等菩提益),

⑧ 모든 보살들이 한 곳에 모여 법회를 보는 이익이 있습니다(諸大士等同一集會益).

⑨ 항상 퇴타함이 없는 이익이 있고(常無退轉益),

⑩ 여러 가지 행원이 생각마다 증진하는 이익이 있고(無量行願念增進益),

⑪ 앵무사리가 법음을 선양한 이익이 있고(鸚鵡舍利宣揚法音益),

⑫ 맑은 바람에 나무가 흔들리면 하늘 음악 소리가 나는 이익이 있고(淸風動樹如天衆樂益),

⑬ 보배의 물이 흐르면서 고·공·무상을 선설하는 이익이 있고(摩尼水流宣說苦空益),

⑭ 모든 음악 소리가 법음을 연창하는 이익이 있고(諸樂音聲奏諸法音益),

⑮ 48의 큰 행원 가운데 3도의 고통이 영원히 끊어진 이익이 있고(四十八願弘誓願中永絶三塗益),

⑯ 진금신색의 이익이 있고(眞金身色益),

⑰ 모양이 예쁘고 미운 것이 없는 이익이 있고(形無美醜益),

⑱ 6통을 구족한 이익이 있고(具足六通益),

⑲ 정정취에 안주하는 이익이 있고(住正定聚益),

⑳ 불선이 없는 이익이 있고(無諸不善益),

㉑ 수명이 장원한 이익이 있고(壽命長遠益),

㉒ 여러 가지 즐거움을 받는 이익이 있고(衣食自然益),

㉓ 여러 가지 즐거움을 받는 이익이 있고(唯受衆樂益),

㉔ 32상을 구족하는 이익이 있고(三十二相益),

㉕ 여인이 없는 이익이 있고(無有實女人益),

㉖ 소승이 없는 이익이 있고(無有小乘益),

㉗ 8난을 여인 이익이 있고(離諸八難益),

㉘ 3법인을 얻는 이익이 있고(得三法忍益),

㉙ 몸에서 주야로 광명이 나는 이익이 있고(身有光明晝夜常光益),

㉚ 나라연과 같은 힘을 얻는 이익(得那羅延力益)이 있다는 것입니다.

극락세계는 이렇게 거룩한 설흔 가지 공덕으로 장엄되어 있습니다. 그러면 이 세계를 이룩하게 된 직접적인 소인을 알아보기로 하겠습니다.

## 3. 미타인행 48원(彌陀因行四十八願)

〔원문〕　악취무명원(惡趣無名願)　　무타악도원(無墮惡道願)
　　　　　동진금색원(同眞金色願)　　형모무차원(形貌無差願)
　　　　　성취숙명원(成就宿命願)　　생획천안원(生獲天眼願)
　　　　　생획천이원(生獲天耳願)　　실지심행원(悉知心行願)
　　　　　신족초월원(神足超越願)　　정무아상원(淨無我想願)
　　　　　결정정각원(決定正覺願)　　광명보조원(光明普照願)
　　　　　수량무궁원(壽量無窮願)　　성문무수원(聲聞無數願)
　　　　　중생장수원(衆生長壽願)　　개획선명원(皆獲善名願)
　　　　　제불칭찬원(諸佛稱讚願)　　십념왕생원(十念往生願)

임종현전원(臨終現前願)　　회향개생원(回向皆生願)

구족묘상원(具足妙相願)　　함계보처원(咸階補處願)

신공타방원(晨供他方願)　　소수만족원(所須滿足願)

선입본지원(善入本智願)　　나라연력원(那羅延力願)

장엄무량원(莊嚴無量願)　　보수실지원(寶樹悉知願)

획승변재원(獲勝辯才願)　　대변무변원(大辯無邊願)

국정보조원(國淨普照願)　　무량승음원(無量勝音願)

몽광안락원(蒙光安樂願)　　성취총지원(成就摠持願)

영리여신원(永離女身願)　　문명지과원(聞名至果願)

천인경례원(天人敬禮願)　　수의수렴원(須衣隨念願)

재생심정원(纔生心淨願)　　수현불찰원(樹現佛刹願)

무제근결원(無諸根缺願)　　현증등지원(現證等持願)

문생호귀원(聞生豪貴願)　　구족선근원(具足善根願)

공불견고원(供佛堅固願)　　욕문자문원(欲聞自聞願)

보리무퇴원(菩提無退願)　　현획인지원(現獲忍地願)


〔역문〕　나쁜곳의 이름없고 나쁜길에 타락없고
　　　　　모두같이 금색으로 한결같은 모습이라
　　　　　숙명통을 성취하고　천안통을 성취하며
　　　　　천이통을 성취하고 타심통을 얻어지다.
　　　　　신족통을 뛰어넘어 아상마저 없게하고
　　　　　결정코— 정각얻어 온세계를 비치리니
　　　　　한량없는 명을얻고 성문또한 무수하고
　　　　　중생들도 장수하고 착한이름 얻어지다.
　　　　　부처님들 칭찬하고 십념으로 왕생하되
　　　　　임종시엔 성현뵙고 공덕회향 하여지다..

묘한상호 구족하고 모두함께 보처되고
아침마다 불공하고 소원성취 이루리다.
근본지혜 깨달아서 나라연력 이루고서
한량없는 장엄들과 보배나무 모두알리
뛰어난— 말재주와 훌륭한— 변재로서
청정국토 두루비춰 거룩한음 이뤄지다.
지혜로서 안락얻고 총지를— 성취하여
여자몸을 아주벗고 불명듣고 과보얻고
천인들이 경례하고 생각따라 옷을입고
마음들이 깨끗하여 나무마다 부처로세
육근문을 구족하고 현생에서 등지얻고
듣는이는 호귀하고 착한근을 구족하며
불공심이 견고하고 듣고픈일 마음대로
깨닫는맘 한결같아 인지를— 얻어지다.

입니다. '악취무명원'이란 극락국토에는 지옥·아귀·축생 등 나쁜 세계는 이름조차도 없게 하겠다는 원이고, '무타악도원'은 그러한 나쁜 세계에 타락하지 않도록 하겠다는 원이며, '동진금색원'은 모두 함께 금빛 찬란한 인간이 되게 하겠다는 말이고, '형모무차원'은 조금도 모양에 차별이 없게 하겠다는 원입니다.

'성취숙명원'은 숙명을 성취하겠다는 원인데, 숙명(宿命)이란 지난 세상의 생애를 아는 것입니다. 통력의 크고 작음에 따라 1세 혹은 2세, 다생(多生) 현생(現生)의 차이가 있습니다. '천안(天眼)'이란 천인의 눈이고, 천이(天耳) 역시 천인이 가지는 귀입니다. 귀와 눈을 통하지 아니하여도 먼 것을 보고 듣는 그러한 신통력입니다. 현재 우리가 가지고 있는 귀와 눈은 시간과 공간의 차이가 너무 많기 때문에 '생획천안원' 하고 '생획천이원'할 것을 서원한 것입니다.

'실지심행원'은 남의 마음을 훤히 아는 타심통을 말하고, '신족초월원'의 신족은 때와 장소에 따라 자기의 몸을 크고 작게 마음대로 나타내는 신통력입니다. 원래 부처님께서는 여섯 개의 신통력이 있습니다. ①은 천안통, ②는 천이통, ③은 타심통, ④는 숙명통, ⑤는 신족통, ⑥은 누진통(漏盡通)입니다. 누진통이란 마음대로 번뇌를 끊는 힘을 말합니다. 그런데 법장비구는 이 여섯 개의 신통을 모두 통달코자 서원한 것입니다.

'정무아상원'의 상(想)은 집착입니다. 나, 내것에 대한 집착입니다. 모든 중생은 이것에 의하여 자유를 상실하고 있으므로 극락세계에 가서 나는 이런 마음이 없게 하겠다는 것입니다.

그리고 '결정정각원'은 결정코 바른 깨달음, 즉 무상정변정각(無上正偏正覺)을 얻게 하겠다는 것이고, '광명보조원'은 지혜의 광명으로 천만억 불국토를 비추겠다는 것이며, '수량무궁원'은 수량이 한량없어 영원히 죽음이 없게 하겠다는 것이고, '성문무수원'은 자기의 말을 듣는 국민이 한량없이 많도록 하겠다는 것입니다. 하기야 국토만 덩실하게 있으면 무엇 하겠습니까. 오순도순 사는 국민이 있어야지, 집안도 마찬가지입니다. 크고 아름다운 저택 속에 화기애애한 웃음소리가 나면 더욱 아름다워 보이지만, 파리 하나 붙지 않는 집은 그림 속의 누각과 같아서 고적하기 그지 없습니다. 그래서 아미타불은 자기 국토에는 자기말을 잘 듣는 국민이 많기를 원했습니다. 그러나 그 국민들이 단명횡사하면 이별의 고통이 있게 되므로 '중생장수원'을 세웠고, 또 그들을 다 나쁜 명예를 갖지 않아 모든 부처님께서 크게 칭찬해 주시도록 하기 위하여, '개획선명원, 제불칭찬원'을 발원한 것입니다.

그리고 극락세계에 가기를 가장 쉽게 하기 위하여 '아미타불'의 명호를 열 번만 부르면 누구도 갈 수 있도록 한다고 하여 '십념왕생원'을 넣고, 또 죽은 뒤에 외로운 혼이 방황할까 걱정하여 즉시 아미타불·관음·세지 3

성이 각각 나타나 길을 인도하도록 발원한 것이 '임종현전원'입니다.

'회향개생원'은 미타의 이름을 염(念)하면서 늘 그 국토에 가서 나기를 원하는 이는, 반드시 그 공덕을 회향하여 나게 될 것을 서원한 것이고, '구족묘상원'은 32상 80종호의 묘한 상호를 구족하도록 하겠다는 것입니다. '함계보처원'은 거기 나는 사람들은 누구든지 부처님의 좌우에서 시봉하는 보처 보살 노릇을 하게 되도록 하겠다는 것이고, '신공타방원'은 매일 아침 시방세계 모든 부처님을 찾아 공양을 올리기 원한다는 것입니다. 그리고 그 모든 부처님께 공양할 공양거리를 마음대로 얻게 하겠다고 한 것이 '소수만족원'입니다.

또 극락국토에 가서 나는 이는 누구든지 부처님이 일체 지혜를 얻어서 법문을 말하게 되는 것을 '선입본지원'이라 하고, 나라연천과 같이 굳은 몸을 얻는 것이 '나라연력원'입니다. 나라연은 범어 Nārāyana의 음역으로 견고 역사라는 뜻인데 힘이 코끼리의 백만 배나 된다고 합니다.

'장엄무량원'은 그들이 쓰는 물품은 모두 아름답고 화려하되, 한량없어 천안통을 얻은 이라도 그것을 다 헤아릴 수 없도록 풍족한 것을 의미하고, 아무리 공덕이 작은이라도 높이 4백만리나 되는 보리수의 한량없는 빛을 보게 한다고 한 것이 '보수실지원'입니다.

또 극락국토의 모든 중생은 다같이 경전을 외고 외어 남에게 말하는 변재와 웅변을 얻게 한다는 것이 '획승변재원'이고 '대변무변원'입니다. '국정보조원'은 국토가 한없이 깨끗하여 건물·꽃·나무 등에서 여러 가지 법음이 들려오기 원한 것이고, '무량승음원, 몽광안락원'은 아미타불의 몸빛을 받는 모든 것들은 몸과 마음이 모두 편안해지기를 서원한 것입니다.

시방세계의 어떤 중생이라도 자기의 이름을 듣거나, 듣고 좋아하며 보리심을 발하면, 여인의 몸을 벗고 불생불멸의 법인을 얻기 위한 것이, '성취총지원'이고 '영리여신원'이며, '문명지과원'입니다. 여인은 나서는 부모를 따르고 커서는 남편을 따르며 늙어서는 자식을 따라 자유가 없

으며, 또 생리의 불편으로 온갖 고통이 더 많기 때문입니다. 그 국토에
난 사람들은 모든 천인이 즐겨 공경하고 예배를 드리며, 생각한 대로 기
장이나 품 색깔 등의 알맞은 옷이 저절로 입혀지고, 집착이 없는 비구처
럼 마음이 상쾌해지기 원한 것이 '천인경례원'이고 '수의수렴원'이며 '재
생심정원'입니다.

'수현불찰원'은 시방세계 모든 부처님을 뵙고자 하면, 곧 그곳 나무 위
에 여러 부처님들이 나타나서 즉시 뵙게 되는 원이고, '무제근결원'은 모
든 근이 결함없이 잘 생기기를 원한 것입니다. '현증등지원'은 금생의 이
몸으로서 즉시 삼매를 얻어, 어떤 어려움에 처하더라도 마음이 흔들리지
않는 것을 원한 것이니, 등지(等持)는 고른 마음, 즉 선정(禪定)이며 삼
매입니다.

다른 세계 보살들로서 자기의 이름을 듣고 즐거운 마음으로 보살행을
닦는 이는, 죽은 뒤에 부귀한 집에 태어나고, 선근공덕을 구족하고 부처
님을 섬기는 마음이 견고하고, 듣고 싶은 것을 마음대로 들으며, 깨달음
을 실천하여 인지를 얻게 해달라고 한 것이 '문생호귀원'으로부터 '구족
선근원·공불견고원·욕문자문원·보리무퇴원·현획인지원'입니다.

이것이 미타의 48원입니다. 중국의 혜원(慧遠)법사는 이상의 모든 원
을 3개조로 편성하여 12, 13, 17의 3원은 법신을 성취하는 섭법신원(攝
法身願)이고, 1, 2는 섭정토원(攝衆土願)이며, 나머지 43원은 중생을 성
취하는 원(攝衆生願)이라 하였습니다.

말하자면 첫째는 자기인격의 완성이고, 둘째는 국토의 성취며, 셋째는
남의 인격을 완성시켜 주는 원입니다. 이러한 원의 성취가 없이는 극락
이 될 수 없기 때문입니다. 인격이 완성되지 못하고 환경이 시원찮고 함
께 사는 사람들이 어리석음이 많으면, 설사 혼자는 미타의 극락을 수용
한다 하더라도 마음이 편할 날이 없을 것입니다. 그래서 보살은 '중생무
변서원도'를 하고 '번뇌무진서원단'을 하는 것입니다.

# 제3강 은혜(恩惠)와 서원(誓願)의 바다(1)

## 1. 제불보살 10종대은(諸佛菩薩 十種大恩)

불교에서 최고의 인격자는 불·보살입니다. 이들은 정직한 인간이나 복락의 천인들을 지도할만한 훌륭한 스승이기 때문에 인천사(人天師), 진리의 본 바탕을 꿰뚫어 안 분이기 때문에 대법사(大法師), 마땅히 모든 중생들이 걸어가야 할 길을 알고 가르치고 있기 때문에 설도자(說道者)·대도사(大導師)·장도자(將導者)라 부르고, 잘못된 사람들에게 그릇된 길을 경계해 주는 분이기 때문에 교계자(教誡者)라고도 부릅니다.

그러므로 이러한 선지식은 크레트 굳(Grater V. Good)이 말하는 ① 공사립 교육기관에서 생도들이나 학생들을 가르치기 위해서 공직에 고용된 사람이나, ② 주어진 분야에 경험과 교육이 풍부 비상하여 그것과 관계되는 다른 사람들을 지도하는 성자, 발달시키는 사람, ③ 어떠한 전문 수련기관을 이수 또는 연구하여, 특정한 지도자의 자격을 인정받은 그런 사람이 아니라 할지라도, 인생의 착한 벗으로서 먼 길의 동행자가 되는 것입니다.

그러므로 부처님은 불·보살을 "부처님께서 말씀한 교법을 말하여, 고통받는 중생들로 하여금 고통의 세계를 벗어나 이상경에 이르게 하는 이, 노·소, 남·녀, 귀·천을 가리지 않고 매사에 깨달음의 연(緣)을 맺게 하는 이"라고 하였습니다. 인도말로서는 카랴야나미트라(Kalyāna-mitra)라 하여 정직 유덕한 친구, 그래서 한역에서는 그것을 선지식(善知識)·지식(知識)·진선우(眞善友)·선진우(善鎭憂)·친우(親友)·진우(眞友)라고 번역하였습니다. 먼 길에 외호자가 되는 자, 동행자가 된 자,

교수사가 된 자와 같이 불·보살에게는 적어도 열 가지의 은혜가 있다는 것입니다. 이제 그 열 가지 은혜를 되새겨 보며 우리가 그 분들에 대한 어떤 자세를 취해야 될 것인가를 생각해 보도록 합시다.

〔원문〕　발심보피은(發心普被恩)　　난행고행은(難行苦行恩)
　　　　　일향위타은(一向爲他恩)　　수형육도은(隨形六道恩)
　　　　　수축중생은(隨逐衆生恩)　　대비심중은(大悲深重恩)
　　　　　은승창열은(隱勝彰劣恩)　　위실시권은(爲實示權恩)
　　　　　시멸생선은(示滅生善恩)　　비념무진은(悲念無盡恩)


〔역문〕　깨닫는맘 널리편은혜　어려운일 실천한은혜
　　　　　한결같이 이익준은혜　모양따라 나투신은혜
　　　　　중생심을 따라준은혜　대비로서 구제한은혜
　　　　　어리석음 깨쳐준은혜　방편으로 나투신은혜
　　　　　죽음으로 보인선은혜　가엾은맘 끝없는은혜


가 됩니다. '발심(發心)'이란 깨닫는 마음입니다. 중생이 어리석어 살줄만 알고 죽을 줄은 모르고, 죽을 줄만 알고 살 줄은 모르고, 높은 줄만 알고 내려갈 줄을 몰라, 높으면 높아서 못쓰고, 얕으면 얕아서 못쓰고, 둥글면 둥글어서 못쓰고, 모나면 모나서 못쓰는 그러한 궁지에 몰려 있을 때 살고 죽음이 둘이 아니고, 높고 낮음이 둘이 아니고, 둥글고 모난 것이 둘이 아닌 이치를 가르켜서 언제 어느 곳에서나 가장 쓸모있고 값있는 인생이 되게 하는 것입니다. 그런데 그 발심이 어떤 개인이나 종족 내지는 국가에 한하지 않고, 널리 남녀·노소·국가·시간에 관계없이 모든 중생에게 두루 베풀어주기 때문에, '발심보피은'이라 하는 것입니다.

그리고 '난행고행은'은 그들에게 그러한 목적을 달성시켜 주기 위해서는, 헤아릴 수 없는 어려운 행과 고통을 받아야 하는 것이니, 마치 이것은 어진 부모가 자식들을 위해서 죽음을 무릅쓰고 직업전선에 나서서 온갖 고난을 겪는 것과 같습니다. 어찌 은혜가 크지 않겠습니까. 그런데 그 은혜가 자신의 이익이나 명예나 호강을 위해서가 아니라, 오직 중생들만을 위해서 베풀어지기 때문에 '일향위타은'이 되는 것이고, 그들 중생의 형편을 따라 온갖 모습을 나투며 따라 다니기 때문에 '수형육도은'이고, '수축중생은'인 것입니다.

6도는 지옥·아귀·축생·수라·인·천입니다. 아이들이 지옥에 들어가면 지옥의 고통심으로, 아기들이 아귀에 빠지면 아귀의 고픈 마음으로 각각 모습을 나투어 따라가며 구제하는 은혜입니다. 이것을 한 말로 '대비(大悲)'라 합니다. 크게 불쌍히 여기는 마음, 크게 안타까워하는 마음, 이 마음이 깊고 중한 것을 누가 알겠습니까. 부모는 자식들을 나의 화신이요 분신이라는 집착 때문에 의무적으로 욕심내어 하는 것이지만, 불·보살은 그런 마음도 없이 오직 물에 빠진 중생을 건지고자 하는 그 일념으로 하는 것이니, 깊고 무겁다 아니할 수 없습니다. 이것이 '대비심중은'입니다.

'은승창열은'은 대개 우리는 남에게 은혜를 베풀었다면 그 상을 나타내기에 급급합니다. '내가 너를-', '내가 아니었다면-', '해서-' 하고 광장설을 늘어 놓아 베푼 은혜를 한 자리에서 다 말하고 버립니다. 그러나 부처님과 보살님들은 자기의 잘난 것, 자기의 두드러진 모습에 대해서는 되도록 자연스럽게 숨기고 중생의 공덕을 들어내 보입니다. 이것은 적어도 그들만이 가질 수 있는 위대한 주력(呪力)이 있기 때문입니다.

사람들은 자기가 한 일에 대해서 상대가 좋아하면 좋아하고, 싫어하면 슬퍼하여 역순경계(逆順境界)에 빠져들기 쉽지만, 부처님이나 보살님들은 그런 경계에 빠져들지 않는 힘을 가지고 있습니다. 자기가 인도한 사람이 자기를 잘 따른다 하더라도 기쁨에 젖어 마음이 동요하지 않고, 바른 생각에 굳게 머물러 있으며, 또 따르지 않는다 하더라도 근심과 슬픔에 동요되지 않습니다.

또 일부는 따르고 일부는 따르지 않는다 할지라도, 그로 인해 기뻐하거나 슬퍼하지 않고 바른 견해에 안주하는 것입니다. 뿐만 아니라 그들은 모든 법을 깨달았기 때문에 남의 힐난을 두려워하지 않고, 온갖 번뇌를 끊었기 때문에 외난(外難)을 두려워하지 않으며, 악법은 깨달음의 법을 장애한다는 사실을 알고 있기 때문에 남의 비방을 두려워하지 않고, 출도(出道)를 말함에 있어서도 남의 비난을 두려워하지 않습니다. 이는 네 가지 두려움이 없는 마음(四無所畏)을 증득한 까닭입니다. 그러기 때문에 그들은 온갖 방편을 써서 진실로 들어낼 뿐 그 진실을 망가뜨리고 방편에 유혹되거나 하지 않나니 이것이 '위실시권은'입니다.

'시멸생선은'은 죽음을 보여서 선한 마음을 일으키도록 한 것입니다. 예수가 십자가에 매달려서 사회의 정의를 보인 것은 너무나도 유명한 이야기며, 소크라테스도 약사발을 받고 '외상 닭값을 갚아 달라'고 부탁하였습니다. 죽은 후에 갚는 방법도 있지만 지속하는 동안 마음이 무겁고 아프기 때문에, 그것은 느끼는 자의 고통이지 다른 이의 고통이 되지 않습니다.

그런데 부처님은 백세 장수를 할 수 있음에도 불구하고 80장수로서 끝을 맺으면서, "나머지 20년은 나의 제자들을 위하여 베푼다"고 하였습니다. 과연 그 은혜로 오늘 우리 불자들이 불행(佛行)을 닦는 자라면, 의·식·주에 걸림없이 교화행을 펼 수 있는 것입니다. 사람들은 욕심이 많아서 죽음이 없다면 땅 한 치도 양보할 틈이 없을 것입니다.

그러나 아무리 훌륭한 자라도 죽음이 있다는 사실을 일깨워서 죽기전에 선행을 도모하게 한 것은, 죽음없는 세계를 체험한 성자로서는 차마 할 일이 아니지만, 불·보살님은 그것을 몸소 실천하였습니다. 이것이야말로 '시멸생선은'인 동시에 '비념무진은'인 것입니다. 비념이란 일체

중생을 버리지 않는 마음입니다. 어떠한 경계 어떠한 환경에 빠져들지라도 불·보살은 우리들을 저버리지 않습니다. 허공이 우리를 떠나지 않듯, 햇빛이 우리를 외면하지 않듯, 불·보살은 우리를 저버리지 않습니다. 단지 저버리는 것은 중생의 마음이고 중생들의 마음 속에서 우러난 구름(번뇌)일 뿐입니다.

그러면 이 같은 불·보살의 은혜를 무엇으로서 갚을 것입니까. 떡을 하고 술을 빚고 옷을 짓고 밥을 지어 갚을 것입니까. 아니면 피를 빼고 경을 쓰고 말로 하여 갚을 것입니까. 아닙니다. 부처님들은 그것을 바라지 않습니다. 관세음보살이 언제 홀로 앉아 혼자 즐거움을 받는 것 보았으며, 석가모니 부처님께서 따뜻한 방안에 앉아서 시자들의 시봉을 받고 있는 것을 보았습니까. 불철주야 45년 길거리에서 날마다 포교하시다가 돌아가셨습니다.

먹는 것도 우리를 위해서 먹었고, 입는 것도 우리를 위해서 입었고, 자는 것도 우리를 위해서 잤습니다. 그렇다면 우리도 그가 사랑하는 이, 그가 불쌍히 여겼던 이들을 위하여 보리심을 발하게 하고 난행 고행하고, 일향이타 하여 무진한 대비를 그대로 쏟도록 노력하여야만 될 것입니다. 이것이 은혜를 갚는 일이고, 이것이 은혜에 보답하는 길입니다.

그런데 이것을 가장 실증적으로 잘 실천하신 이가 보현보살입니다. 보현보살은 열 가지 위대한 행원으로 온갖 선지식을 친견하고 그 은혜에 보답코자 영원한 구도자로서의 자세를 털끝만큼도 굽히지 않고 살아 왔습니다. 그럼 다음 장에서 보현보살의 10대원을 실제 공부하도록 합시다.

## 2. 보현보살 10종대원(普賢菩薩十種大願)

보현보살은 53선지식3) 가운데 한 사람이요 여래의 훌륭한 제자로서 만불자의 본이 되는 이상적 인간입니다. 보현보살은 다음 열 가지 행원

---

3) 화엄경의 53선지식 가운데는 이발사도 있고 창녀도 있고 점쟁이도 있습니다. 남의 스승이 되는 일에 무슨 직업의 귀천을 가지고 논할 수 있겠습니까. 거기에는 동자도 있고 동녀도 있고 바라문도 있고 바라문녀도 있습니다. 말세가 되니 사람들이 속은 보지 못하고 겉만 보고 따져, 위의를 갖추고 중생을 속이는 도둑놈들이 많이 생기는 사회가 되어 있습니다만, 부처님의 근본 입장에서는 그런 것을 논하지 않습니다. 창녀가 돈도 돈이지만 의리를 존중하고 신용을 지키며 진짜 사랑을 아는 창녀라면, 그가 어찌 창녀라는 직업 때문에 보살의 원행을 잊었다고 하겠습니까. 사람은 제각기 자기의 직업을 선택하게 된 깊은 인연이 있습니다. 그 인연을 따라 잘못된 인연을 깨닫고 그 길로 매진하는 모든 사람들에게 사람답게 사는 길을 가르친다면, 그는 설사 대학을 나오지 않고 박사 학위를 따지 않고, 외국어를 못하는 한갓 작부라 할지라도 선지식임에는 틀림없습니다. 진짜 도반, 어진 친구, 술과 향음만을 위한 친구가 아니라, 술과 향음을 통하여 그늘진 인생의 벽을 허물고, 험악한 탐욕과 우치들에 휩싸인 중생들에게 지혜 광명을 심어주는 일, 이것이 나쁠 것은 없습니다. 창녀는 창남 때문에 생겼습니다. 창남이 없다면 창녀가 어찌 생기겠습니까. 책임감은 이 세상의 모든 남자에게도 없지 않습니다. 알고 보면 이 세상 어떤 사람이 창부 창남 아닌 사람이 있습니까. 하지만 주인이 분명하기 때문에 약간 이름을 달리 붙이고 있을 뿐입니다. 그런데 요즘은 황진이 같은 거룩한 선지식은 찾아보기 드물고 월매와 같은 기생들만 들끓고, 놀부와 같은 창남만이 들끓기 때문에 달기와 같은 창녀들이 거리를 메워 걸주의 세계를 창조해 가고 있는 것입니다.

점도 마찬가지입니다. 이 세상의 성현이 사람의 마음을 점치지 않은 자가 하나도 없습니다. 그런데 그들은 그 점을 칠 때 점을 보러온 사람을 위해서 길을 인도해준 것뿐이지, 자기의 명예와 이익을 위해 착취한 일이 없습니다. 점쟁이가 부자 되고 무당판수가 꼬리를 치는 세상이라면 무엇인가 잘못 되어가고 있는 것입니다. 진실한 점쟁이는 사회의 길잡이고, 훌륭한 무당판수는 사회의 빛이 되기 때문입니다. 옛날 무당이 왕 노릇을 할 때는 법이 없어도 말에 의해서 어진 세상을 살았고, 사회의 동정을 점치는 무당판수는 허가없는 의학박사요, 사주관상쟁이는 학위없는 철학자였습니다. 의사가 훌륭하면 병자가 고통이 적고, 철학자가 위대하면 거리의 시민이 지혜를 얻게 됩니다. 53선지식에 나오는 모든 직업인들은 이같은 직업을 통해서, 인류의 복지를 지향해준 거룩한 성자들이므로, 오늘날 교육자들처럼 고급 면허증을 가지고 사회의 물의를 일으키는 것과 같은 사람은 한 사람도 없었습니다. 비록 직업은 천하고 모습은 누추하다고 할지라도 천진난만한 동자는 우리에게 천진난만한 마음을 일깨워주고, 머리 깎는 이발사는 단진무명(斷盡無明)하고 단정수려(端正秀麗)한 인격을 형성해 주는 스승이었습니다. 사람들은 종종 자기 직업을 천시 여기는 경향이 있으나 이런 사람은 사람 가운데서도 가장 못난 사람입니다. 언제 어느 곳에서나 제 노릇을 잘하는 사람, 이 사람의 스승이고 선지식입니다.

으로 자기 인격을 완성하였고, 모든 중생을 제도하였습니다. 열 가지 행
원은,

〔원문〕 예경제불원(禮敬諸佛願)  칭찬여래원(稱讚如來願)
       광수공양원(廣修供養願)  참제업장원(懺除業障願)
       수희공덕원(隨喜功德願)  청전법륜원(請轉法輪願)
       청불주세원(請佛住世願)  상수불학원(常隨佛學願)
       항순중생원(恒順衆生願)  보개회향원(普皆回向願)


〔역문〕 부처님께 예경하고 여래들을 칭찬하고
       널리닦아 공양하고 나쁜업장 참회하고
       공덕을— 즐겨닦고 전법륜을 간청하고
       장수하기 권청하고 부처따라 법배우고
       중생따라 제도하고 함께성불 하여지다


입니다. 어떤 것을 '예경제불원'이라 합니까. 온 법계 허공계 시방삼세
모든 불국토의 수없이 많은 부처님들께 보현의 서원과 수행의 힘으로서
깊은 신심을 내어 눈앞에 뵈온 듯이 받들고 청정한 몸과 말과 생각으로
항상 예배 공경하는 것입니다.

다음 '여래를 칭찬한다.'는 것은 온 법계 허공계 시방삼세 모든 불국토
에 수없이 많은 부처님들이 계시는데 그 부처님들이 계시는 곳마다 많
은 보살들이 모시고 있는 것을 깊은 지혜로 눈앞에 계신 듯이 알아 변재
천녀(辯才天女)보다도 뛰어난 말로 오는 세월이 다하도록 그치지 않고
부처님 공덕을 찬양하는 것입니다.

그리고 '광수공양원'은 이와 같은 모든 부처님들께 꽃과 음악·향·등
·우유·기름·음식·의복 등 여러 가지 공양거리를 가지고 공양하는데,

이 공양 가운데는 특히 법공양이 제일이라 하였습니다. 법공양이란 부처님의 말씀대로 수행하는 공양, 중생을 이롭게 하는 공양, 중생들을 거두어 주는 공양, 중생들의 고통을 대신 받는 공양, 착한 일을 하는 공양, 보살의 할 일을 버리지 않는 공양, 보리심에서 떠나지 않는 공양이 그것입니다. 이것은 부처님의 법을 존중하는 일이 곧 부처님을 출현케 하는 일이고, 중생을 이롭게 하는 것이니 이것이 곧 부처님을 공양하는 것이나 다름이 없기 때문에 물질적 공양보다 정신적 법공이 훨씬 뛰어난다고 하였습니다.

다음 '업장을 참회한다' 하는 것은 지나간 세상 끝없는 세월에 탐내고 성내고 어리석은 탓으로 몸과 말과 생각으로 지은 일체의 악업을 청정한 입으로 참회하고 부처님의 계율에 안주하는 것입니다. 그리고 '남의 공덕을 기뻐한다.'는 것은 모든 부처님들이 처음 발심하고 지혜를 위해 복덕을 부지런히 닦을 때에 몸과 목숨도 아끼지 않고 한량없는 겁을 지내면서 헤아릴 수 없는 머리와 팔 다리 등을 보시하고, 여러 가지 어려운 보살행을 닦아 위없는 보리를 증득하고 마침내는 열반에 들어 사리를 나누어 공양했으니 이와 같은 착한 일을 모조리 기뻐하고 시방세계 모든 중생들이 지은 털끝만한 공덕이라도 내 일처럼 같이 기뻐하여, 성문·연각·보살들이 그 행하기 어려운 고행을 하면서 가장 높은 보리를 구하던 그 넓고 큰 공덕을 모두 따라 기뻐하는 것입니다.

그리고 '설법해 주기를 청한다.'는 것은 시방 삼세 모든 불국토의 수없이 많은 부처님들께 몸과 마음과 생각을 기울여서 설법해 주기를 간청하는 것이며, '세상에 오래 더불어 계시기를 간청한다.'는 것은 모든 부처님들이 열반에 들려 하거나 보살·성문·연각 등 많은 선지식들이 열반에 들려 하면 오래오래 세상에 머무르면서 일체 중생을 이롭게 해주실 것을 간청하는 것입니다.

그리고 '부처님을 본받아 배운다.'는 것은 부처님께서 처음 발심하여 정진하여 이루 다 말할 수 없는 고행과 보시를 하고, 피를 빼서 경을 쓰고 손가락을 태워 참회하는 등 마침내 등정각을 이루어 대·소 국가의 왕들과 신하 모든 백성들을 진리의 물로 비 뿌리신 것같이 법륜을 굴려 불법을 행하는 것입니다.

'중생을 수순한다.'고 하는 것은 온 법계 중생들이 여러 가지 차별이 있어 알과 태·습에서 나는 것이나 또는 저절로 나는 것, 땅과 물·불·바람·허공·풀·나무를 의지하여 사는 온갖 물과, 형상·모양·수명·종족·이름·성질·소견·욕망·뜻·위의·의복·음식 등으로 살아가는 데 발이 있는 것이나 발이 없는 것이나, 네 발 가진 것이나 여러 발 가진 것이나, 생각 있는 것이나 생각 없는 것이나, 모양이 있는 것이나 모양이 없는 것이나, 생각이 있는 것도 같고 없는 것도 같은 일체의 모든 것을 따라 섬기고 공양하기를, 부모와 스승, 아라한 부처님과 꼭같이 하는 것입니다. 병든 이에게는 의사가 되고, 길 잃은 이에게는 바른 길을 인도해 주며, 어두운 밤에는 등불이 되고, 가난한 이에게는 재물을 얻게 하는 것입니다. 이와 같이 일체중생을 평등히 이익되게 하는 것이 중생을 따르는 것입니다.

왜냐하면 보살이 중생을 수순하는 것은 곧 부처님께 공양하여 순종하는 일이 되고, 중생들을 존중하여 섬기는 것은 곧 부처님을 존중하여 받드는 일이 되며, 중생들을 기쁘게 하는 것은 곧 부처님을 기쁘게 하는 일이 되기 때문입니다. 중생으로 인해 자비심을 일으키고, 자비심으로 인해 보리심을 내고, 보리심으로 인해 깨달음을 이루는 것입니다. 넓은 대지위에 서 있는 큰 나무의 뿌리가 수분을 받으면 가지와 꽃·잎·열매가 무성하듯 생사 광야의 보리수도 그러합니다. 모든 중생은 뿌리가 되고 부처나 보살은 꽃과 열매가 됩니다. 자비는 물론 중생을 이롭게 하면 지혜의 꽃과 열매가 저절로 맺게 됩니다.

보살이 자비심으로 중생을 구제하면 최상의 깨달음을 성취하는 것이므로, 보리는 중생에게 마음을 평등하게 함으로써 원만한 자비를 성취하고, 자비심으로 중생을 구제하면 최상의 깨달음을 성취하는 것이므로 보리는 중생에게 달려있는 것입니다. 중생이 없으면 보살이 깨달음을 이루지 못하기 때문입니다.

끝으로 '모두 다 회향한다'는 것은 처음 예배 공경하므로부터 중생의 뜻에 수순하기까지, 모든 공덕을 온 법계 허공계에 있는 일체 중생에게 돌려보내, 중생들로 하여금 항상 편안하고 즐겁고 병고가 없게 하는 것입니다. 나쁜 짓은 하나도 이루어지지 아니하고 착한 일은 모두 이루어지며, 온갖 나쁜 길의 문은 다 닫아 버리고 열반에 이르는 바른 길을 활짝 열어 보이는 것입니다. 중생들이 쌓아온 나쁜 업으로 말미암아 받게 되는 무거운 고통의 여러 가지 과보를 내가 다 받으며, 그 중생들이 모두 다 해탈을 얻고 마침내는 더없이 훌륭한 보리를 성취하도록 힘쓰는 것입니다.

그런데 보현보살은 이 열 가지 서원을 허공계가 다하고, 중생계가 다하고, 중생의 업이 다하고, 중생의 번뇌가 다할지라도, 끝까지 계속하여 한 순간도 끊어지지 않게 하되, 몸과 말과 생각에 조금도 싫어하는 마음이 없이 하겠다고 하였습니다. 참으로 거룩한 성자의 위대한 서원입니다.


## 3. 석가여래 8상성도(釋迦如來八相成道)

〔원문〕 도솔래의상(兜率來儀相)　비람강생상(毘藍降生相)
　　　　사문유관상(四門遊觀相)　유성출가상(踰城出家相)
　　　　설산수도상(雪山修道相)　수하항마상(樹下降魔相)
　　　　녹원전법상(鹿苑轉法相)　쌍림열반상(雙林涅槃相)

〔역문〕 도솔천서 내려오셔 룸비니서 탄생하고
궁중네문 구경하고 성을넘어 출가하여
설산에서 수도하여 마군중을 항복받고
녹야원서 법전하고 쌍림에서 열반했네

　가 됩니다. '도솔천'은 욕계 6천의 하나. 인도에서는 투시타 데바(**Tusita-deva**)라 하고, 중국에서는 도사다(兜史多), 지족(知足)이라 번역했습니다. 수미산 꼭대기서 12만 유순되는 곳에 있는데, 7보로 된 궁전이 있고 한량없는 하늘사람들이 살고 있다고 합니다. 당 내에는 외원과 내원들이 있는데, 외원은 천중의 욕락처이고, 내원은 보처보살(補處菩薩)들의 정토라 새로 부처가 되는 사람들은, 대개 이곳에서 마지막 천당생활을 하는 곳으로 알려지고 있습니다. 옛날 석가모니 부처님이 이곳에서 호명보살로 있었는데, 현재는 미륵보살이 이곳에서 공부하고 있다고 합니다.

　미륵이나 석가가 이곳에 태어난 것은, 아래에 있는 4왕천·도리천·야마천이 순수한 욕경처인데 반하여, 위의 화락천·타화자재천은 들뜬 마음이 많습니다. 그러나 이곳은 욕락에도 들뜨지 않으면서 5욕락에 만족하고, 또 바른 법을 생각할 수 있는 까닭이라 합니다. 도솔천 사람들의 키는 2리(8키로)이고 몸무게는 1수(銖) 반, 수명은 4천 세인데 인간 4백 세가 그곳의 1주야가 된다고 합니다. 부처님께서 이곳에 계시다가 내려오셨으므로 '도솔래의상'이라 하는 것입니다.

　그때 부처님은 정거천인 등을 시켜서 이 세상에 내려갈 인연이 다 되었으니, 나의 부모 될 사람과 내가 의지해야 할 국토가 어디 있는가 알아보라 하여, 중인도 카필라국 정반왕의 아들로 태어날 것을 마음먹고, 여섯 개의 이빨을 가진 코끼리를 타고 내려오셨습니다. 어머니 마야부인은 날 달이 되자 나라의 풍습에 따라 친정인 콜리성으로 가다가, 룸비니 동산에 이르러서 아이를 낳게 됐습니다. 룸비니(**Lumbini**)는 지금 인도

바스티 지방의 동북방 8킬로 떨어진 네팔 국경 파다리아 마을에 있습니다. 당시 그곳에는 아름다운 연못이 있고 못가에는 필발라 나무들이 우거져 꽃이 활짝 피어 있었는데, 마야부인이 오른손을 들어 그 꽃을 꺾으려 하는 순간, 오른쪽 옆구리를 트고 태어나 사방으로 일곱 발짝씩을 걷고 본지에 돌아와서, "천상천하 유아독존이라 외쳤는데 때는 4월 초8일이라고 합니다."4) 이것이 '비람강생'이라 하는 것입니다.

'4문유관상'은 부처님께서 7세부터 12년 동안 문무 양면에 대하여 학술을 다 익히시고, 세상의 무상을 느껴 세상 구경을 하기 원하자, 부왕

---

4) 아무리 성인이라고 하지만 부처님께서 탄생하실 때 옆구리로 나셨다는 것은 잘 이해가 가지 않으며, 사방으로 일곱 발짝씩을 걷고 '천상천하 유아독존'이라 외쳤다 하는데 거기에는 무슨 뜻이 들어있지 않겠습니까. 생리학상으로 보면 맞지 않는 말이지만, 문학적으로 보면 가능한 말입니다. 인도사람들은 전통적으로 베다를 숭상해 왔는데, 그 베다철학에서 볼 것 같으면 인간은 범(梵)이란 하느님이 만들었는데, 하느님의 이마로 태어나면 바라문이 되어 하느님께 제사지내는 사제가 되고, 옆구리로 태어나면 찰제리 왕족이 되며, 배로 태어난 사람은 평민, 발뒷꿈치로 태어난 사람은 노예가 된다고 말하고 있습니다. 바라문인 문인들은 머리로 살고, 왕족인 무인들은 어깨로 살며, 바이샤의 농·공·상인들은 배를 채우고, 수드라인 노예는 발뒷꿈치로 뛰어 다니며 시종하기 때문입니다. 이 학설에 의하면 부처님은 찰제리이니 옆구리로 태어난 것이 사실입니다. 또 당시 사람들은 모든 생류는 감정을 가지고 생활하고 있다고 보았습니다. 그런데 부처님께서 4방으로 일곱 발짝씩을 걸었다는 것은, 3계 25유 중생을 제도한다는 뜻을 비유한 것이니 4×7=28이기 때문입니다. 또 그 발자국 마다에서는 연꽃이 솟아났다 하는데 연꽃은 처염상정한 불성과 인과동시의 이치를 가르치고 있는 불교를 상징하고 있습니다. 부처님께서 이렇듯 3계 25유 중생들이 화과동시(花果同時)의 인과법 속에 살면서도, 그의 불성을 상실치 않고 있는 것이 처염상정(處染常淨)한 연꽃에 비유하여 설명한 것입니다. 그러니 그 가운데는 우리 불자들이 세상을 어떻게 살아갈 것인가 하는 말없는 진리가 들어 있습니다. 5탁악세에 태어나 온갖 유혹과 사마(邪魔)가 들끓고 있지만 우리는 이 사마의 유혹에 현혹되어서는 안 되고, 연꽃처럼 깨끗이, 그러면서도 자기의 업보를 책임질 수 있는 자가 되도록 살아야 한다는 말입니다.
그리고 '천상천하 유아독존'은 사람 위에 사람 없고, 사람 아래 사람이 없다는 최초의 인간선언입니다. 신의 종으로서 인간은 하나의 제물에 불과했고, 더군다나 바라문교적 차별 사상 속에 신음하는 인간들에게, 인간은 어디까지나 인간이 낳고 인간이기 때문에 신처럼 인간을 지배할 수 없다는 준엄한 인간 선언인 것입니다. 이것은 갓난아이가 태어난 즉시 했다는 것보다는 불타는 성불과 직결되나, 또 그 성불은 탄생과 직결되는 묘한 인과관계가 있으므로 은근히 숨겨서 비유한 것이라 보아야 할 것입니다. 실로 불전(佛典)의 모든 문자는 언어를 통한 진리의 비유로서, 무변창해(無變蒼海)의 실상을 함개(含盖)가 상칭한 말로 표현한 것에 불과함을 우리는 깊이 이해하여야 할 것입니다.

께서 종자들을 딸려 동·서 4방의 문을 구경하게 하였는데, 동문에서는 노인을 보고, 남문에서는 환자를 보고, 서문에서는 상여를 보고, 북문에서는 생·로·병·사를 초월코자 수행하시는 사문을 보아 발심 출가하게 되었다는 것입니다.

"세상에 누가 나고 죽는 법을 만들었는가. 이것보다 더 큰 일은 없다. 내 일대사를 위하여 반드시 출가하여 대도를 성취하리라."

그러나 후계자가 없어 출가하지 못하고 있다가, 10년 후에 비로소 아들 라훌라를 낳고 출가하니 때는, 세존 나이 29세 되던해 2월 8일이었습니다.

말 건척을 타고 찬타카(chandaka)의 도움으로 성을 넘어 출가하여 트리베나 강변에서 머리를 깎고, 사냥꾼과 옷을 바꿔 입고 수행자 상을 갖춘 뒤에, 아누피야 마을 암밤나무 숲에 들어가 일주일을 지내고, 왕사성 판다바 산으로 가다가 빔비사라왕을 만나고, 베살리성에 이르러 고행자 발가바(跋伽婆) 선인을 만나고, 마가다국으로 가다가 본국에서 보낸 사자들을 만나 뿌리치고, 유명한 스승 아라라 카라마(Ālāra kālāma) 웃다카 라마풋타(uddaka rāmaputta)를 만나 각각 선문답(禪問答)을 나눈 뒤에, 직접 3개월간 선을 닦아 공무변처(空無邊處)와 비상비비상처(非想非非想處)의 경계를 체험하였습니다. 그러나 그것은 맑은 정신을 얻게 하는 좋은 방법은 되었으나, 생사의 근본문제를 해결하는 길은 되지 못했습니다. 부처님은 홀로 설산(雪山)에 들어가 6년 동안 고행하니 이것을 '유성출가'라 하고 '설산수도'라 합니다.

6년 고행이 용광로의 단련처럼 매우 거치른 몸과 행을 정비롭게 만들기는 하였으나, 본래의 목적을 달성할 수 없기 때문에 니련선하에 이르러 목욕하고 선생녀에게서 유미죽을 받아먹자, 이때 정반왕께서 보낸 다섯 명의 도반 비구들은 실달타가 타락했다고 버리고 녹야원으로 가버렸습니다. 태자는 그곳에서 3개월 동안 건강을 회복한 뒤에, 다시 정각산

보리수 밑에 이르러 7일 동안 용맹 정진하였습니다. 욕계(欲界)의 마왕 (魔王)은 장차 자기의 부하들을 바른 길로 인도할 것을 두려워하여, 마 녀 열비(悅妃)·희심(喜心)·다미(多媚)를 보내 유혹하고, 이어서 1억 8 천의 군대를 대동하고 달려 들었으나, 보리수 밑에 이르면 모든 화살은 연꽃으로 변하여, 마침내는 지신(地神)의 증명으로 마군을 항복받고 신 통을 얻어, 새벽에 떠오르는 별빛을 보는 순간 깨달음을 얻었습니다. 부 처님은 너무도 감격하여 노래를 불렀습니다.

행(行)은 이루어지고 생(生)은 다했다.
이제 능사(能事)는 끝났다.
다시는 생을 받지 않으리라.
유전(流轉)은 한 생만이 아니라
달리고 달려서 끝날 줄을 모른다.
그러나 태어나도 신고(辛苦)만 더할 뿐, 또 다른 거처를 찾는다.
내 이제 집의 주인을 보았으니 다시는 집을 짓지 않으리.

때는 부처님 나이 35세 되던 해 12월 8일이었습니다. 이것이 '항마성 도'입니다.

성도한 부처님은 범천의 권청을 받고 누구를 먼저 제도할 것인가 생 각해 보았습니다. 진리로서 맺은 도반 5비구가 자기를 버리고 떠나갔으 나, 가장 가까운 인연부터 제도해야겠다는 의미로서 베나레스로 가서 그 들을 제도하고, 이어서 야사와 그의 권속 55인과 우루베라촌의 화사(火 師) 3가섭 1천 명을 제도하고, 빔비사라왕을 교화하니, 성도 후 12년에 는 출가 제자만도 1천2백 명이 훨씬 넘었습니다.

부왕의 부름을 받고 고향에 이르러 아버지를 중심으로 이모 마하파자 파티를 제도하고, 부인 야쇼다라와 아들 라훌라, 동생 난다, 그리고 남은

샤카족들을 제도한 뒤, 좌불난석(坐不煖席)으로 45년 동안 아함(阿含)·
방등(方等)·반야(般若)·법화(法華)·화엄(華嚴) 등 12부의 경전과, 이
심전심(以心傳心)의 법을 3처에서 가르치고, 사라쌍수간에서 80세를 일
기로 입멸하시니 이것이 이른바 '녹원전법'이고 '쌍림열반'입니다.

거룩하십니다. 중생을 위하여 세상에 부귀와 명예·사랑·지위를 헌신
짝같이 버리시고, 피골이 상접하도록 고행을 겪고, 일생을 거리에서 무
주(無住)의 행인으로 끝을 맺으시니, 이것이 바로 '시멸생선은'입니다. 이
어찌 거룩하다 아니하겠습니까.

우리 다같이 오도가(悟道歌) 한 번 불러 봅시다.


기쁘구나 즐겁구나 편안하구나
세상에서 모든고통 떼어버리고
산목숨을 죽일마음 없앤사람이
이세상에 제일가는 성자로구나.


기쁘구나 즐겁구나 편안하구나.
세상에서 모든탐심 내여버리고
깊고깊은 애욕에서 뛰어난몸이
이우주에 오직혼자 지자로구나.


기쁘구나 즐겁구나 편안하구나.
산중에서 들가에서 여섯해만에
동천에서 돌아오는 샛별보고서
삼세불의 중한도를 깨달았다네.


이것은 대은(大隱) 김태흡(金泰洽)스님께서 지으신 노래입니다. 누가

여기 부처님 노래 한 번 더 불러보십시오. 그럼 4월 8일 경축가를 다같이 부르십시다.

옛날에도 그 옛적 3천년 전 봄
향기롭고 따뜻한 꽃핀 여드레
세계를 움직이는 웅장한 소리
하늘에나 땅에나 홀로 나 하나

거룩하신 나라에 탄생하셔서
부귀로나 지위나 구족하건만
궁궐을 버리시고 홀로 떠나서
산중에서 공부하기 여섯 해일세

둥그런 지구덩이 한 가운데서
바르옵신 법문을 열어 놓으사
목마른 사람에게 부어주시는
감로수에 물줄기 한정이 없네.

몇만겁이 되어도 변치안하고
언제나 피어있는 묘법의 참꽃
아름다운 한송이 가슴에 꽂고
우리들도 용맹히 힘써봅시다.

이 노래는 조학유(曺學乳)스님께서 지은 것입니다. 매우 신심과 용맹심을 심어주는 노래입니다. 여러분께서 열심히 또 용맹히 정진해 주시니 마치 영산회상이 재현된 듯합니다.

"부처님의 마음이야 어느 곳에는 없으리까만은 중생이 알아듣지 못하므로, 세 곳에서 전법의 표식을 나타내 보이셨다 합니다. 첫 번째는 다자탑전 반분좌(多子塔前半分座)이니, 부처님께서 다자탑 앞에 앉아 계실 때 가섭(迦葉)존자가 오자 그 자리를 바로 나누어 앉으셨다는 것입니다. 그리고 두 번째는 영산회상 염화미소(靈山會上 拈花微笑)인데, 영산회상에서 천 2백 대중이 있는 곳에서 한 천인이 부처님께 꽃을 들어 바치니, 부처님은 그 꽃을 아무 말없이 높이 들어 보이셨습니다. 그때 천 2백 대중은 아무도 그 뜻을 몰랐으나, 오직 가섭존자만이 알고 빙그레 웃으셨다 합니다. 세 번째는 니련선하 곽시쌍부(尼連禪河 廓示雙趺)인데, 부처님께서 돌아가신 뒤 가섭존자가 늦게 도착하였습니다. 가섭존자가 통곡하며 '왜 이리 빨리 가셨습니까.'고 하니, 부처님은 가만히 두 다리를 곽 밖으로 내보이셨습니다. 이것이 무슨 뜻인지는 여러분께서 더 잘 아실 것입니다. 아시는 분은 말씀해 보십시오."

"봄날의 닭소리입니다."

"해 떨어지자 달뜨는 소식입니다."

"아이가 젖 떨어지는 소리입니다."

좋습니다. 추수장천(秋水長天)에 추심(秋心)이 가득한 말입니다. 그러나 여긴 이미 계절을 벗고 장(場)마저 떠났으니, 달은 어느 곳에서 떨어졌고 해는 언제 지고 떴으며, 닭은 어느 곳에서 났습니까. 마지막 한도인(閑道人)의 꽃 절구(絕句)를 들어보십시오.

새는 나무에서 노래하고
고기는 물에서 뛰는구나.
나무아미타불.

# 제4강 은혜(恩惠)와 서원(誓願)의 바다(2)

## 1. 다생부모 십종대은(多生父母十種大恩)

이 세상 어느 누가 부모의 은혜를 생각하지 않는 자 있겠습니까만, 우리 부처님처럼 부모님의 은혜를 강조하신 분도 드물 것입니다.

혹 어떤 사람들은 불교는 '부모도 없고 국가도 없는 종교'라고 혹평하는 사람들도 있으나, 이는 참으로 불심(佛心)을 모르는 사람들의 망언(妄言)입니다. 부모란 나를 낳아주신 것만 부모가 아니고, 나를 길러주신 것만 부모가 아닙니다. 이 세상 만물 가운데 불성이 있는 것이라면 부모 아님이 없습니다.

그러나 직접 자기를 낳고 길러주신 부모에 비하면 한 걸음 손길이 멀므로 사모곡(思母曲)에 이런 시가 있습니다.

호미도 날이건만 낫같이 들리 없습니다.
아버님도 어버이시건만
아, 어머님같이 사랑하시는 이가 없도다.
아소 임이시여, 어머님같이 나를 사랑하시는 이가 없도다.

또 상저가(相杵歌)에 보면,
덜커덩 방아찧어
누굴누굴한 밥 지어서
아버님 어머님께 바치옵고
남거든 내 먹으리.

라는 시도 있습니다. '세월이 물과 같아 백발이 절로나면 뽑고 또 뽑아 젊고자 하는 뜻은, 북당에 어버이 계시니 그를 두려워 한다'는 노래도 있습니다. 반백(半白)의 청춘들이 노인자량을 흉내내고 있지만, 진실로 늙어 보아야 늙은 사람의 마음을 알 듯, 자식을 낳고 길러본 사람만이 부모 마음을 뼈저리게 느끼실 것입니다. 부처님은 ≪대부모은중경(大父母恩重經)≫에서 다음과 같이 열 가지 은혜를 말씀하시고 계십니다.

〔원문〕 회탐수호은(懷耽守護恩)  임산수고은(臨産受苦恩)
     생자망우은(生子忘憂恩)  연고토감은(咽苦吐甘恩)
     회건취습은(廻乾就濕恩)  유포양육은(乳哺養育恩)
     세탁부정은(洗濯不淨恩)  원행억념은(遠行憶念恩)
     위조악업은(爲造惡業恩)  구경연민은(究竟憐愍恩)


〔역문〕 태에실어 보호하고 해산할때 고통받고
     아기낳고 근심잊고 쓴것먹고 단것주고
     젖은자리 가려눕고 젖먹여서 양육하고
     똥오줌을 가려주고 먼길가면 근심하고
     자식위해 죄를짓고 한결같이 사랑은혜.


가 그것입니다. 소학(小學)에 보면 아기밴 여인은 '먹을 것도 마음대로 먹지 못하고, 입을 것도 마음대로 입지 못하고, 즐기는 것도 마음대로 즐기지 못하는 데, 이것은 그 아이에게 해가 올까 두려워하기 때문이다'고 하였습니다. 음식을 가리고, 자리를 가리고, 의복을 가린 은혜야 누가 모르겠습니까만, 입덧으로 고민하고 산아제한으로 고민하다, 이 몸이 만신창이가 된 뒤에도 보다 훌륭한 자식을 낳기 위해 걱정하고 근심하여, 태중 열 달의 보호심이란 무서울 정도로 강하고 아픈 것입니다. 이것이

'회탐수호은, 임산수고은'입니다.

날 때도 이 신을 벗어 놓고 방안으로 들어가면, 다시 그 신을 신느냐 못신느냐 하는 고통을 겪게 되는 것이니, 8만 4천의 뼈대가 다 무너지고, 서말여덟 되의 고혈이 터져 나오고, 천 마디의 '아이고' 소리를 내야만 아기를 낳게 되어 있으니 이 아니 고통입니까. 낳다가 죽은 사람은 얼마며, 낳고 나서 병신된 사람은 얼마입니까. 저리고 시린 손발을 가누지 못하면서 자식을 바라보는 일념으로 다 잊어버리는 마음, 이것이 '생자망우은'입니다.

그런 가운데도 시부모 형제들이 '잘됐다' 하기 전에는 마음을 놓을 수 없는 세상, 참으로 어려운 것이 '생자망우은'입니다.

가난에 쪼들려 만일 밥알 하나라도 입에 넣기 어려우면 피가 될만한 곡식은 아기의 입에 넣어주고, 영양 없는 나무뿌리나 풀 잎사귀는 스스로 그의 입에 넣어 빈 입을 채우니, 하늘이 어찌 가슴을 조이지 않겠습니까. 누렇게 뜬 얼굴 약 한 첩 먹지 못하면서도, 자식이 소중하여 젖은 자리는 자기가 눕고 마른자리는 아기를 눕히니, 이것이 '연고토감은'이요 '회건취습은'입니다.

젖을 빨리고 똥오줌을 가리고 떨어진 옷을 꿰매고, 먼 길 가면 걱정하며 밤잠을 이루지 못하는 부모, 이 부모의 마음을 만분의 1이라도 안다면 자식은 차마 부모의 뜻을 저버리지 않을 것입니다. 세대 차이니 지식 차이니 사고(思考) 차이니 떠들면서, 큰 소리 지르고 눈을 부라리고 몸을 으쓱대는 꼴을 어찌 눈을 뜨고 볼 수 있겠습니까. 이것이 '유포양육은, 세탁부정은, 원행억념은'입니다.

그래도 부모님은 혹시나 나쁜 길에 빠져서 물과 불, 바람의 재해(災害)나 당하지 않을까 하다가, 자식이 원하는 일이면 도둑질이라도 하고, 거짓말이라도 하여 그를 구하고 싶어 하고 때로는 목숨까지도 서슴없이 버려서 통째로 바치니, 이것이 '위조악업은'이요 '구경연민은'입니다.

걱정도 팔자라 아니해도 될 일이지만 어머니 아버지는 아들이 백발이 되어도, 언제나 아기인지라 이런 생각 저런 생각을 놓아버리지 못하는 것입니다. 그래서 가지 많은 나무에 바람 잘 날이 없습니다. 어쩌다가 효자 자식을 만나면 입이 달도록 칭찬하니, 죽은 뒤에 마른 입으로 효도하지 말고 살아계실 때 효도할 일입니다. 그러므로 정철이,

아버님 날 낳으시고 어머님 날 기르시니
두 분 곧 아니시면 이 몸이 살았을까
하늘같은 은덕을 어디대여 감사릿까.

어버이 살아실제 섬기기란 다하여라.
지나간 후면 애달프다 어찌하리
평생에 고쳐 못할일 이 뿐인가 하노라.
라고 하였고, 박인로도

인생 백세 중에 질병이 다 있으니
부모를 섬기다 몇 해를 섬길런가
아마도 못다할 성효를 일찍 베풀어 보렸노라.

왕상은 잉어잡고 맹종은 죽순꺾어
검던머리 희도록 노래자의 옷을 입고
일생에 양지효성을 종자같이 하리다.

하였습니다.
그러면 부모님께 하는 효도는 어떤 방식이 가장 좋습니까요.
살아서나 죽어서나 정신과 물질 양면으로 모두 효도를 잘하여야 할

것이니, 살아서의 정신적 효도는 잘났던 못났던 마음을 거슬리지 않는
것이고, 물질적 효도는 의·식·주를 형편 따라 편안하게 해드리는 것입
니다. 어리석은 부모 무식한 부모를 어리석고 무식하다고만 꾸짖지 말
고, 그 어머니 아버지로 하여금 유식하고 지혜롭게 하는 자식이 되어야
할 것입니다. 그리고 음식·의복·주택도 좋은 것만 많이 해드린다고 되
는 것이 아니고, 평상시 주리지 않고 헐벗지 않고 추잡하지 않게 해드리
고, 방은 밝고 따뜻하면 됩니다.

　노인은 늙으면 아기가 되기 때문에 세살 때 먹었던 사탕·과일·장난
감이 도리어 그리워지고, 외롭기 때문에 항상 옆에 시자가 있는 것을 좋
아합니다. 시자란 말벗이고 행동의 의지자입니다. 잘난 손자 손녀가 할
머니 할아버지 곁에 벗이 되어 준다면 부모는 결코 외롭지 않을 것이며,
종종 벗을 찾아 나들이 하고 또 벗들의 내왕이 자유로워질 수 있도록 하
되, 부담감이 없이 하는 것이 효도의 첩경입니다.

　돌아가신 뒤에도 부모님의 유언에 따라 치상하되, 가세(家勢)를 넘치
지 않게 하고 제사의 뜻을 잊지 않게 해야 합니다. 제사란 음식 차리고
절하는 것만이 능사가 아닙니다. 영가의 생존시 뜻을 되뇌이고 그가 이
세상에서 하지 못한 일을, 자손들이 뜻을 모아 실천하며 우애하는 것이
제사의 큰 뜻이 됩니다. 불교에서는 제사도 제사지만, 윤회 속에 허덕이
는 영혼을 건지는 것이 가장 큰 효도가 되므로, 목련존자는 어머니를 위
해 출가하여 무간지옥의 어머니를 구제하였고, 양개화상은 복천(福川)의
유래를 남기기까지 하였습니다.

## 2. 5종대은 명심불망(五種大恩銘心不忘)

부모님의 은혜도 지중하지만 국가의 은혜도 중요하고, 스승과 벗, 사회 대중의 은혜도 지중하기 때문에, 불교에서는 다섯 가지 큰 은혜를 생각하게 되는 것이니, 이것이 5종대은 명심불망입니다.

〔원문〕 각안기소국왕지은(各安其所國王之恩)
　　　　 생양구로부모지은(生養劬勞父母之恩)
　　　　 유통정법사장지은(流通正法師長之恩)
　　　　 사사공양단월지은(四事供養檀越之恩)
　　　　 탁마상성붕우지은(琢磨相成朋友之恩)
　　　　 당가위보유차염불(當可爲報唯此念佛)


〔역문〕 곳곳마다 편안하게 살림살이 국왕의은
　　　　 나서길러 사람만든 부모님의 크신은혜
　　　　 바른법을 유통하여 대대전한 스승의은
　　　　 음식의복 와구탕약 베풀어준 시주은혜
　　　　 서로쪼고 가르쳐서 인격형성 붕우의은
　　　　 이큰은혜 갚으려면 염불함이 제일이라


한 사람이 편안하려면 한 가정이 편안해야 하고, 한 가정이 편안하려면 한 마을이 편안해야 하고, 한 마을이 편안하려면 한 나라가 편안해야 합니다. 나라가 편안하려면 그 나라의 최고 지도자인 대통령이나 국왕이, 인심을 얻어 국가를 다스릴 때 외우내환이 없게 되므로, 자리를 편안케 해주는 국왕의 은혜야말로 부모님 은혜 못지않게 중요합니다. 그러므로 '어진 임금은 부모와 같고 악한 임금은 원수와 같다'고 한 것입니다. 치국의 요령은 '힘의 균형'에 있고, 그 힘은 '복덕과 지혜'를 갖추어야 하기 때문에 경제·교육·국방에 달려 있습니다.

지금 우리나라는 작은 국토에 서로 다른 이념을 가진 국가가 들어 있기 때문에 국방이 우선되지만, 이것은 무엇인가 잘못된 나라에서 볼 수 있는 법입니다. 더군다나 언어가 같고 음식이 같고 의복이 같고 풍습이 같은 백의민족이, 두 갈래로 갈라져서 투쟁을 하고 있다는 것은 부끄러운 일입니다. 그나마도 이런 상황에서 우리의 생활을 안정시켜 주고, 교육수준을 높여 복지사회를 건설해 나가는데 앞서 주신 국왕 대신께 감사하지 않을 수 없습니다.

정권은 잡는데 의의가 있는 것이 아니고 일을 하는데 뜻이 있는 것이며, 국민은 국민의 권리와 의무를 충실히 이행하여, 국무행정에 차질이 생기지 않도록 노려하는 것이 '각안기소국왕지은'입니다.

부모님의 은혜는 이미 말씀드린 바 있으니 생략하고 스승의 은혜로 넘어가겠습니다. 요즈음 서구 문명의 교육이론이 도입되어 사도(師道), 학도(學道)가 시장거래식으로 변질되어, 진정한 인간애가 붕괴되어 가고 있습니다. 제자가 스승을 때리지 않나, 스승이 제자를 죽이지 않나, 사제가 함께 놀아나지를 않는가, 말로 형용할 수 없이 교육의 이념이 모호 화석화 되고, 교육적 기술만 강조되어 미꾸라지 인생을 창조해 내고 있는 것이 우리의 실정입니다. 교사는 물론 기술과 이론, 모든 상식에 모두 뛰어나야 되겠지만 한 인간의 길잡이로서 동행자가 필요한 시대입니다.

스승이 제자를 가르치는 데는 힘이 있어야 합니다. 그 힘을 불교에서는 10력(力)이라 부르고 있습니다.

① 처비처지력(處非處智力)으로 바르고 그른 이치를 똑바로 아는 지혜의 힘이고,

② 업이숙지력(業異熟智力)이니 인과 업보가 달리 익혀져 가는 것을 여실히 아는 지혜이며,

③ 정려해탈등지등지력(靜慮解脫等持等至智力)이니 일체의 사상과 해탈의 차례 및 심천(深淺)을 여실히 아는 지혜이고,

④ 종종계지력(種種界智力)이니 중생들의 여러 가지 형상과 세간을 여실히 아는 지혜이며,

⑤ 근승열지력(根勝劣智力)이니 중생들의 여러 가지 뜻을 이해하는 지혜이고,

⑥ 변취행지력(邊趣行智力)이니 모든 중생들의 취향처와 도행을 여실히 아는 지혜이며,

⑦ 숙주수념지력(宿住隨念智力)이니 과거의 모든 여러 일에 대하여 여실히 억념실지(憶念悉知) 하는 지혜이고,

⑧ 사생지력(死生智力)이니 중생들이 죽고 나는 때와 미래세의 선악 제취 내지는 선 악업 성취를 아는 지혜이며,

⑨ 누진지력(漏盡智力)이니 스스로 모든 번뇌를 없애고 후유(後有)를 받지 않음을 알고 또 남의 번뇌도 여실히 아는 지혜이고,

⑩ 종종승해지력(種種勝解智力)이니 중생들이 여러 가지의 원이나 바깥 경계에 대하여 품고 있는 견해를 밝게 하는 지혜입니다.

선지식은 이러한 지혜에 의하여 후생을 지도하여, 병아리가 알에서 깨어나듯 무명(無明)에서 지혜를 일깨워 주고, 생사에서 생사를 초월케 하고, 가난에서 복덕을 얻게 하여 그 법이 영원히 끊어지지 않게 하기 때문에, '유통정법사장지은'이라 하는 것입니다.

'정법(正法)'이란 바른 법입니다. 자신을 위하여 남을 해치는 법, 남을 위해서 자신을 해치는 법, 이것은 정법이 아닙니다. 남과 내가 다같이 복덕의 거룩한 창고에 이르고, 남과 내가 똑같이 불(佛)의 덕성을 실현

할 수 있도록 지혜롭게 사는 것이 정법을 실현하는 길입니다.

　'4사공양단월'의 4사는 음식・의복・와구・탕약입니다. 생각하면 돈만 있으면 무엇이고 먹혀지고 입혀지며, 편히 살 수 있는 집이 마련되기 때문에, 그것이 어디서 어떻게 오는가에 대한 생각은 하지 못하며 사는 실정이지만, 그것이야말로 중요한 일입니다. 쌀 하나가 우리의 입 속에까지 들어오는데는 적어도 여든여덟 번 손을 거쳐야 한다고 해서 쌀미자(米)를 八十八로 조형한 것이고, 시장 안에 옷감이 우리의 몸에 닿게 되기까지에는 직녀의 베짜는 소리, 침모의 바느질하는 재봉침이 전쟁터의 화살처럼 왔다갔다 해야 된다고 해서, 실사자(糸) 옆에 소리음(音)을 하고, 거기 간과의 살(戈)을 넣어 짤 직자(織)를 만든 것입니다. 직녀도 입을 옷이 없고 농부도 먹을 음식이 없는 경우가 있다는 것은, 요즘 공인(工人)들이나 농부(農夫)의 실정을 잘 들어서 아실 것입니다. 시장 유통이 이들 없이는 불가능하며, 또 시장에 들어온다 하더라도 어머니 아버지, 또 주모 등의 손을 통해 우리의 몸에까지 이르게 되는데, 그 동안의 연(緣)이 좀 많습니까. 성냥알 하나, 소화제 하나가 우연히 만들어지는 것이 아닙니다. 이 인연을 깊이 새겨서 물품을 아끼고 사랑하고 귀히 여겨 살면, 그들에게 보답하는 것이 될 것입니다. 물 한 방울에도 천지의 은혜가 들어있기 때문입니다.

　다음은 '탁마상성붕우지은'입니다. 벗은 길동무로 인생의 길을 가다가 만나기 마련입니다. 길동무가 좋으면 가는 길에 고난이 적고, 길동무가 나쁘면 가는 길에 가시덤불이 많게 됩니다. 부처님은 ≪6방예경≫에서 길동무에 둘이 있으니, "하나는 사귀어서 좋은 동무이고, 둘째는 사귀어서 못쓰는 동무이다"고 하였습니다. 그러면 어떤 것을 사귀어서 좋은 동무라 합니까.

　① 힘센 후원자고, ② 즐거우나 괴로우나 항상 변하지 않는 자, ③ 착한 말만 하는 자, ④ 동정이 있는 자, 대개 이러한 벗들은 생명있는 것

을 해치기 좋아하지 않고, 도적질을 즐기지 않으며, 천한 욕정에 빠지지 않고, 거짓을 즐겨하지 않습니다. 음주에 빠져 방일하거나 길가에서 장난치고 목적없이 돌아다니지 않고, 제삿집에 가서 도박하고, 저급한 일에 만족하고, 나쁜 동무와 사귀고, 게으름을 피우지 않습니다.

그러면 사귀어서 안되는 동무는 어떤 것입니까. 이와 반대입니다. 무엇이든지 가질려는 자, 말이 교묘한 자, 감언이설이 많은 자, 방탕의 반려가 되는 자, 죽이는 것을 좋아하고 도둑질을 상식으로 알며 천한 욕정을 밥먹 듯하고, 거짓말을 참말하듯 하는 자입니다. 탐욕·진에·우치로 공포심을 자아내고, 음주에 빠져 방일하고, 길가에서 장난치고 목적없이 돌아다니며, 제삿집에 가서 도박하고, 저급한 일에 만족하고, 나쁜 친구와 사귀고 게으름을 피웁니다.

술에 빠져 방일하면 저축을 잃고, 싸움만 늘고, 병의 원인을 낳고, 명예를 손상시키고, 숨겨야 할 곳을 나타내고, 지혜를 손상시키며, 때 아닌 때 길에서 장난치고, 목적없이 돌아다니다 보면 자신에게나 처자에게 재산에 대한 보호가 없고, 나쁜 일이 있으면 의심을 받게 되고, 실제 그렇지 않는 말썽에 빠지게 되고, 많은 괴로움의 법이 그를 둘러싸게 됩니다. 제예(諸藝)의 객석에서 시간가는 줄 모르고 떠들고 놀다 보면 어디에 춤이 있나, 노래가 있나, 먹을 것이 있나 하여 그런 것을 구하다가 재물과 시간을 잃고, 또 도박에 빠져 이기면 원한을 만들고 얻으면 잃을까 두렵고, 실질적 저축을 잃고, 법원에 들어가면 그의 말을 믿는 자가 없고, 사람들이 업신여기고, 결혼을 거절당하는 경우가 생깁니다.

나쁜 벗을 사귀면 자신도 악에 물들어 교활해지고 남의 것을 탐하여 속이고 폭악해지며 나쁜 친구들과 같이 되고, 게으름에 젖으면 사사건건 구실을 만들어 추우면 춥다, 더우면 덥다, 이르면 이르다, 늦으면 늦다, 고프면 고프다, 부르면 부르다 하여 업무에 등한하여 이익을 떨어뜨리게 됩니다. 그러니 무엇이든지 가져가고자 하는 자, 말이 교묘한 자, 감언이

설이 많은 자, 방탕의 길동무가 되는 자는 사귀지 말라는 것입니다. 사귀지 말라 하면 아주 그를 버리란 말이 아닙니다.

일과 이치를 통하여 그의 잘못된 점을 시정하되 능동적으로 혹은 피동적으로 정사(正邪)의 인과를 보며 그로 하여금 깨달음을 얻게 하여야 하는데 이것이 탁마입니다. 옥이 아무리 좋은 것이 있어도 갈고 닦지 아니하면 그릇을 이루지 못하고, 사람이 아무리 훌륭해도 배우고 닦지 못하면 도를 이루지 못합니다. 양약이 고구(苦口)나 병에는 이롭고 충언(忠言)이 역이(逆耳)나 행에는 이롭나니 벗을 사귐에 탁마의 정법을 버리지 마십시오. 불도는 악한 벗 때문에 생긴 종교고, 선한 벗을 위해 생긴 종교입니다. 약한 자는 약하기 때문에 구하고 선한 자는 선에 빠지기 쉽기 때문에 구합니다. 선에도 악에도 빠지지 않고 영원히 착한 일을 하게 하는 것이 불법의 취지입니다.

새가 날 때 숲 속을 날면 그물에 걸릴 염려가 없고, 짐승이 달릴 때 거리를 방황하지 아니하면 상전(傷箭)의 화를 당하지 않습니다. 불법의 숲, 불법의 거리를 편히 노닐게 되면 세상의 업화(業禍)에 걸림없이 해탈자재할 것입니다. 그러므로 이들 모든 은혜를 갚으려 하면 오직 염불을 하라고 하신 것입니다.

염불은 부처님을 생각하는 것입니다. 부처님의 모습을 생각하는 것은 관상념불(觀像念佛)이라 하고, 그 거룩한 상호를 마음 속으로 상상하는 것을 관상념불(觀想念佛)이라 하며, 그의 이름을 부르면서 하는 염불을 칭명념불(稱名念佛)이라 하고, 무념(無念)으로 불심에 안기는 것을 무념실상념불(無念實相念佛)이라 합니다.

제법의 실상에 안주해서 국왕의 은혜를 갚고, 부모의 은혜를 갚고, 사장의 은혜를 갚고, 붕우의 은혜를 갚는다면 불법수행을 만점으로 달성할 수 있을 것입니다. 내 삶에 쪼들려 국왕·부모·스승·단월·친구의 은혜를 망각하고 계시는 일은 없으십니까. 내 자리가 높아져서 낮은 자리의 은혜를 업신여긴 일은 없으십니까. 자본주가 되어서 노동자의 가치를 상품화시킨 경험은 없으십니까. 대학교수가 되어서도 초등학교 선생님을 찾아뵈올 줄 아는 사람, 출진(出津)의 요로(要路)에 있으면서 재진(在塵)의 인연을 저버리지 않는 사람, 이 사람이 훌륭한 사람입니다.

조선 선조대왕이 평안도로 피난 가실 때 토리묵을 어떻게 맛있게 잡수셨는지, 토리묵의 내력을 듣고 상수리묵이라 하라 하였다가, 서울에 환도하여 다시 잡수어 보고는 별맛이 없으므로, 도로 토리묵이라 하라 하여 도토리와 상수리의 문자가 생기게 되었는데, 선조대왕은 이 두 개의 이름을 항상 대조하여 생각하여, 세상 정치에 평등심을 가지도록 노력하였다고 합니다. 본받을 일입니다.

사람들이 자기 마음에 조금이라도 보탬이 되면, 원수도 오히려 친한 이 대하듯 하지만, 자기에게 조금이라도 신세를 지려 하면, 오히려 친한 이도 원수 피하듯 하는 것이 이 세상입니다. 세상이 아무리 구정물 통이라 하더라도 저버린다면 볼장 다 보게 됩니다. 버려진 부모, 잊혀진 스승, 헤어진 벗들을 생각하며 오늘 당장 이 시간이라도 찾아볼 수 없다면, 편지 한 장이라도 써서 그 은혜를 감사하고 옛정을 되살릴 수 있도록 하십시오. 이것이 '당가위보유차염불'입니다.

# 제5강 염불공덕(念佛功德)

## 1. 고성염불 10종공덕(高聲念佛十種功德)

염불공덕이 하필이면 열 가지에 불과하겠습니까만 모두어 해설하면 대강 다음 열 가지로 그 공덕을 집약할 수 있다는 것입니다.

〔원문〕 일자공덕능배수면(一者功德能排睡眠)
　　　　이자공덕천마경포(二者功德天魔驚怖)
　　　　삼자공덕성변시방(三者功德聲遍十方)
　　　　사자공덕삼도식고(四者功德三途息苦)
　　　　오자공덕외성불입(五者功德外聲不入)
　　　　육자공덕념심불산(六者功德念心不散)
　　　　칠자공덕용맹정진(七者功德勇猛精進)
　　　　팔자공덕제불환희(八者功德諸佛歡喜)
　　　　구자공덕삼매현전(九者功德三昧現前)
　　　　십자공덕왕생정토(十者功德往生淨土)

〔역문〕 일자공덕 능배수면
　　　　이자공덕 천마경포
　　　　삼자공덕 성변시방
　　　　사자공덕 삼도식고
　　　　오자공덕 외성불입
　　　　육자공덕 염심불산

칠자공덕 용맹정진
팔자공덕 제불환희
구자공덕 삼매현전
십자공덕 왕생정토

이것이 큰 소리로 염불하여 얻는 열 가지 공덕입니다. 수면(睡眠)이란 잠입니다. 인간의 정신 활동은 각성과 수면의 파동에 의하여 진행되고 있습니다. 각성은 외적조건에 의존하고 수면은 내적조건에 주로 의존하고 있는데, 불교에서는 이것이 업력의 소산에 의한 습관으로 보고 있습니다. 수면이 많으면 각성이 혼미해지고 순환조직의 활동까지도 쇠퇴해집니다. 따라서 불교에서는 수면을 본능적 번뇌의 일면으로 보고 있으며, 이것이 지나치면 불성개발에 장애가 된다고 보고 있습니다.

그래서 옛 수도인들은 되도록 잠을 적게 자고 수도정진을 늘려 갔으며, 전혀 잠을 자지 않고 하는 공부를 용맹정진이라 부르고 있습니다. 그런데 염불을 하면 수면이 적어진다는 것입니다. 밝은 각성이 고조되고 수면이 적어지므로 정진활동을 고조할 수 있는 것입니다.

이것이 첫 번째의 '능배수면'의 공덕입니다. 생각하면 끝없는 세월을 두고 수도를 방해하는 것은 잠보다 더한 것이 없습니다. 하루 종일 맑은 정신으로 의심을 일으켜 흐리지 말고, 여섯 자 나무아미타불을 앉고 눕고 가고 오고 자세히 마음 속에 간직하여 살펴보십시오. 한평생 헛되어 보내면 두고두고 한이 될 것입니다. 무상은 찰나라 나날이 두렵고 놀랍습니다. 사람의 목숨은 순간이라 잠깐 사이도 보증할 수가 없습니다. 그러니 어찌 늘 깊은 잠 속에서 흐린 날처럼 지내겠습니까. 날쌘 칼날 빼어 들고 검은 구름 흩어내서 마음 달을 밝혀냅시다.

두 번째의 '천마경포'는 천마를 놀래고 두렵게 한다는 것입니다. '마(魔)'는 마라파피아(Māra-pāpimā)란 범어의 줄인 음역입니다. '마라'는 죽이는 것, 죽게끔 하는 것, '파피아'는 악이라 번역합니다. 생명을 죽게 하고 악을 조정하는 것에는 사마(死魔)・오온마(五蘊魔)・번뇌마(煩惱魔)・천마(天魔) 네 가지가 있습니다.

사마란 죽음 그 자체가 싫으니까 부른 말이고, 오온마는 색・수・상・행・식(色・受・想・行・識) 즉 이 몸과 마음의 작용이 알고 보면, 죽음을 초래하는 작용인 동시에 악행을 조장하는 요인이므로, 오온 그 자체를 마로 본 것이며, 번뇌마는 마음을 휘어잡는 역적이므로 마라 부르고, 천마는 욕계 6천의 마왕 즉 타화자재천왕(他化自在天王)을 말합니다.

이 천은 욕심이 지배하는 세계 가운데서는 최고의 천(天)인 동시에, 이 마왕은 욕망을 근본으로 하여 남이 지어 놓은 복을 자기 것으로 만들어 욕락화하고 있기 때문입니다. 그런데 염불을 한다는 것은 곧 항마성도를 목적하기 때문에, 자기의 권속이 줄어지게 되므로 천마가 놀래고 두려워하기 마련입니다. 석가여래께서 공부하실 때도 이 마군이가 나타나서 아주 고전을 하신 일이 있습니다. 부처님께서 산골짜기에 들어가 공부하실 때 마군은 이렇게 유혹했습니다.

"홀로 빈 곳에 들어가 생각에 잠겨 이미 나라와 재보를 버렸으니 이제 또 무엇을 구하느냐. 사람 많은 곳의 이익을 구한다면 어찌하여 사람을 가까이 하지 않느냐."

그때 부처님께서 이렇게 대답했습니다.

"이미 큰 재리(財利)를 얻었으니 뜻이 족하고 다른 뜻이 없다. 마군을 무너뜨려 색욕에 집착하지 않고 홀로 명상에 잠겨 선(禪)의 묘한 약을 먹는다. 이로 인해 수선을 떨며 사람을 접근하는 일이 없다."

또 부처님께서 마왕에게 포교하려 하자,

"고오다마야, 네가 얻은 열반의 길은 독선무위의 길인데 무엇 때문에 사람을 가르치려 하느냐."

하고 말리자, 부처님은

"마의 지배를 받음이 없이 와서 피안가는 길을 물으면 내 바른 대답으로 그에게 열반을 얻게 하리라."

하였습니다. 이때 마왕이 '두렵고 놀랍다' 하면서 도망쳤습니다.

셋째번의 '성변시방'은 온 세계에 그의 소리가 울려 퍼진다는 말입니다. 이것은 염불자의 말만이 아니고 모든 소리가 우주에 꽉 차 파도치고 있습니다. 이것을 기계로 잡아낸 것이 라디오며 텔레비젼입니다. 사람의 소리는 적당이 움직이면 커지고 굵어지게 되어 있습니다. 이 굵은 소리가 맑고 맑게 메아리치면 지옥·아귀·축생의 세계에서 고통 받던 중생들이, 그 소리를 듣고 잠깐 동안이라도 휴식을 취하게 되어 고통을 느끼지 않는다는 것입니다. 마치 지루한 여행 중에 녹음테이프를 듣는 식입니다.

네 번째의 '삼도식고'는 만일 그것이 듣는 자의 마음을 깊이 경각시키면, 자신의 고보(苦報)를 벗을만한 업력을 발심하게 되므로 '삼도식고'가 되는 것입니다.

다섯 번째의 '외성불입'으로 소리와 소리가 연달아서 안과 밖에 찬다면, 이 사람의 귀에는 염불소리 밖에 다른 소리가 들어올 수 없습니다. 그래서 '외성불입'입니다. 만일 외성이 불입할 정도로 정신이 일도경에 든다면, 그는 필히 염심이 흩어지지 않아 삼매를 형성하게 될 것이며, 삼매가 현전하면 곧 용맹정진이 되어서 시방세계 모든 불·보살을 친히 뵙게 되어, 그들의 환희를 사고 그대로 정토에 왕생할 수 있으므로, 염신불산·용맹정진·제불환희·삼매현전·왕생정토의 공덕을 성취할 수 있다고 한 것입니다.

옛날 이광수씨가 깊은 신앙에 빠져 염불하고 있으니 도박을 즐기는 친구들이 물었습니다.

"선생님은 지난번에는 하느님에 미쳐 있더니 이번에는 부처님께 미쳤구면."

라고 하니,

"자네들 말 잘했네. 도박에 빠져서 잃을까 딸까 하고 가슴조이는 것보다는, 부처님을 생각하면서 평화롭게 미소 지으면, 그동안이라도 극락수용을 하는 것이 아니겠는가."

라고 하였습니다. 죽은 뒤에 천당가고 지옥가는 것은 그만두더라도, 우선 마음 속에 무엇을 생각하고 있느냐에 따라, 그 사람의 세계는 항시 변해가고 있는 것입니다. 만일 이 생각이 계속하여 일거일동이 대경부동(對境不動)하고 삼매현전(三昧現前)한다면 어찌 제불이 칭찬하지 않으며, 일상생활이 그대로 정토 생활이 되지 않겠습니까. 이러므로 염불의 공덕은 위대한 것입니다.

그러면 염불을 어떤 방법으로 하는 것이 좋겠습니까. 이제 옛 사람들의 체험을 낱낱이 살펴보며 음미해 보기로 하겠습니다.


## 2. 청산첩첩미타굴(靑山疊疊彌陀窟)


첩첩한 청산이 아미타불의 집이고, 망망한 창해가 적멸궁인줄 알고, 일과 이치에 걸림없이 대하면 소나무 정자에서 붉은 학 머리를 보리라고 하였습니다. 이것을 시로 형성한 것이,

〔원문〕 청산첩첩미타굴(靑山疊疊彌陀窟)
　　　　 창해망망적멸궁(蒼海茫茫寂滅宮)
　　　　 물물염래무가애(物物拈來無罣碍)
　　　　 기간송정학두홍(幾看松亭鶴頭紅)

〔역문〕 깊고깊은 푸른산은 아미타불 전당이요
　　　 넓고넓은 푸른바다 부처님의 궁전일세
　　　 물과물을 잡아옴에 걸림없이 대한다면
　　　 푸른숲— 정자에서 붉은학을 보리로다

입니다. 또,

〔원문〕 극락당전만월용(極樂堂前滿月容)
　　　 옥호금색조허공(玉毫金色照虛空)
　　　 약인일념칭명호(若人一念稱名號)
　　　 경각원성무량공(頃刻圓成無量功)

〔역문〕 극락세계 아미타불 십오둥근 달빛이요
　　　 백호금빛 찬란한몸 우주비쳐 끝이없네
　　　 누구든지 일념으로 그이름을 부르면은
　　　 잠깐사이 깨달아서 무량공을 이룬다네

하는 시입니다. 극락당전에는 둥근달처럼 금빛찬란한 몸매를 가지고,
미간의 백호에서 쏟아지는 광명으로 온 우주를 비추시는 아미타불의 위
대한 상호를 관하면서, 한 생각으로 염불하면 잠깐 사이에 깨달음을 얻
어서 한량없는 공을 이루리라는 말입니다.

앞의 시는 자연을 그대로 미타굴로 보고 염불하는 것이고, 뒤의 시는
미타의 원만한 상호를 관하면서 염불하는 것입니다. 그런데 다음 시는
자신의 초라한 모습을 관하면서 염불하는 것입니다.

〔원문〕　삼계유여급정륜(三界猶如汲井輪)
　　　　　백천만겁역미진(百千萬劫歷微塵)
　　　　　차신불향금생도(此身不向今生度)
　　　　　갱대하생도차신(更待何生度此身)


〔역문〕　삼계고해 윤회하기 물도르레 돌듯하며
　　　　　백겁천겁 수만겁을 끝이없이 돌고도네
　　　　　이생에서 이몸으로 성불하지 못한다면
　　　　　어느때를 기다려서 이몸제도 하오리까

　하는 시입니다. 참으로 뼛골에 스며드는 경각의 시입니다. 많은 사람들이 이미 도를 불법 가운데서 얻어 해탈하였는데, 이 몸은 어찌하여 아직도 이 괴로움 속에서 헤매고 있습니까. 시작없는 옛적부터 오늘에 이르기까지 깨달음을 등지고 번뇌에 합하고 우치에 타락하여, 항상 여러 가지 악을 지으므로 3도 고에 떨어지고, 또 착한 일이라곤 티눈만큼도 할 줄 모르니 4생의 업해에 떨어질 것은 정한 이치입니다.
　몸은 6적(賊)을 따르므로 혹 악취에 떨어지면 그 고통이 말로 형용할 수 없고, 마음은 일승(一乘)을 등지므로 혹 사람으로 태어나도, 부처님 전이나 후에 나서 부처님을 친히 뵙지 못합니다. 그러니 부처님 당시에 낳다고 해도, 불법을 좋아하고 믿지 않는다면 무슨 소용이 있으며, 부처님 후에 낳다고 하더라도 불법을 좋아하고 믿으면 무슨 잘못된 일이 있겠습니까만, 그나마 사람 몸을 받아 가지고도, 이 몸을 제도하기는커녕 이 몸을 더욱 학대하면 얻을 것이 있겠습니까. 돌이켜 생각해 보십시오.
　그러니 두 손을 모으고 고난 속에서 해탈을 하여 고난의 중생을 건지시는 부처님을 찬탄하며 따라가 보십시오.

## 3. 찬불만행(讚佛萬行)

그러면 어떻게 부처님을 찬탄해야 합니까. 찬불가를 부르면서 부처님
의 만행을 받아 실천하면 됩니다.

〔원문〕 천상천하무여불(天上天下無如佛)
시방세계역무비(十方世界亦無比)
세간소유아진견(世間所有我盡見)
일체무유여불자(一切無有如佛者)

찰진심념가수지(刹塵心念可數知)
대해중수가음진(大海中水可飮盡)
허공가량풍가계(虛空可量風可繫)
무능진설불공덕(無能盡說佛功德)

〔역문〕 하늘이나 땅에서나 오직홀로 높으신이
시방세계 다보아도 비교할자 가이없네
일체세간 모든 것을 남김없이 살펴봐도
우리부처 세존만큼 거룩한이 없으시네

온세계의 티끌들을 남김없이 헤어알고
바다속의 많은물을 남김없이 다마시고
허공세계 가늠하고 부는바람 묶은자도
부처님의 공덕만은 다말하지 못한다네

이것이 찬불가입니다. 이것은 부처님 당시부터 아니 석가부처님이 나

시기 훨씬 이전부터, 모든 부처님께 다 통하는 찬불가입니다.

앞의 시는 부처님의 위대성을 찬탄한 것이고, 뒤의 시는 부처님의 넓고 큰 공덕을 찬탄한 시입니다. 임을 그리는 자는 임을 만나게 됩니다. 그리고 사심없이 임을 찬탄하는 이는 반드시 임의 찬탄하는 바가 될 수 있습니다.

부처님은 일체의 허위를 떠난 자, 일체의 지혜를 얻은 자, 마땅히 알아야 할 모든 것을 알아 깨닫고 무지의 잠에서 깨어난 자입니다. 그래서 그는 참된 사람이 되었고, 지혜로운 사람이 되었고, 따뜻한 사람이 되었고, 밝은 사람이 되었습니다. 어두운 세상에 밝은 빛이 되고, 차가운 세상에 따뜻한 그릇이 되고, 어리석은 세상에 지혜의 등이 되고, 거짓된 세상에 진실의 수레가 된 자, 이보다도 더 귀하고 높은 자가 어디 있겠습니까.

그래서 그는 진리로부터 와서 진리에서 사는 거룩한 성자로서, 마땅히 모든 사람들로부터 공경과 예찬을 받을만한 자가 되었기 때문에, 부처님을 여래(如來)·응공(應供)·정변지(正徧知)·명행족(明行足)·선서(善逝)·세간해(世間解)·무상사(無上士)·조어장부(調御丈夫)·천인사(天人師)·불·(佛)·세존(世尊)이라 부르는 것입니다. 사람 되기 어려운데 사람이 되었고, 사람 된 가운데서도 밝은 사람이 되었습니다. 그런데 그 가운데서도 불법을 만나 부처님을 뵙게 되었으니 얼마나 다행한 일입니까.

부처님은 모든 유정이 가지는 사견과 악습을 타파한 청정진실인인 동시에, 모든 사물의 원인과 결과를 밝게 아는 지혜인으로서, 남을 위해 돕고 헌신하는 교육자이자 정의의 구현자입니다. 이러한 공덕자를 공경하는 것은 불자의 당연한 권리고 의무입니다. 불자는 이러한 찬양자 공경자를 통해서 그의 이와 같은 공덕을 실천하는 아들 딸들이 되어야 하기 때문입니다.

그러면 어떻게 그의 은혜를 보답하여야 합니까. 물론 그것은 그가 생

을 통해 갈망했던 가장 소중한 일을 우리가 실천함으로써, 그의 은혜에
털끝만큼이라도 보답을 해야할 것입니다. 그의 간절한 소망은, 진리가
이 세상에 널리 드날려 어리석음이 빛을 보지 못하도록 하는 것입니다.
그러기 때문에 전법게(傳法偈)에,

〔원문〕  가사정대경진겁(假使頂戴經塵劫)
　　　　　신위상좌변삼천(身爲牀座徧三千)
　　　　　약불전법도중생(若不傳法度衆生)
　　　　　필경무능보은자(畢竟無能報恩者)

〔역문〕  가사경을 높이이고 티끌겁을 경유하고
　　　　　이몸으로 법상지어 대천세계 다덮어도
　　　　　부처님법 전치않고 중생제도 아니하면
　　　　　어떻게도 부처님은 갚을길이 가이없네

　라고 한 시입니다. 그러니 부처님의 은혜를 갚는 것은 법을 전하는 것
만한 것이 없습니다. 법을 전할 때도 입으로만 전하는 것이 아니라, 몸
과 말로 함께 전해야 하기 때문에 그 다음 게송으로,

〔원문〕  아차보현수승행(我此普賢殊勝行)
　　　　　무변승복개회향(無邊勝福皆回向)
　　　　　보원침익제중생(普願沈溺諸衆生)
　　　　　속왕무량광불찰(速往無量光佛刹)

〔역문〕  내가이제 보현보살 거룩하신 행원으로
　　　　　가이없고 끝이없는 드높은복 회향하고

고통에든 모든중생 빠짐없이 구제하여
아미타불 극락국토 속히왕생 하고지고


보현보살의 열 가지 위대한 행원을 본받아서 무변한 복을 짓고, 그 복을 다시 일체 중생에게 돌려 고통에 빠져있는 모든 중생을 건져, 극락세계의 아미타불 곁으로 보내는 것이 곧 부처님의 은혜를 갚는 것이라는 것입니다. 왜냐하면 천당세계도 태어나면 복진이 타락하고, 지상세계는 더구나 윤회의 고통이 빈번하지만 극락세계만은 타락의 소지가 없기 때문입니다.

그리고 모든 중생들에게 미타심을 개발하는 방법을 가르치고, 보신(報身)·화신(化身)의 모든 형상이 진짜가 아니라 가짜이며, 오직 법신(法身)만이 영원한 진리라는 사실을 일깨워 주라는 것입니다. 미타의 불심을 일깨우는 방법에는 매우 좋은 시가 있습니다.


〔원문〕 아미타불재하방(阿彌陀佛在何方)
　　　　착득심두절막망(着得心頭切莫忘)
　　　　염도념궁무념처(念到念窮無念處)
　　　　육문상방자금광(六門常放紫金光)


〔역문〕 아미타— 부처님이 어느곳에 계신가를
　　　　마음속에 꼭붙들어 잊지말고 생각하되
　　　　생각생각 지극하여 무념처에 이르르면
　　　　눈귀코혀 몸뜻에서 자금광을 발한다네


이 시는 나옹스님이 그의 누님을 위해 지은 시라 전합니다.
나옹스님의 누님은 매우 호걸이었습니다. 절에 와서도 농담을 잘하고 놀기를 좋아했습니다. 사람들이 공부는 않고 잔소리만 많이 한다고 나무라면, '내 동생이 도인인데 발목잡고 올라가면 되지 무슨 걱정이냐' 하고 쏘아댔습니다.

이 말을 들은 나옹스님은 시자에게 시켜서 저녁밥을 드리지 말라고 하였습니다. 저녁공양이 끝나고 나옹스님은 태연한 자세로 누님에게 갔습니다.

"누님 배부르십니까."

"밥은 자네가 먹고 내 배가 어떻게 부르겠는가."

"염불은 내가 하는데 누님이 어떻게 극락에 가십니까."

그때야 누님은 크게 깨닫고 "먹는 것도 각각이고 입는 것도 각각이듯, 염불도 각각이고 극락도 각각이네" 하며, "어떤 방법으로 염불을 하여야 극락세계 갈 수 있는가"라고 물었다는 것입니다. 그때 나옹스님이 이 시를 읊어 "아미타불 어느 곳에 계신가를 마음 속에 꼭 붙들어서 간절히 잊지 마십시오. 생각생각이 생각 없는데 이르면 눈·귀·코·혀·몸·뜻 여섯 군데서 자금광이 날 것입니다"고 하였다는 것입니다.

누님은 그 소리를 듣고 깨달음을 얻고,

〔원문〕　생종하처래(生從何處來)
　　　　　사향하처거(死向何處去)
　　　　　생야일편부운기(生也一片浮雲起)
　　　　　사야일편부운멸(死也一片浮雲滅)
　　　　　부운자체본무실(浮雲自體本無實)
　　　　　생사거래역여연(生死去來亦如然)
　　　　　독유일물상독로(獨有一物常獨露)
　　　　　담연불수어생사(湛然不隨於生死)

〔역문〕 나는 것은 어느 곳으로부터 오고
　　　　죽어서는 어느 곳으로 가는가.
　　　　나는 것은 한 조각 구름이 이는 것 같고
　　　　죽는 것은 한 조각 구름이 멸하는 것 같도다.
　　　　뜬구름은 본래부터 실다움이 없듯
　　　　나고 죽고 가고 옴도 또한 그러하다네.
　　　　그러나 여기 한 물건 항상 빛나는 것 있으니
　　　　담연하여 이것만은 생사를 따르지 않는다네.

　라고 한 시입니다. 아주 멋있는 시입니다. 간단명료하여 인생과 불성
의 원리를 잘 들어내 보인 시입니다.
　그러기 때문에 그 다음 게송은 독유일물상독로(獨有一物常獨露)한 법
신의 그 당체를 들어내 보여주기 위하여 법신송을 소개한 것입니다.

〔원문〕 보화비진료망연(報化非眞了妄緣)
　　　　법신청정광무변(法身淸淨廣無邊)
　　　　천강유수천강월(千江有水千江月)
　　　　만리무운만리천(萬里無雲萬里天)

〔역문〕 보신화신 부처님은 진짜부처 아니시고
　　　　법신만이 청정하여 영원무궁 하느니라
　　　　천강에 물 있으면 천강에 달이 뜨고
　　　　만리에 구름없으면 만리가 하늘이라.

　이것이 법신송(法身頌)입니다. 눈으로 볼 수 있는 모든 것 마음으로
헤아릴 수 있는 모든 것은 진짜가 아닙니다. 망연(妄緣)에 의하여 나타
난 것입니다. 그러므로 그것은 변하는 것이고, 흩어지는 것입니다. 만일

이 망연이 가시면 진짜 달이 허공에 들어날 것입니다. 그러니 기도하여 부처를 보지 못할까 걱정말고 소원성취 못할까 걱정할 것 없습니다. 산이 높으면 메아리가 크고 그림자가 크면 실물도 크듯 감응도교(感應道交)는 영향상종(影響相從)입니다.

어찌 하다가 무변광대한 법신을 증득하면, 그 증득한 것에 만족하여 빠지지 말고, 법계의 모든 중생이 모두 함께 미타의 대원해에 들어가 불도를 이루도록 발원해야 합니다.

그러므로 끝에 회향송(迴向頌)을 붙였습니다.

〔원문〕　원공법계제중생(願共法界諸衆生)
　　　　　동입미타대원해(同入彌陀大願海)
　　　　　진미래제도중생(盡未來際度衆生)
　　　　　자타일시성불도(自他一時成佛道)

〔역문〕　원하노니 법계있는 모든중생 중생들이
　　　　　모두함께 아미타불 대원해에 들어가서
　　　　　미래세가 다하도록 무량중생 제도하여
　　　　　너나없이 모두같이 함께성불 하여지다.

라고 한 시입니다. 이로써 장엄염불의 몇 가지 게송은 일단락 되었습니다. 여기 저기 흩어져 있는 게송들을 뜻을 부쳐, 미타의 대원해에 들수 있도록 장엄해 놓은 것이 이들 게송입니다. 시란 거짓없는 인간의 청정무구한 마음을 말 속에 꾸며 펼쳐놓은 구슬이므로, 이렇게 아름답고 간절한 것입니다. 그래서 시인이 없는 세계는 황량한 사막과 같다고 하는데, 광막한 사막에 오아시스를 장엄한 이 불교시(佛敎詩)들은, 더욱 부처님의 마음을 허공에 들어낸 듯 밝고 아름답기 그지없습니다.

# 제6강 극락세계의 보화신

## 1. 백억미타(百億彌陀)

〔원문〕 "나무서방정토 극락세계 삼십육만억 일십일만
구천오백 동명동호 대자대비 아미타불"
"南無西方淨土 極樂世界 三十六萬億 一十一萬
九千五百 同名同號 大慈大悲 阿彌陀佛"

"나무서방정토 극락세계 불신장광 상호무변 금색광명 변조법계 사십
팔원 도탈중생 불가설 불가설전 불가설 항하사 불찰미진수 도마죽위 무
한극수 삼백육십만억 일십이만 구천오백 동명동호 대자대비 아등도사
금색여래 아미타불"
"南無西方淨土 極樂世界 佛身長廣 相好無邊 金色光明 遍照法界 四十
八願 度脫衆生 不可說 不可說轉 不可說 恒河沙 佛刹微塵數 稻麻竹葦 無
限極數 三百六十萬億 一十一萬 九千五百 同名同號 大慈大悲 我等導師
金色如來 阿彌陀佛"

〔역문〕 서방정토 극락세계에 계신 36만억 1십1만9천5백 동명
동호 대자대비 아미타부처님께 예배합니다.

서방정토 극락세계 몸이 크고 웅장하며 상호 또한 원만하고 거룩한
상호에 금색광명으로 법계를 비추시며, 48원 원력으로 중생을 제도하고
형용할 수 없는 많은 간디스강 모래 같은 무량세계를 부서 만든 벼와 삼

과 갈대같이 헤아릴 수 없는 수의 3백6십만억 1십1만9천5백 동명동호 대자대비 부처님들, 저희들의 스승이신 금빛광명 아미타 부처님께 예배합니다.

　이것은 아미타불 원력으로 나타난 아미타불의 보·화신(報·化身)에 귀의하는 예불문입니다. 숫자를 나타내다 보니까 3백6십만억 1십1만9천5백 동명동호 아미타불이 되었습니다만 3백6십만억 1십1만만 되겠습니까. 머리카락 하나 가운데도 8만 4천의 생명체가 들어 있고, 물 한방울 가운데도 무구한 생명이 들어있다고 합니다. 1센티미터의 1억조분의 1을 1광자(光子)라 하고, 이 광자와 광자들의 집적된 상태가 이 몸이고 이 세계입니다. 숨 한 번 들이쉬는 데도 천백억 개의 부처님을 들어 마셨다 내놓고, 눈 한 번 깜짝하는 데도 천백억의 세계를 갈무렸다 폈다 하는 실정입니다. 그러니 알고 보면 침뱉는 곳이 없고 오줌 쌀 곳이 없습니다.

　부처와 부처가 서로 상통하고 있고, 보살과 보살이 함께 손을 맞잡고 있습니다. 왜냐하면 하나 속에 전체가, 전체 속에 하나가 서로 융통자재하고 있기 때문입니다. 법계는 작으나 크나 생명의 원리를 똑같이 가지고 있으니, 6진(塵) 10법계(法界)에 백억 세계를 곱한 것이 3백6십만억이고, 9유(類)에 25지(地) 5상(相)의 세계를 합한 것이 1십1만9천5백 동명동호의 미타가 됩니다. 한 생각 미진(未盡)하면 부처가 곧 중생이 되고, 한 생각 투철하면 중생이 곧 부처가 되기 때문입니다.

　9유의 중생이란 ≪금강경≫에 이른바 태·난·습·화(胎·卵·濕·化) 4생에 유색(有色)·무색(無色)·유상(有想)·무상(無相)·비유상(非有想)비무상(非無想)을 말하고, 25지는 이들 3계 9유 중생들이 사는 세계를 모두 25로 나눈 것이니, 지옥·아귀·축생·수라의 4악취와 동·서·남·북의 인(人) 4주, 지국·증장·광목·다문의 4왕천, 도리·야마·도솔

·화락·타화자재의 6욕천을 통틀어서 5취잡거지(趣雜居地)라 하고, 색계 초선을 이생희락지(離生喜樂地), 2선천을 정생희락지(定生喜樂地), 3선천을 이희묘락지(離喜妙樂地), 4선천을 사념청정지(捨念淸淨地), 그리고 무색계 4천은 각기 1지씩을 형성하여 공무변처지(空無邊處地), 식무변처지(識無邊處地), 무소유처지(無所有處地), 비상비비상처지(非想非非想處地)가 그것이며, 5상은 이들 모든 세계에는 5쇠(衰) 현상이 나타나 반드시 고과(苦果)를 형성하게 된다는 것입니다.

가령 천인에겐 ① 옷이 더러워지고, ② 꽃이 시들고, ③ 겨드랑이에서 땀이 나고, ④ 몸에서 냄새가 나고, ⑤ 제자리에 즐거움을 느끼지 못하는 현상이 생기는데, 이 5쇠상에 의하여 ① 보리심을 통달하게 되고(通達菩提心) ② 보리심을 수양하게 되고(修菩提心) ③ 금강심을 이루고(成金剛心), ④ 금강신을 증하고(證金剛身), ⑤ 원만한 불신을 성취한다(成就佛心圓滿)는 것입니다.

그러므로 3십6만억 1십1만 9천5백 동명동호는 그 모습과 형상 처지는 각각 달라도 모든 중생들이 다같이 하나의 불성을 머금고 있기 때문에 개개장부(個個丈夫)라 언젠가는 이 미타의 화상에서 미타의 화현으로 나타나 미타의 행을 실천하게 된다는 예증(預證)이 되고, 또 현재 미타의 일신상에 나타난 무량불의 자비현상을 글로 표현한 것이기도 합니다. 극락세계에는 이같은 많은 부처님들이 불신 그대로를 들어내 보이고 있는데, 그 상호는 모두 10상(相)을 다 갖추고 있다고 합니다.

## 2. 미타 10상(彌陀十相)

미타 10상이란 다음과 같습니다.

〔원문〕 나무무견정상상 아미타불(南無無見頂上相 阿彌陀佛)
　　　　나무정상육계상 아미타불(南無頂上肉髻相 阿彌陀佛)
　　　　나무발감유리상 아미타불(南無髮紺琉璃相 阿彌陀佛)
　　　　나무미간백호상 아미타불(南無眉間白毫相 阿彌陀佛)
　　　　나무미세수양상 아미타불(南無眉細垂楊相 阿彌陀佛)
　　　　나무안목청정상 아미타불(南無眼目淸淨相 阿彌陀佛)
　　　　나무이문제성상 아미타불(南無耳聞諸聖相 阿彌陀佛)
　　　　나무비고원직상 아미타불(南無鼻高圓直相 阿彌陀佛)
　　　　나무설대법나상 아미타불(南無舌大法螺相 阿彌陀佛)
　　　　나무신색진금상 아미타불(南無身色眞金相 阿彌陀佛)

〔역문〕 정상을 볼 수 없는 아미타 부처님께 귀의합니다.
　　　　육계상을 갖추신 아미타 부처님께 귀의합니다.
　　　　감유리색 머리를 가지신 아미타 부처님께 귀의합니다.
　　　　미간에 백호상을 구족하신 아미타 부처님께 귀의합니다.
　　　　부드러운 눈썹을 가지신 아미타 부처님께 귀의합니다.
　　　　맑고 깨끗한 눈을 가지신 아미타 부처님께 귀의합니다.
　　　　거룩한 귀를 가지신 아미타 부처님께 귀의합니다.
　　　　둥글고 높은 바른 코를 가지신 아미타 부처님께 귀의합니다.
　　　　소라같은 넓고 큰 혀를 가지신 아미타 부처님께 귀의합니다.
　　　　진금색의 몸을 가지신 아미타 부처님께 귀의합니다.

이것을 보면 아미타불이 어떻게 기형적인 인간이 아닌가 생각하실는지 모르겠습니다. 그러나 이것은 나타난 현상도 현상이려니와 그 내용이 더욱 중요합니다. 사람의 인품을 점칠 때는 누구나 첫째는 인상, 둘째는 언어, 셋째는 행동을 보기 마련인데, 첫인상이 좋은 것만으로도 그의 인품은 충분히 가늠할 수 있습니다. 그런데 아미타불의 첫인상을 지금 여기서는 열 가지로 구분해 놓았는데,

첫째, 이마가 높고 넓은 것이고,
둘째, 육계가 있는 것이며,
셋째, 감색유리색 머리칼을 가진 것이고,
넷째, 백호상이 있는 것이며,
다섯째, 눈썹이 고운 것이고,
여섯째, 눈이 맑고 깨끗한 것이며,
일곱째, 귀가 잘 생긴 것이고,
여덟째, 코가 둥글고 높고 곧게 생긴 것이며,
아홉째, 혀가 넓고 큰 것이고,
열째, 금색신을 가지신 것입니다.

관상가들은 좁은 이마는 조상의 덕이 없다 하는데, 그 이유를 ≪인과경≫에서 보면 윗사람을 섬기는 덕이 부족했기 때문이라 하였습니다. 높은 이마가 보이지 않을 정도로 넓고 높다는 것은, 다른 사람들이 상상할 수 없을 정도로 상공(上恭)의 덕을 쌓은 분이라 할 수 있는 것입니다.

육계상은 어쩌면 기형적으로 느껴질는지 모르지만, 육계가 두드러진 사람은 대뇌가 발달함으로써 총명 예지한다는 것입니다. 대수학자나 공학자 또는 훌륭한 사람치고 육계상을 나투지 않는 자가 드뭅니다.

그리고 자색의 유리처럼 맑고 깨끗한 머리를 갖추었다고 하는 것은, 감

발미인(紺髮美人)이라는 언어가 증명하듯, 건강하고 생명력이 있는 인간 상을 나타낸 것입니다. 또 미간 백호상은 앞에서 설명한 바같이 발달된 인피질의 현상으로서, 바르고 참된 인격의 소산이며, 자비광명의 소산이므로 대종교인이나 성상(聖相)이 아니고는 찾아보기 힘든 상호입니다.

눈썹은 그 인품의 표적입니다. 관상가들은 형제 가족의 상을 눈썹에서 가려보고 있지만, 얼굴 표정의 자세에 따라 눈썹은 달라집니다. 무술가는 늘 총칼을 휘두르며 눈을 치켜뜨고 흘려보기 때문에, 눈썹 위가 누에처럼 꿈틀거리지만, 학자는 늘 성현의 글을 존중히 대하므로 부드럽고 미세하게 된다고 하였습니다. 아미타불의 '미세수양상'은 무인보다는 문인적 형상을 잘 나타내고 있다고 보아야 합니다.

그리고 눈은 창입니다. 창이 맑아야 우주를 바로 볼 수 있게 됩니다. 그런데 아미타불의 눈은 감청색의 눈을 가졌으니 더 말할 것 없습니다. 또 한의사들은 눈의 기는 5장이 튼튼하다는 증거라고 말하고 있습니다. 아무리 똑똑히 잘난 사람도 병객이 되면 폐물이 됩니다.

귀도 마찬가지입니다. 귀가 크면 복이 많다고 하지요. 남의 말을 잘 듣고 이해할 수 있는 것이 곧 귀이기 때문입니다. 현대의학에서는 귀의 크고 작음에 따라 소뇌의 발달을 측정하고 있으며, 귀문의 크고 작은 것에 따라 고집의 여부를 판가름하기도 합니다. 성인이란 다른 것이 아닙니다. 성인 성자(聖字)가 의미하듯 다른 사람의 말을 잘 듣고(耳) 말을 바르게 하여(口) 임금님(王)처럼 복된 일을 하게 하는 이입니다.

코는 칠성(七星)의 조상입니다. 사람은 누구나 일곱 개의 별을 가지고 있습니다. 두 눈·두 귀·두 코· 한 입, 그래서 나면서부터 칠성판을 짊어지고 나온다 하지 않습니까. 이 칠성판 가운데 중앙판이 코인데 코는 호흡기의 순환을 따라 원만 장대하게 형성되기도 하지만, 소인배들처럼 호흡을 졸작(拙作)하고 화를 잘 내며 찌그리면 아미타불처럼 고원직(高圓直)의 비상(鼻相)을 갖추지 못하게 되어 있습니다.

또 음성은 맑고 깨끗하며 멀리 울려 퍼져야 합니다. 웅변의 제일 요건은 음성입니다. 그 사람의 인품이 내시적이냐 아니면 제왕적이냐·간신적이냐·충신적이냐 하는 것은 한 가지 음성만으로도 충분히 이해할 수 있다고 하였습니다. 부처님의 혀는 소라처럼 넓고 길었으므로, 음성이 나팔 소리처럼 멀리 울려 퍼져 늘 대장부 소리가 났다는 것입니다. 어리석은 졸장부들은 그의 상호를 따라 잘못을 시정하기도 하였지만 부드럽고 웅장한 부처님의 자비성이 나올 때 더욱 큰 감화를 받았다는 것입니다.

그리고 그 위대한 황금빛의 상호, 아무리 잘났다 해도 흑인들은 좀 이상해 보이지 않습니까. 송미령 여사가 미국에 갔다가 콧대 높은 백인들에게 업신여김을 당하게 되자, '하느님께서 처음 사람을 만들어 굽는데, 처음에는 모르고 불을 때다 보니 새카맣게 되었고, 다음에는 겁이 나서 너무 적게 떼다보니, 백인이 되었는데 알맞게 잘 구어 만든 것이 황인종이다'고 하였습니다. 역시 알맞은 황금색은 모든 색의 선망이 되는 것 같습니다. 그리하여 한국의 미스코리아를 뽑을 때 처음에는 서양식으로 측정하여 여러 가지로 균형을 맞추어 보았으나 맞지 않아 고민하다가, 결국에는 동양적인 미의 극치인 석굴암 본존불과, 11면관세음보살과, 백제 미륵반가상을, 한국적 미의 상징으로 모델화 하게 된 것입니다.

심상은 관상(心相卽觀相)입니다. 마음 속에 먹은 것이 겉 현상에 그대로 나타나게 되어 있으니, 위대한 상호를 갖추려거든 마음씨를 잘 써야 합니다. 사주관상이 다른 것에서 난 것이 아니고, 기후 풍토에 잘 적응하는 인간의 생리를 기후학상에서 측정한 것입니다. 저기압 고기압이 허공에 나르는 공기에만 있는 것이 아니고, 흰구름 먹구름이 하늘 위에만 나르고 있는 것이 아닙니다. 푸른 구름 나르는 곳에 인간의 희망이 있고 맑은 공기 있는 곳에 건강이 있습니다. 우리 부처님의 위대한 열 가지 상호가 그 분의 전유물이 아닌 이상, 우리는 다같이 그 모델을 본받아서 위대한 아미타불의 복혜구족한 상호를 갖추도록 노력해야 되겠습니다.

## 3. 귀의보살(歸依菩薩)

아미타불의 위대한 상호를 갖추는데 반드시 겪어야 할 단계가 있습니다. 그것이 바로 보살의 단계입니다. 그래서 여기서는 아홉 분의 거룩하신 보살님을 대표로 세워서, 그를 보면서 보보등단(步步登壇)할 것을 가르치고 있습니다. 아홉 분의 보살님 명호는 다음과 같습니다.

〔원문〕 나무문수보살(南無文殊菩薩)
　　　　 나무보현보살(南無普賢菩薩)
　　　　 나무관세음보살(南無觀世音菩薩)
　　　　 나무대세지보살(南無大勢至菩薩)
　　　　 나무금강장보살(南無金剛藏菩薩)
　　　　 나무제장애보살(南無除障碍菩薩)
　　　　 나무미륵보살(南無彌勒菩薩)
　　　　 나무지장보살(南無地藏菩薩)
　　　　 나무일체청정대해중보살마하살(南無一切淸淨大海衆菩薩摩訶薩)

　　　　 원공법계제중생(願共法界諸衆生)
　　　　 동입미타대원해(同入彌陀大願海)

〔역문〕 문수보살님께 귀의합니다.
　　　　 보현보살님께 귀의합니다.
　　　　 관세음보살님께 귀의합니다.
　　　　 대세지보살님께 귀의합니다.
　　　　 금강장보살님께 귀의합니다.
　　　　 제장애보살님께 귀의합니다.

미륵보살님께 귀의합니다.
지장보살님께 귀의합니다.
일체 청정 대해중보살님께 귀의합니다.

한가지로 원하오니 법계있는 모든 중생을
모두함께 아미타불 대원해에 들게 하옵소서.

이것은 아홉 보살의 명호입니다. 이름은 아홉이지만 따지고 보면 한 미타(彌陀)는 분신(分身)이고, 화신(化身)입니다. 문수는 미타의 지혜의 화신이고, 보현은 행원의 화신이며, 관세음은 자비의 화신이고, 대세지는 희사(喜捨)의 화신이며, 금강장은 의지의 화신이고, 제장애는 용맹의 화신이며, 미륵은 자선의 화신이고, 지장은 구원의 화신이며, 대해중은 무진한 보덕의 화신입니다. 이름은 천이나 모양은 하나이고 행은 만이지만 본원은 둘이 아닙니다. 모든 보살의 행과 원은 각기 달라도 그 행과 원은 결국 법계의 모든 중생을 다같이 미타의 대원해에 들게 하는데 있으므로 '원공법계제중생 동입미타대원해'라 한 것입니다.

시방삼세에 부처님도 많고 보살님도 많지만, 알고 보면 결국 일불석가의 화신이요 일 분신이며, 사바세계에 중생이 천백억이 넘지만 결국 알고 보면 한 법 다르마(達磨)의 실상 그대로입니다. 잘났다고 너무 뽐낼 것도 없고 못났다고 실망할 것도 없습니다. 낮기 때문에 높아질 수 있는 것이고, 높기 때문에 낮아질 수 있는 것이니 고·저, 장·단이 모두 일시의 승·강(昇·降), 고·저(高·底)에 달려 있기에 중생의 본성을 명에한 미타를 시방삼세에 제일 거룩한 부처님으로 본 것입니다.

〔원문〕 시방삼세불(十方三世佛)  아미타제일(阿彌陀第一)
구품도중생(九品度衆生)  위덕무궁극(威德無窮極)

아금대귀의(我今大歸依)　참회삼업죄(懺悔三業罪)
범유제복선(凡有諸福善)　지심용회향(至心用回向)
원동념불인(願同念佛人)　진생극락국(盡生極樂國)
견불료생사(見佛了生死)　여불도일체(如佛度一切)

〔역문〕　시방삼세 부처님중 제일가는 아미타불
　　　　구품으로 중생제도 위덕또한 무극하네
　　　　내가이제 귀의하여 삼업죄를 참회하고
　　　　모든복과 선행모아 지심으로 회향하니
　　　　염불하는 모든사람 모두함께 극락가서
　　　　부처뵙고 생사마쳐 중생제도 같이하리

　둘로 나눌래야 나눌 수 없는 부처, 오직 하나이면서 전체에 다 통하지 아니함이 없는 부처님이 마음 부처, 곧 무량수이고 무량광인 아미타불입니다. 시방삼세엔 부처님도 많지만 아미타불처럼 위대한 원력을 가지고, 훌륭한 국토를 건설하신 분도 드뭅니다. 그러니 '시방삼세불 아미타제일'이지요. 9품으로 중생을 제도하고, 32에 80종호, 관음·세지에 수광무량의 위덕 또한 무궁하니, '구품도중생 위덕무궁극'입니다.

　거룩한 것을 보면 누구나 그렇게 되고 싶은 것은 정한 이치인데 그것이 그렇게 되지 못한 원인에는 3업이 청정치 못한데 원인이 있습니다. 그러므로 '아금대귀의 참회삼업죄'라고 한 것입니다. 3업을 참회하고 잘못을 뉘우치면 뉘우친 그 자리가 곧 착한 복이 됩니다. 그 복을 혼자 수용하면 나한(羅漢)이 되지만, 널리 중생과 함께 쓰면 미타의 분신 보살이 될 수 있으므로, '범유제복선 지심용회향 원동념불인'이라 하고, 그 착한 복의 공덕으로 극락세계 태어나서 아미타불을 뵙고, 생사를 마친 뒤 그와 함께 중생을 건지기 원하므로, '진생극락국 견불료생사 여불도

일체'가 되어, 나고 죽는 마음이 아주 없으므로 영생을 하는 것입니다. 그러니까 견불이 곧 요생사인 것입니다. 부처가 되고 보면 혼자만 극락 수용을 할 수 없으므로, 그 세계가 모두 극락화할 때까지 먼저 된 부처님들과 함께, 불교운동을 전개하게 되는 것입니다. 그래서 여불도일체이지요.

　불교의 목적은 두 가지에 집약됩니다. 미타의 현성(現成)과 극락세계의 실현입니다. 이 두 가지가 완성되지 아니하면 불법의 성취는 어렵습니다. 살기좋은 나라에 슬기로운 백성, 이 얼마나 꽃다운 이야기입니까. 이것은 이상이 아니고 모든 중생이 바라는 원이기 때문에 언젠가는 될 수 있습니다. 모든 사람들이 문수가 되고, 보현이 되고, 관음·세지·금강·제장애·미륵·지장·청정·대해중이 될 때 말입니다.

　이것은 누구의 이름이 아니고, 각자 우리의 심성 가운데 부족한 점을 보충하도록 지어 놓은 이름이니, 세탁심이 부족한 이는 대해중을 본따서 청정히 할 것이고, 악한 중생을 미워하고 두려워하는 이는 지장보살살을 본따서 지옥문전을 순회하며, 갇힌 중생들을 교화할 것입니다.

　남을 장애하기 좋아하고 장애 속에 고민하는 자는, 마음 속의 장애를 없애고 장애 많은 중생을 구제할 것이고, 게을리 방일하기를 좋아하는 이는 금강불괴의 용맹심으로 정진하면 삼매를 얻을 것입니다. 힘이 없는 자에는 대세지, 외롭고 쓸쓸한 자에게는 관세음, 희망 없이 나태한 자에게는 보현, 축생처럼 먹고 입고 잘 줄만 알고, 보리심을 발할 줄 모르는 자에게는 문수의 몸을 각각 나투어 시방중생을 제도한다면, 극락이 서방이 아니라 곧 자기가 서 있는 곳이 될 것이고, 미타가 법장의 과신(果身)이 아니라 곧 자기 자신으로 탈바꿈할 것입니다.

　그림 속의 밥은 배를 채우지 못하고 하늘의 불은 방안을 덥힐 수 없습니다. 한 숟갈이라도 먹어야 배부르고, 한 개피라도 짚여야만 방이 따뜻해질 수 있는 것입니다. 어리석은 사람은 재주 자랑에 침만 말립니다.

〔원문〕 우심불학증교만(愚心不學增憍慢)
　　　　치의무수장아인(痴意無修長我人)
　　　　공복고심여아호(空腹高心如餓虎)
　　　　무지방일사전원(無知放逸似顚猿)

〔역문〕 어리석은 사람이 배우지 아니하면 교만심만 더하고
　　　　미련한 몸이 수양이 없으면 난척하는 마음만 길러진다.
　　　　빈 배에 마음만 높으면 주린 호랑이 같고
　　　　아는 것 없이 놀기 좋아하면 재주부리다 넘어진 원숭이 같다.

〔원문〕 사언마어긍수청(邪言魔語肯受聽)
　　　　선교현장고불문(善教賢章故不聞)
　　　　선도무인수여도(善道無因誰汝度)
　　　　장륜악취고전신(長倫惡趣苦纏身)

〔역문〕 삿된말 마군이 말을 즐겨 받아듣고
　　　　성인의 가르침 현인의 글귀는 즐겨듣지 아니하여
　　　　선도의 인이 없으니 누가 그대를 제도 하겠는가.
　　　　길이 악취에 빠져 괴로움이 온몸을 얽을지니라.

## 4. 왕생가(往生歌)

　세상이 불난 집과 같아 눈먼 뜨면 아귀다툼입니다. 아귀다툼 없는 세계가 있다면 누가 가기를 꺼려 하겠습니까. 하지만 분명 그런 세계가 있는 데도 가지 못하는 것은 애욕이 솜 얽히듯 얽혀있는 탓입니다. 돈 좋

아하는 사람은 돈에 얽히고, 집 좋아하는 사람은 집에 얽히고, 명예 좋
아하는 사람은 명예에 얽히고, 사랑 좋아하는 사람은 사랑에 얽혀서, 지
금 당장 이 세계가 극락으로 변해, 한 몸 잠깐 바꾸라 한다 해도 바꾸기
를 좋아하는 이는 별로 많지 않습니다. 아니 그렇지 않은 것이 거의 없
습니다. 그러기 때문에 '천당이 내 수중이라 해도 개똥밭만 못하다'는 속
담이 있지요.

　옛날 옛적 범마라국 임자성에 광유성인이라는 분이 5백 제자를 거느
리고 대승법을 설하여, 모든 중생을 제도하시니 그 수가 한량없이 많았
습니다. 광유성인이 삼매에 들어 서천국 사라수대왕이, 4백국이 되는 작
은 나라들을 통솔하고 있으면서도 정법으로 나라를 다스리며, 항상 정법
을 구하는 것을 보시고 제자 승렬을 시켜, 그곳에 가 봉다(奉茶)할 여인
을 구해오라고 하였습니다. 스님이 가니 대왕은 408명의 부인 중 첫째
되는 원앙부인을 시켜서 재미(齋米)를 내어 보냈습니다. 스님이 말했습
니다.
　"내가 여기 온 것은 재미를 구하기 위함이 아니고 봉다할 여인을 구하
고자 왔습니다."
　하고 전후 사실을 다 고하니, 원앙부인은 곧 스님을 임금님께 안내하
고 사실대로 말하는지라, 임금께서 들으시고 408명의 부인 중 여덟 분
을 선출하여 보냈습니다.
　광유성인은 좋아하시며 그들에게 전단정에서 물긷는 일을 맡기시고, 3
년 동안이나 고행을 닦아 무상을 깨닫도록 하였습니다. 그리고 승렬에게
물었습니다.
　"네가 여덟 분의 여인을 데리고 올 때 임금님께서 아까워하는 마음이
있더냐."
　"조금도 아까워하지 않았습니다."

"그렇다면 이번에는 왕을 직접 데려와서 물긷는 유나(維那)를 시키도록 하라."

승렬비구는 성인의 명을 받고 가서 대왕님께 사뢰오니 임금님은 기뻐 눈물을 비오듯 하였습니다. 나라를 다스리는 것도 재미가 없는 것은 아니나, 밤낮 국민을 생각하는 정에 골몰하여 근심이 마늘날이 없었기 때문입니다. 원앙부인이 물었습니다.

"어찌하여 눈물을 흘리십니까."

"승렬비구가 나를 데리러와 기쁜마음에 눈물을 흘리나, 인연 중생을 여의고 떠나고자 하니 또한 이별의 정이 더합니다."

"그렇다면 저도 가겠습니다. 먼저 8선녀가 갔아오니 전들 어찌 못가오리까."

하여 세 사람은 길을 걷기 시작하였습니다. 얼마쯤 가다가 죽림국 경계에서 날이 저물어, 숲 속에서 날을 새니 원앙부인이 말했습니다.

"왕과 스님께서는 남자이신지라 원행에 고통이 덜하신 듯하오나, 저는 궁중에서 성장하여 지금까지 궁중에서만 자라 왔기에 걸음이 잘 걸리지가 않습니다. 늦으면 복을 짓는 일이 감소될 듯하오니, 차라리 몸을 팔아 값을 성인에게 바치는 것만 못하겠나이다."

왕은 차마 할 일이 못되는 것을 알면서도,

"원이 정 그러시다면 그렇게 하는 것이 좋겠습니다."

하고 세 분은 죽림국 자현장자의 집에 들려 몸 팔기를 구원하니 값을 물었습니다. 부인이

"저의 몸값은 순금으로 4천근을 주어야 합니다. 왜냐하면 배속에 아이가 있기 때문입니다."

라고 하니, 장자는 그 말대로 순금 4천근을 갔다가 내어주고, 그날 밤은 자기 집에서 자도록 주선을 해주었습니다. 이튿날 헤어지면서 부인이 말했습니다.

"오늘 이별하게 되면 이후에 꿈이 아니고서는 뵈올 수 없을 것 같습니다. 그러나 사람이 착한 도를 닦는 것은 우연한 일이 아니니 그 보람을 느낄 수 있을 것입니다. 임금께서 궁중에 계실 때는 배도 안 고프시고 춥지도 않으시다가, 이제부터 그렇게 되지 못하게 되었으니, 대왕께서는 행·주·좌·와에 왕생게를 외워 잊지 마십시오."

하고 왕생게를 일러 주었습니다.

〔원문〕　원왕생 원왕생 원생극락견미타 획몽마정수기별
　　　　　(願往生 願往生 願生極樂見彌陀 獲蒙摩頂受記別)
　　　　　원왕생 원왕생 원재미타회중좌 수집향화상공양
　　　　　(願往生 願往生　願在彌陀會中坐 手執香華常供養)
　　　　　원왕생 원왕생 원생화장연화계 자타일시성불도
　　　　　(願往生 願往生 願生華藏蓮花界 自他一時成佛道)

〔역문〕　극락가기 원합니다. 극락가기 원합니다.
　　　　　극락가서 미타 뵙고 수기받기 원합니다.
　　　　　극락가기 원합니다. 극락가기 원합니다.
　　　　　극락가서 꽃향으로 공양하기 원합니다.
　　　　　극락가기 원합니다. 극락가기 원합니다.
　　　　　극락가서 연꽃속에 성불하기 원합니다.

부인은 이렇게 노래를 불러 왕생게를 가르쳐 주고 이 노래를 부르면, 소원을 성취할 것이니 잊지 말라고 간곡히 부탁하였습니다. 그리고 물었습니다.

"배 속의 아들을 낳으면 무엇이라 이름 하오리까."

"듣건대 아비없는 자식은 도리어 아비의 이름을 더럽힌다 하였으니,

차라리 낳거든 묻어 버리는 것이 나을까 합니까."

"어찌 인간이 인간을 죽일 수 있겠습니까. 그렇다면 부모의 뜻을 잘 받들라는 의미에서 남자를 낳으면 효남, 여자를 낳으면 효녀라 짓는 것이 어떠하겠습니까."

"이왕에 부인의 뜻이 그렇다면 남자를 낳거든 안락국이라 하고, 여자를 낳으면 효양이라 하십시오."

이렇게 서로 주고 받은 뒤 눈물로 이별하고 길을 떠났습니다. 대왕이 임자성에 이르러 유나가 되었습니다.

한편 원앙부인은 장자의 집에서 남자 아이를 낳으니, 얼굴이 단정하고 총명한지라 안락국이라 하였습니다. 장자가 상을 보고 이 애가 7, 8세만 되면 집을 나갈 것 같다고 하였는데, 과연 일곱 살이 되니 그의 아버지를 찾기 시작하였습니다. 자현장자가 아버지라고 일러도 듣지 않는지라, 하는 수 없이 일러주니 아버지를 찾아가겠다고 애걸하였습니다.

"지금 너를 보내고 나면 내가 필히 큰 벌을 받게 될 것이니 아니된다."

일렀는 데도 아이는 굳이 고집을 부리고 길을 떠났습니다. 그러나 떠난지 얼마 되지 않아 아이는 곧 붙들려 왔고 자현장자는 화를 내어, 얼굴에다 손수 찜질을 하고 숫돌물을 먹이는 벌을 주었습니다. 그런데도 안락국은 그 의지를 버리지 못하고 이번에는 지리공부를 철저히 하여 길을 떠났습니다. 불행히 큰 강이 가로놓여 오도가도 못하고 있는데, 한 묶음 떼가 흘러 내려오는 지라 그 위에 올라 하늘에 빌었습니다.

"자식이 아비를 보고 싶어 하는 마음은 실로 지극한 정성이오니, 원컨대 순풍이 불어 속히 저 언덕에 이르게 하옵소서."

이렇게 빌고 나자 곧 바람이 불어 건네주었습니다. 부지런히 걸어 임자성에 다다르니 바람따라 나무가 흔들리면서, 동풍이 불명 '접인중생 아미타불(接引衆生阿彌陀佛)', 남풍이 불면 '섭화중생 아미타불(攝化衆生阿彌陀佛)', 서풍이 불면 '칭명중생 아미타불(稱名衆生阿彌陀佛)', 북풍이 불면 '수의중생 아미타불(隨意衆生阿彌陀佛)'이라고 하였습니다.

안락국은 이 소리에 기쁨을 이기지 못하고 있는데, 여덟 분의 선녀들이 물을 이고 오면서 왕생가를 부르자, '그것은 누가 지은 것이고 어찌하여 부르는가'를 물었더니 '원앙부인이 짓고 성불을 위해 부른다'고 하며 자기들도 원앙부인과 같은 권속인데, 이곳에서 임금님과 함께 도를 닦고 있다고 하였습니다.

"그러면 그 임금님은 어디 계십니까."

하고 물으니,

"곧 이 길로 온다."

고 하였습니다. 안락국이 기다리고 있다가 물을 지고 오는 임금님을 보고

"아버지."

하고 통곡하니, 임금님이 놀라 물었습니다.

"너는 누구며, 어머니는 누구이냐."

안락국은 자현장자의 집에서 태어나 그동안 아버지를 찾아온 내력을 모두 말씀드리고, 어머니 생각을 하며 크게 통곡하였습니다. 대왕이 듣고 그를 껴안으며,

"나는 너의 아비고, 너는 나의 자식이다."

하면서,

"내가 성불하면 모두 같이 만나 살 것이니 너는 어머니를 가서 도우라."

고 명령하였습니다. 그래서 장자의 집 근처에 다다르니 목동들이 노래를 불렀습니다.

"가련하다 안락국아, 나면서부터 아버지를 모르다가 아버지를 찾고 보니 도리어 어머니를 잃었다."

태자가 묻자, '원앙부인은 이미 자현장자가 아들을 잘못 가르쳐 배반

하게 했다고 보리수 나무밑에 갔다 죽였다'고 하였습니다. 태자가 그 소식을 듣고 즉시 보리수 밑에 이르러 보니, 과연 그의 어머니 시체는 세 조각이 나 있었습니다. 태자는 곧 어머니의 뼈를 모아 염습을 하고 슬피 울면서 서쪽을 향하여 크게 서원하였습니다.

〔원문〕 원아임욕명종시(願我臨欲命終時)
　　　　진제일체제장애(盡除一切諸障碍)
　　　　면견피불아미타(面見彼佛阿彌陀)
　　　　즉득왕생안락찰(卽得往生安樂刹)

〔역문〕 내가이제 목숨다해 이세상을 하직하면
　　　　모든장애 남김없이 씻은듯이 없어지고
　　　　아미타불 극락국토 왕생하여 친히뵙고
　　　　한량없는 명과복을 끝이없이 누려지다

　이렇게 서원을 하고 나니, 그때 갑자기 극락세계로부터 48원의 반야용선이 진여대해(眞如大海)를 건너 내려와서 "어머니는 이미 안락국에 가 계신데, 네가 길을 모를까 하여 데리러 왔노라" 하고 태워 왕생하였습니다. 안락국태자는 그 배에 올라서도 고통에서 벗어나지 못한 중생들을 위해서 다시 서원했습니다.

〔원문〕 원이차공덕(願以此功德)　　보급어일체(普及於一切)
　　　　아등여중생(我等與衆生)　　당생극락국(當生極樂國)
　　　　동견무량수(同見無量壽)　　개공성불도(皆共成佛道)

〔역문〕 원컨대 이공덕이 널리일체 두루미쳐
　　　　나와또한 모든중생 극락세계 태어나서
　　　　아미타불 친히 뵙고 함께성불 하여지다

　이렇게 서원하자 곧 아미타불과 석가모니 부처님, 그리고 관음 및 8 대보살이 그를 즐겨 맞아 주었는데, 알고 보니 오늘의 석가모니는 전날의 임자성 광유성인이었고, 아버지 사라수대왕은 아미타불이었으며, 원앙부인은 관세음보살이시고, 8선녀는 8보살, 5백 제자는 5백 성인이 되어 있었습니다. 그는 그들의 힘과 자원력(自願力)으로 곧 대세지보살이 되니, 지옥 속에 고통받던 자현장자가 지장보살의 가피력으로 해탈을 얻고 있는 광경이 눈에 보였습니다.

　이것이 ≪안락국태자전≫입니다. 지금 우리가 외우고 있는 왕생게는 바로 이 ≪안락국태자전≫의 안락국 태자와, 그의 어머니 원앙부인께서 지은 게송입니다. 임금께서 물지개를 진 유나가 된 것도 희안한 일이지만, 안락국의 위대한 서원 또한 더욱 희안한 일입니다. 여기도 현재 원앙부인과 사라수왕이 수없이 앉아 계십니다. 하루 속히 안락국 태자들을 잉태하여 낳아 동참의 미타불국토를 한 발짝 옮기지 않아도, 이 세상에 건설할 수 있도록 노력해 주시기 바랍니다.

# 제4편 정토업(淨土業)

# 제1강 모든 진언(諸眞言)

정토업이란 앞의 모든 게송 염불은 남들이 체험한 것을 본위로 쓴 것이지만, 여기서는 자기체험을 본위로 해서 구도하도록 만들어 놓은 모든 진언부(眞言部)입니다.

그러므로 이 진언은 입으로 외는 것도 중요하지만, 그 진언을 외울 때의 자세가 더욱 중요한 것입니다. 이제 그 진언들을 하나하나 해설해 가며 소개하겠습니다. 그러나 ≪천수경≫처럼 진언을 해설하지는 않겠습니다. 그러니 그 내용에 집착하지 마시고 명자 그대로 자기의 업을 청정히 밝혀가는 정토업을 수행해 주시기 바랍니다.

## 1. 무량수불설왕생정토주(無量壽佛說往生淨土呪)

이 주문은 무량수 아미타불이 계신 극락국토에 나는 진언입니다. 말하자면 이 진언을 외우면 극락세계 아미타불 국토에 태어나는 데도 문제가 없지만, 제 속에 든 미타성(彌陀性)을 발굴하는데 의심이 없는 진언입니다. 외울 때는 미타의 위대한 상호를 직접 관하든지, 아니면 그러한 상호를 마음 속으로 관하면서 외웁니다. 또 제법 성숙한 사람이라면 허공무면(虛空無邊)하고 수류인득(隨流認得)의 자성을 관하면서 합니다.

진언은 다음과 같습니다.

'나무 아미다바야 다타가다야 다디야타 아미리 도바비 아미리다 싯담바비 아미리다 비가란제 아미리다 비가란다가미니 가가나 깃다가례 사바하.'

## 2. 결정왕생 정토진언(決定往生 淨土眞言)

결정적으로 왕생극락을 하는 진언입니다. 극락세계의 변상도(變像圖)를 앞에 놓고 관하거나 혹은 상상(想想)하면서 합니다.

진언은 다음과 같습니다.

'나무 사만다 못다남 옴 아마리 다바폐 사바하.'

## 3. 상품상생진언(上品上生眞言)

극락세계 태어나면서도 이왕이면 9품 가운데 최상품에 태어나기를 원해서 하는 진언입니다. 상풍상생의 장엄은 하품하생의 환경에 비하면 보통 아홉 배가 넘는 위대성을 가지고 있기 때문에, 가령 단독 5평짜리 집에서 살던 사람이라면 45평짜리 별장을 생각한다든지, 100평짜리 아파트에서 살던 사람은 900평 이상의 아파트를 상상하고 그런데서 살더라도, 너무 커서 허전할 것이라는 등 여러 가지 망상을 피우지 말아야 합니다. 마음이 큰 사람만이 그 세계를 마음대로 수용할 수 있는 능력 자가 되기 때문입니다.

진언은 다음과 같습니다.

'옴 마리다리 훔훔바탁 사바하.'

## 4. 아미타불본심미묘진언(阿彌陀佛本心微妙眞言)

아미타불의 근본된 미묘한 마음을 깨닫기 위해서 하는 진언입니다. 왜 아미타불의 본심이 미묘하냐 하면, 근본된 법신은 상주 불변(常住不變)하고 상항청정(常恒淸淨) 하면서도 변화무쌍(變化無雙)하기 때문입니다. 이 변화무쌍하면서도 변치 않는 도리를 안다면 어떤 경계에 들어가더라도, 그 경계에 속지 않고 살 수 있는 힘이 생깁니다. 그러므로 옛날 마노라(摩拏羅)존자는 이 마음을 깨닫고 나서 다음과 같은 시를 지었습니다.

〔원문〕 심수만경전(心隨萬境轉)
전처실능유(轉處悉能幽)
수류인득성(隨流認得性)
무희역무우(無喜亦無憂)

〔역문〕 마음은 경계를 따라 흘러가지만
흘러가는 곳은 실로 나도 알지 못하니
천만번 흘러가도 하나인줄만 알면
기쁨과 슬픔에 속지 않으리.

진언은 다음과 같습니다.

'다냐타 옴 아리다라 사바하.'

## 5. 아미타불심중심주(阿彌陀佛深中心呪)

아미타불의 깊은 마음 가운데 생각하고 있는 뜻을 잘 이해하고, 그대로 실천할 수 있는 진언입니다. 아미타불의 깊은 마음 가운데 생각이란 어떤 것입니까. 48원 도중생이고, 극락세계 10종장엄입니다. 언제 어느 곳에서나 이 같은 원향을 성취하시려면 이 주문을 외우면서, 자기의 세계를 극락화 하도록 노력해야 할 것입니다.

　진언은 다음과 같습니다.


　‘옴 노계새바라 라아 하릭.’


## 6. 무량수여래심주(無量壽如來心呪)


　아미타불심중심주와 비슷한 주문인데 앞에 것은 마음 가운데 깊이 가지고 있는 마음이고, 뒤에 것은 평상시 마음을 보인 것입니다. 말하자면 앞에 것은 법·보신(法·報身)의 원행을 보인 것이고, 뒤에 것은 응·화신(應·化身)의 작용심을 보인 것입니다. 중생들이 지금 무엇을 요구하고 있는가, 무슨 일을 하면 중생에게 이익된 일을 할 수 있을 것인가를 생각하는 것입니다. 그러므로 이 진언을 외울 때는 수기응설(隨機應說)의 법과 응병여약(應病與藥)의 법을 깊이 생각하면서 외웁니다.

　진언은 다음과 같습니다.


　‘옴 아마리다 제체 하라 훔.’


## 7. 무량수여래근본다라니(無量壽如來根本陀羅尼)


　무량수여래의 근본 지혜를 의미합니다. 아미타불의 한량없는 지혜를 얻고자 하는 자는 이 진언을 집중적으로 외우면 됩니다. 이 진언을 외우면 그 지혜에 의하여 자기 과거 전생이며, 현재 미래의 생태며, 남의 마음이며, 짐승의 소리며, 물고기의 움직이는 마음까지도 훤히 알게 된다는 것입니다.

그러므로 이 진언을 외우려는 자는 3업을 청정히 하고 몸을 단정히 하여, 여래의 백호상(白毫相)을 생각하거나 바라보면서 외우면 됩니다.

진언은 다음과 같습니다.

'나모라 다나다라 야야 나막알야 아미 다바야 다타아다야 알하제 삼먁삼못다야 다냐타 옴 아마리제 아마리도 나바베 아마리다 삼바베 아마리다 알베 아마리다 싯제 아마리다 제체 아마리다 미가란제 아마리다 미가란다 아미니 아마리다 아아야 나비가례 아마리다 낭노비 사바례 살발타 사다니 살바갈마 가로삭사 염가례 사바하.'


## 8. 답살무죄진언(踏殺無罪眞言)

발로 걸어 다니면서 자기도 모르는 사이에 수없는 생명을 밟아 죽이게 되었는데, 그 모든 생명들에게 죄업을 짓지 않도록 하고, 또 이미 지은 죄를 모두 없어지게 하는 진언입니다. 생각하면 발로 밟아 죽이는 것뿐이 아닙니다. 숨 한 번 쉬는 사이에도 수천만 개의 생명이 들락날락하고 있으니, 우리는 그들 생명에게 모두 죄송하고 감사한 생각을 하면서 이 진언을 외워야 할 것입니다.

진언은 다음과 같습니다.

'옴 이제리니 사바하.'

## 9. 해원결진언(解寃結眞言)

원수 맺은 모든 것들로 하여금 원수를 풀기 위해서 외우는 진언입니다. 나의 생각은 꼭 풀고 싶은 데도 상대방이 잘 풀어 주지 않는다든지, 상대방은 풀고 싶어 하는 데도 내 마음이 잘 풀리지 않을 때, 이 진언을 외우면서 은혜란 무엇이며, 원수란 무엇인가를 깊이 생각하면서 외우면 즉시 은원(恩怨)이 함께 공한 도리를 깨달아 해탈하게 될 것입니다. 사업이 잘 안되고 장애가 많고 병이 많은 것은 원수가 많은데 원인이 있으니, 이 주문을 열심히 잘 읽으시기 바랍니다.

진언은 다음과 같습니다.

'옴 삼다라 가닥 사바하.'

## 10. 발보리심진언(發菩提心眞言)

보리심을 발하기 위해서 읽는 진언입니다. 보리심이란 깨닫는 마음입니다. 깨닫는 마음이 없이는 해탈을 얻을 수 없고, 해탈하지 못한 사람은 자유로운 생활을 할 수 없습니다. 그러므로 보리심 진언을 외우는 것입니다. 소도 보리심진언을 외우면 소의 업보를 벗고, 뱀도 보리심진언을 들으면 뱀의 보를 벗는다고 하였습니다.

진언은 다음과 같습니다.

'옴 모지짓다 못다 바나야 믹.'

## 11. 보시주은진언(報施主恩眞言)

시주의 은혜를 갚는 진언입니다. 나에게 의복·음식·잠자리·탕약 등을 제공하고, 또 지식을 베풀어서 직업을 얻게 하고, 지혜로운 생활을 할 수 있게 해주신 모든 시주들에게 감사하는 것입니다. 모든 중생은 시주자 이자 시주의 은혜를 깊이 입고 있는 자들입니다. 시주는 임금님과 같은 자라 베푸는 일 가운데서 베푸는 것을 깨끗하게 잘하면, 한없는 복을 짓지만 그렇지 못하면 죄를 지으므로 임금주(主)자를 붙여 쓰는 것입니다. 마치 임금님이 정치를 잘하면 모든 백성들이 편안을 얻어, 한량없는 복덕생활을 함으로써 임금님께 한량없는 복덕을 돌리지만, 그렇지 못하면 한없는 원망이 돌아가는 것과 같기 때문입니다.

진언은 다음과 같습니다.

'옴 아리야 승하 사바하.'

## 12. 보부모은중진언(報父母恩重眞言)

부모의 은혜를 갚는 진언입니다. 아침 저녁으로 부모를 대할 때마다 또는 부모님의 묘소나 유적지를 찾을 때마다 외우고, 제사 지낼 때 같이 외워 그 은혜를 생각하고 보답할 것을 다짐하는 진언입니다.

진언은 다음과 같습니다.

'옴 아아나 사바하.'

## 13. 선망부모왕생정토진언(先亡父母往生淨土眞言)

부모은중진언이 살아계신 부모를 위해서 주로 외우는 진언이라면, 선망부모왕생정토진언은 돌아가신 부모님이, 극락세계에 가서 나시기를 위해서 외우는 진언입니다. 다른 종교에서는 이미 죽은 부모는 거의 생각하지 않습니다. 다만 불교에서는 이 부모를 구제하지 못하면, 설사 내가 극락세계에 가서 있다 할지라도 그 마음이 편안치 못하게 되므로, 이 진언을 외워 함께 극락세계에 가서 나기를 원하는 것입니다. 이 진언을 외울 때는 먼저 가신 부모님의 깊은 은혜를 생각하여, 나와 나의 모든 형제 권속을 위해서 즐겨 지으신 죄업을, 모두 소멸하도록 기원하면서 외웁니다.

진언은 다음과 같습니다.

'나무 사만다 못다남 옴 숫제유리 사바하.'

## 14. 문수보살법인능소정업주(文殊菩薩法印能消正業呪)

이미 결정적으로 받게 된 업을 문수보살의 지혜의 힘으로써 능히 없애주는 진언입니다. 그러므로 이 진언은 항상 이사무애(理事無碍)의 사상을 염두에 두고 공부하여야 합니다.

진언은 다음과 같습니다.

'옴 바계타 나막 사바하.'

## 15. 보현보살멸죄주(普賢菩薩滅罪呪)

보현보살의 위대한 행원력으로 중생의 업력을 해소시켜 주는 주문입니다. 그러므로 이 주문은 위대한 원력을 세우고 ≪보현행원경≫을 외우고 실천하면서 외우면, 반드시 그 업장이 더욱 속히 소멸됩니다.
진언은 다음과 같습니다.

'지바닥 비니바닥 오소바닥 카혜 카혜.'

## 16. 관세음보살멸업장진언(觀世音菩薩滅業障眞言)

관세음보살의 대자대비하신 위신력으로 다생의 업장은 소멸됩니다.
진언은 다음과 같습니다.

'옴 아로륵계 사바하.'

## 17. 지장보살멸정업진언(地藏菩薩滅正業眞言)

지장보살의 비장하신 원력으로 이미 결정된 업을 소멸시켜 주는 진언입니다. 막다른 골목에 다달아서 이 진언을 외우면 지옥도 무너진다고 하였습니다.
진언은 다음과 같습니다.

'옴 바리 마리다니 사바하.'

## 18. 대원성취진언(大願成就眞言)

큰 원을 뜻대로 성취하기 위해서 외우는 진언입니다. 나의 원이나 서원이 있을 때는, 반드시 그 원을 마음 속으로 생각하면서 이 진언을 외우면, 필히 소원을 성취한다 하였습니다.

진언은 다음과 같습니다.

'옴 아모카 살바다라 사다야 시베 훔.'

## 19. 보궐진언(補闕眞言)

무엇인가 마음에 느끼는 것이 부족하다고 할 때, 예를 들면 부처님께 올린 것이 흡족치 못하고, 상대방께 드린 것이 흡족치 못하여 미안하다고 생각할 때, 이 진언을 외우면 상대방이 작은 것으로서도 만족함을 느끼게 된다는 것입니다.

진언은 다음과 같습니다.

'옴 호로호로 사야모케 사바하.'

## 20. 보회향진언(普回向眞言)

자기가 지은 모든 공덕을 널리 이 세상에 베풀어서, 모두 같이 그 공덕을 나눌 수 있게 하기 위해서 외우는 진언입니다.

진언은 다음과 같습니다.

'옴 사마라 사마라 미만나 사라마하 자가라바 훔.'


## 21. 회향게(廻向偈)


이제 장엄염불로부터 정토업까지 모두 참회할 것은 참회하고, 원할 것은 원하여 모든 의식을 다 마쳤으니, 끝으로 다시 한 번 극락도사 아미타불에게 애민섭수(哀愍攝收)해 주실 것을 지극히 바라면서 경례합니다.

계수서방안락찰(稽首西方安樂刹)
접인중생대도사(接引衆生大導師)
아금발원원왕생(我今發願願往生)
유원자비애섭수(唯願慈悲哀攝受)
고아일심귀명정례(故我一心歸命頂禮)

서방정토 극락세계 접인중생 하옵시는
아미타— 부처님께 머리숙여 예배하며
극락가기 저희들은 지금바로 원합니다.
자비하신 원력으로 거두어 주옵소서
그러므로 일심으로 목숨바쳐 예배합니다.

## ❖ 主要著書 및 譯書 ❖

- 初發心自警譜義
- 緇門警訓
- 四集譯解
- 維摩經譯註
- 法華三部經譯解
- 金剛經五家解
- 生의 實現
- 釋門儀範註解
- 佛敎靈驗說話
- 佛敎說話文學硏究

- 어린이 佛敎聖典
- 佛敎信仰의 本質
- 佛敎布敎의 方法과 實際
- 부처님의 生涯와 敎訓
- 불자일용 법요집
- 佛敎의 眞理
- 高僧法語
- 禪의 聖書
- 俱舍論·唯識論譯註
- 三論·起信論

- 韓國符籍信仰硏究
- 佛敎土着信仰硏究
- 佛敎敎權分諍史
- 佛敎戒律解說
- 불교기초교리문답
- 불교중등교리문답
- 佛敎葬禮儀式
- 韓國佛敎大辭源
- 축역한국대장경 12부
- 염송이야기 상·하

## ❖ 著者略歷 ❖

- 東大佛敎大學 卒
- 大韓佛敎曹溪宗全信會常任法師
- 韓國佛敎太古宗布敎副院長
- 常樂鄕修道院院長
- 佛敎通信敎育院代表
- 佛敎思想硏究會理事

- 佛敎精神文化院院長
- 佛敎通信大學長
- 사단법인한국불교금강선원이사장
- 季刊誌 세계불교 발행인
- 나란다 삼장불학원 원장

# 천수경강의

2021년 6월 25일 인쇄
2021년 6월 30일 발행

발행인 / 상 락 향 수 도 원
발행처 / 불교대학교재편찬위원회
　　　　불 교 통 신 교 육 원
편 저 / 한　정　섭
인 쇄 / 이화문화출판사

발행처 / 12457 경기도 가평군 청평면 남이터길 65
　　　　전화 : (031) 584-0657, 4170
　　　　등록번호 76.10.20 경기 제 6 호

보급처 / 02488 서울시 동대문구 왕산로43가길 6
　　　　전화 : (02) 969-2410
　　　　팩스 : (02) 964-2433

값 14,000원